DIEDERICHS GELBE REIHE

herausgegeben von Michael Günther

Benjamin Walker

Gnosis

Vom Wissen göttlicher Geheimnisse

Aus dem Englischen
von Clemens Wilhelm

Eugen Diederichs Verlag

Die Originalausgabe erschien unter dem Titel
Gnosticism. Its history and influence
bei Crucible, Wellingborough, England

Die Deutsche Bibliothek – CIP-Einheitsaufnahme
Walker, Benjamin:
Gnosis : vom Wissen göttlicher Geheimnisse / Benjamin Walker.
Übers. aus dem Engl. von Clemens Wilhelm. – 2. Aufl.
München : Diederichs, 1995
(Diederichs Gelbe Reihe ; 96)
Einheitssacht.: Gnosticism <dt.>
ISBN 3-424-01126-6
NE: GT

2. Auflage 1995

Umschlaggestaltung: Zembsch' Werkstatt, München
Produktion: Tillmann Roeder, München
Satz: Uhl + Massopust, Aalen
Druck und Bindung: Pressedruck, Augsburg
Printed in Germany

ISBN 3-424-01126-6

Inhalt

Vorwort

Dieses Buch gibt eine Übersicht über die gnostische Religion seit ihren Anfängen, zeichnet ihre Ausbreitung im Lauf der Jahrhunderte nach und zeigt, in welcher Weise ihr Einfluß noch in unserer heutigen Zeit wirksam ist. Die Gnosis ist niemals untergegangen, und sie ist in vielerlei Hinsicht noch ein lebendiger Glaube, worin vielleicht ihr hauptsächliches Interesse für uns heute liegt.

Versucht wird hier eine Darstellung des breiten Stroms einer bedeutenden häretischen Bewegung, die uns ebenso durch ihre mystische Tiefe wie durch ihre irritierende Vielgestaltigkeit fasziniert. Die Behandlung der gewaltigen Fülle von Material auf beschränktem Raum bringt natürlich gewisse Probleme mit sich. Ein großer Teil davon kann nur in gekürzter Form dargeboten werden, und die schwierigen und häufig widersprüchlichen Versionen mußten miteinander verglichen werden – ein Prozeß, der immer unbefriedigend bleiben muß, denn nicht alle Unstimmigkeiten lassen sich klären.

Die Grundgedanken und Prinzipien der Gnostiker sind im Licht neuerer Entdeckungen behandelt, und ich hoffe, daß es mir gelungen ist, die wichtigsten Entwicklungsstränge aus dem komplexen Geflecht der historischen Tatsachen einigermaßen klar herauszuarbeiten.

Ich habe die Lehren der führenden gnostischen Denker und die wesentlichen Besonderheiten der bedeutenderen Sekten dargestellt, ohne auf die subtileren theologischen Unterschiede zwischen ihnen einzugehen. Ich glaube, daß dem allgemein interessierten Leser weniger an diesen Feinheiten gelegen ist als an den Grundelementen dieser Bewegung.

Die Gnostiker nahmen grundsätzlich gegenüber dem Alten Testament und allem, wofür dieses stand, eine scharf ablehnende Haltung ein, wiewohl sie nicht zögerten, Zitate in günstigem Licht erscheinen zu lassen, wenn es in ihrem Sinn war. Diese Feindseligkeit gegenüber dem Gesetz und den Propheten war einer der Gründe, warum sie der Kirche suspekt waren. Ein anderer Grund lag in dem oft schockierenden Ritualismus der extremeren Richtungen. Bezüglich einiger ihrer Praktiken schreibt Paulus: »Denn was von ihnen heimlich geschieht, davon auch nur zu reden, ist beschämend« (Eph. 5,12). Der im vierten Jahrhundert lebende Bischof Epiphanius von Salamis fügt nach diesem Paulus-Zitat hinzu: »Ich schäme mich wahrlich, über ihre widerwärtigen Handlungen zu berichten, doch will ich mich nicht schämen zu sagen, was sie sich zu sagen nicht schämen, und alle, die mich hören, sollen ihre abscheulichen Praktiken schaudern machen.«

Wiewohl man gewiß annehmen darf, daß diese Auswüchse eines ausschweifenden Gnostizismus auch noch für modernes Empfinden anstößig sind, habe ich mich nach reiflicher Prüfung doch entschlossen, die einschlägigen Passagen auch hier wiederzugeben, da sie in neueren Veröffentlichungen ohnehin vielfach erörtert sind. Davon abgesehen hätte es wenig Sinn, solches Material in einem Werk auszusparen, das einen Gesamtüberblick über den gnostischen Glauben geben möchte.

Die wuchernde Fülle ihrer grotesken Interpretationen heiliger Schriften und ihre verfälschende Darstellung des Lebens und der Worte Jesu dürfen uns nicht den Blick für die manchmal bemerkenswerten Einsichten verstellen, um die die Gnostiker gewisse Aspekte der christlichen Botschaft bereichert haben. Sie stellten sich in radikaler Offenheit vielen moralischen Fragen, und sie fanden teilweise ganz ungewöhnliche Antworten.

Bücher über die Gnosis und den Gnostizismus sind oft mit Fachausdrücken überladen. Ich habe solche Termini nicht vermieden, wo sie notwendig waren, doch habe ich ihre Verwendung auf ein Mindestmaß begrenzt und auf dasjenige beschränkt, was sich in gnostischen Schriften ständig findet. Solche Begriffe werden stets erläutert, sofern sie nicht aus dem Zusammenhang verständlich sind.

Sofern nichts anderes angegeben ist, stammen alle in Klammern gesetzten fremdsprachigen Ausdrücke aus dem Griechischen. Diese Ausdrücke sind ohne diakritische Zeichen transliteriert, das heißt Epsilon und Eta oder Omikron und Omega werden nicht unterschieden. Für den interessierten Leser findet sich eine entsprechende Kennzeichnung im Index. Wichtige Bibelzitate sind sowohl im Text wie im Index angegeben. Alle Zeitangaben sind »nach Christus« zu lesen, sofern nichts anderes vermerkt ist.

Als Verfasser eines Buches über ein exotisches Thema gerät man immer wieder in die Situation, daß das persönlich verfügbare Material für das Quellenstudium nicht ausreicht. Bei mehr als einer Gelegenheit konnte ich mich dankbar auf die Hilfe der öffentlichen Bibliotheken in meiner Nähe stützen. Ich kann diese Gelegenheit nicht ungenutzt lassen, um Derek Jones, Stadtbibliothekar von Richmond Upon Thames, und Philip Rayner, Bezirksbibliothekar, Teddington, und dem Bibliothekspersonal, insbesondere Sheila Turner, Jane Anscomb, Jane Clement, Terence Daily und Richard Dennis nochmals meinen Dank abzustatten. Mit Hilfe der hervorragenden Möglichkeiten dieser Bibliothek konnte ich Bücher heranziehen, die über die üblichen Kanäle nicht verfügbar gewesen wären und die mir vielfach ganz kurzfristig beschafft wurden. Ich bin ihnen allen für ihre zuvorkommende Hilfe zutiefst dankbar.

B. W.
Teddington

Die Vorläufer

Es ist nicht einfach, sich im komplexen Labyrinth der gnostischen Lehren zurechtzufinden. Die erste Schwierigkeit liegt bereits in einer genauen Definition des Begriffs »Gnosis«. Auf dem Kongreß über »Die Ursprünge der Gnosis«, der 1966 in Messina stattfand, wurde erfolglos versucht, Übereinstimmung bezüglich der Bedeutung und des korrekten Gebrauchs von Begriffen wie »gnostisch«, »prägnostisch« und »protognostisch« herzustellen.

Die Gnosis beinhaltet verschiedene religiöse Geheimlehren, die bestimmte Mysterien zum Gegenstand haben, die sich ganz ähnlich in religiösen Systemen vieler Teile der Welt finden. So hat zum Beispiel Günter Lanczkowski, Heidelberg, gnostische Elemente in der Religion der Azteken des alten Mexiko festgestellt (Bianchi 1970, S. 676).

Die Gnosis im eigentlichen Sinn ist jedoch ein nachchristliches Phänomen und kann nur aus dem christlichen Kontext verstanden werden, denn Christus spielt eine zentrale Rolle in der gnostischen Heilslehre. Man faßt unter diesem Begriff die Überzeugungen und Praktiken einer Reihe unorthodoxer Sekten zusammen, die sich in den ersten nachchristlichen Jahrhunderten im Römischen Reich und in Westasien verbreiteten; Zentrum war Alexandria.

Die Gnostiker bedienten sich des Steinbruchs der zusammengebrochenen, sie umgebenden heidnischen Welt, und fügten diesen Trümmern ihre eigenen Versionen des Christentums hinzu, wie es in ihrer Mitte propagiert wurde. Viele Elemente dieses eklektischen Systems wurden unbesehen übernommen, und zusammengenommen bilden sie ein unorganisches Durcheinander widersprüchlicher Auffassungen. Ihr Gedankengut ist in einer großen Vielzahl von Texten dargelegt, deren Lehren keinen inneren Zusammenhalt haben.

Eine synoptische Gesamtdarstellung der Gnosis und des Gnostizismus ist daher nicht möglich, und jeder Versuch, *die* Gnosis zu rekonstrieren, muß notgedrungen ein Flikkenteppich heterogenen Materials bleiben, das aus ganz unterschiedlichen Quellen zusammengelesen ist. Das wenige, was an Gemeinsamkeiten zwischen den meisten gnostischen Schulen vorhanden ist, läßt sich grob wie folgt darstellen.

Allen gemeinsam ist der Glaube an einen barmherzigen und guten transzendenten Gott. Er ist Gottvater, der der oberen Welt des Lichts angehört, doch ist er unserem Kosmos unendlich fern, ja, er ist ihm völlig fremd. Bei ihm wohnt der Sohn, der Logos. Die Welt selbst ist von Grund auf böse; sie ist nicht das Werk des wahren Gottes, sondern dasjenige einer Widersachermacht, die als Demiurg oder Schöpfergott bezeichnet wird. Daneben gibt es eine Hierarchie himmlischer Wesen, in der sich grob zwei Klassen unterscheiden lassen: die guten Engel, die für die obere Welt des Lichts wirken, und die bösen Archonten, die für die niedrige Welt wirken, in der wir leben.

Der Mensch ist der Urdualität anheimgegeben, die das ganze Universum durchzieht. Er ist aus der Welt des Lichts gefallen, in der er seinen Ursprung hat; er ist jetzt in der Materie gefangen und befindet sich in den Fängen des Demiurgen. Die Erlösung aus diesem Elend ist nicht durch Moral, gute Werke oder Glauben bedingt, sondern hängt an einer bestimmten transzendenten Erkenntnis *(gnosis)* der Erlösungsabsicht Gottes durch den Logos. Die Welt und ihre religiösen, ethischen und gesellschaftlichen Gesetze sind für den Heilsplan von ganz untergeordneter Bedeutung.

Die einzelnen gnostischen Sekten füllten nun das Gerippe dieser Theologie entsprechend ihrem jeweiligen Hintergrund aus.

Die Gnosis entstand an der Berührungsfläche vieler alter Kulturen und zu einem geschichtlichen Zeitpunkt, der das

Ende des heidnischen Altertums markierte. Sie verdankte ihre Kraft der Verschmelzung von Vergangenheit und Gegenwart, von Altem und Neuem, von Ost und West. Sie trat das Erbe der rationalen Tradition der klassischen Welt einerseits und der Mystik der alten östlichen Kulte andererseits an.

Die Wurzeln der Gnosis reichen daher tief in die Vergangenheit zurück. Sie nähren sich aus vielen verschiedenen Strömungen der Antike, und im breiten Strom des gnostischen Glaubens lassen sich Einflüsse aus vielen Religionen nachweisen. Zu diesen Wurzeln gehören unter anderem die ägyptische Mythologie, die hellenistische Spekulation, der zoroastrische Dualismus und die jüdische Apokalyptik, während manche ihrer Praktiken sich direkt auf die chaldäische Astrologie, die phrygische Sinnlichkeit und die Täufersekten Palästinas zurückführen lassen. Einiges davon soll im folgenden kurz besprochen werden.

Der Einfluß Ägyptens auf das gnostische Denken über hellenistische Kanäle ist heute gut dokumentiert, insbesondere seit der Entdeckung von etwa fünfzig Schriften im oberägyptischen Nag Hammadi, mit denen wir uns später noch befassen werden. Vorstellungen wie die »Emanation« oder das Hervorgehen von Göttern aus einander, wie zum Beispiel Chepre aus Nun und Ra aus Chepre, die Paarbildung oder Syzygie der Götter, die Anordnung von Gottheiten in Gruppen wie zum Beispiel der Triade in Theben, der Enneade in Heliopolis und der Duodekade in Herakleopolis entnahmen die Gnostiker der ägyptischen Tradition.

Verschiedene der größeren ägyptischen Gottheiten tauchten auch in ihren Schriften auf und waren in ihre Gemmen eingraviert. Hierzu gehören der Handwerkergott Ptah, der ibisköpfige Thoth, der Schreiber der Götter (bei den Gnostikern als Hermes Trismegistos bekannt), der widderköpfige Chnum (der Khnubis der Gnostiker), die kuhköpfige Hathor und die höchste Trinität Isis, Osiris und Horus.

Isis wurde die Mutter aller Mysterien genannt. Dem griechischen Philosophen und Historiker Plutarch zufolge trug der Sockel ihrer Statue im Tempel zu Sais im Nildelta die Inschrift: »Ich bin alles, was war, was ist und sein wird, und niemals hat ein Sterblicher meinen Schleier gelüftet.« Für die Gnostiker waren die Ägypter eines der ersten Völker, die die »heiligen und ehrwürdigen Mysterien der Riten und Orgien der Götter« verstanden hatten, die sie sorgsam vor den Uneingeweihten geheimhielten.

Daneben besaßen die Ägypter ein hochentwickeltes Bewußtsein für die Bedeutung der asomatischen oder nichtphysischen Elemente, aus denen der Mensch besteht, wie zum Beispiel den ätherischen Doppelgänger (ägypt. *khaibit*), den Astralleib (ägypt. *ka*), die Seele (ägypt. *ba*) und andere Differenzierungen, für die sie ein umfassendes und vielfältiges Vokabular hatten.

Dies und ihre Neigung zur Personifizierung der unterschiedlichen Attribute der Götter übernahmen die Gnostiker und paßten es ihren eigenen Bedürfnissen an. Hierzu gehören die Begriffe des Schicksals (ägypt. *shoy*), der Vernunft (ägypt. *ab*, »Herz«, der Sitz der Vernunft), des Wortes (ägypt. *hu*), des Namens (ägypt. *ren*), der Macht (ägypt. *heka*) und der Weisheit (ägypt. *sia*). Nach C. Jouco Bleeker besitzt die letzte dieser Personifizierungen »Ähnlichkeit mit der gnostischen Ennoia«, dem »ersten Gedanken« (Bianchi 1970, S. 235).

Die Schutzzauberformeln im *Totenbuch* bilden eine Analogie zu den gnostischen Phonemen, die die Initiierten lernten, um sich vor den Gefahren während der Seelenreise nach dem Tod zu schützen.

Im Hinblick auf die ägyptischen Vorstellungen, unter anderem Tod und Wiederauferstehung und den Gedanken einer göttlichen Trinität betreffend, sagt Pahor Labib: »In den Nag-Hammadi-Schriften finden sich viele weitere ägyptische Überbleibsel – ein weites Feld für künftige Forschungen« (Wilson 1978, S. 151).

Gelehrte einer früheren Generation wie Sir Grafton Elliot Smith und Williams James Perry hingen noch der Meinung an, daß Ägypten die Mutter aller Zivilisationen und die Ähnlichkeit der frühen Kulturen auf ihren gemeinsamen Ursprung in Ägypten zurückzuführen seien, von wo aus sie sich über den Erdball ausgebreitet hätten. Auch wenn diese Theorie heute kaum mehr vertreten wird, ist doch der tiefe Einfluß nach wie vor unbestritten, den diese große Zivilisation auf die Kulturen der Mittelmeerländer und des Nahen Ostens hatte.

Wie Ägypten, so hatte auch Babylon seine Protagonisten, die für diese Kultur Vorrang beanspruchten. Gelehrte wie Hugo Winckler formulierten eine – unter anderem von Friedrich Delitzsch später weiterentwickelte – panbabylonische Theorie, der zufolge die meisten östlichen Völker der Antike ihre Religion, ihre gesellschaftliche Organisation und ihre Kulturformen den Babyloniern verdankten. Insbesondere der Neutestamentler Wilhelm Bousset hat gnostische Elemente auf das alte Babylon zurückgeführt.

Von den babylonischen und chaldäischen Zivilisationen Mesopotamiens (wie die Griechen das Land »zwischen den Strömen« Euphrat und Tigris bezeichneten) stammte das Sternen- und Zahlenwissen, das im gnostischen Denken eine so wichtige Rolle spielen sollte. Dies gilt auch für die Sage von der Liebe der schönen Göttin Ishtar, die im Alten Testament Aschtoret heißt, zum jungen Tammuz und ihrem Abstieg in die Unterwelt, um ihn nach seinem Tod zu suchen. Zu ihrem Kult gehörte das Ritual einer heiligen Hochzeit – oder Hierogamie – die in ihrem Tempel gefeiert und vom Oberpriester und der Oberpriesterin in einem kleinen inneren Heiligtum, dem sogenannten Brautgemach, symbolisch als Dramatisierung eines göttlichen Akts im Reich der Götter vollzogen wurde. Auch dies gelangte in der Gnosis zu zentraler Bedeutung.

Eine weitere bedeutende Gestalt war ein sehr alter babylonischer Kulturheld, der Fischmensch Oannes, der im ersten Jahr der Schöpfung der Welt aus dem Persischen Golf auftauchte. Diese mythische Verknüpfung des Oannes mit dem Wasser soll die Quelle aller Taufkulte sein. Nach Ansicht mancher Gelehrter ist sein Name die Urform von Namen wie Jonas, Jan, Johannes und John.

Wenden wir den Blick nun weiter nach Norden. Als Hauptbeitrag des Irans zur religiösen Philosophie des Westens und insbesondere zur Gnosis gilt die Vorstellung, daß die Welt von einem grundlegenden Dualismus beherrscht wird. Dieser Gedanke geht auf Zoroaster (etwa 700 v. Chr.) zurück, den altpersischen Propheten, der einen unaufhörlichen Kampf zwischen zwei kosmischen Mächten lehrte, zwischen Ormuzd, dem Beherrscher des Lichts, der das Prinzip des Guten repräsentierte, und Ahriman, dem Herrn der Finsternis, der das Prinzip des Bösen verkörperte. Diesen beiden Prinzipien nachgeordnet waren gute und böse Geister, deren feindselige und einander bekämpfende Heerscharen der religiösen Tradition der Alten Welt eine reichhaltige Angelologie und Dämonologie vererbten.

Der Gnostizismus übernahm noch weitere zoroastrische Vorstellungen. So gilt die iranische Gestalt des Gayomart, ein riesenhafter Ur-Adam, als der Prototyp des gnostischen Anthropos. Der zoroastrische Begriff *zurvan*, »Zeit«, und die Gliederung in »unendliche Zeit« und »langdauernde Zeit« lieferte die Grundlage für das gnostische Konzept der zeitlosen Sphäre der Gottheit und der beschränkten Zeitdauer der vom Demiurgen oder Schöpfergott geschaffenen Welt. Der Gedanke nachgeordneter »Zeiten« mit den über sie herrschenden Gottheiten könnte die Grundlage des gnostischen Begriffs der »Äonen« gewesen sein.

Der Verbündete des Ormuzd im Kampf gegen Ahriman war Mithras, ebenfalls eine Gottheit des Lichts, die ab dem 3. Jahrhundert v. Chr. in den Vordergrund rückte. Nachdem Mithras seine Erlösungsaufgaben bewältigt hatte, zu denen auch das Schlachten eines Stiers gehörte, feierte Mithras mit denen, die ihm bei seinen Heldentaten zur Seite gestanden hatten, ein letztes Abendmahl und fuhr dann zum Himmel auf. Ein wichtiger Mithras-Ritus war eine Zeremonie des Todes und der Wiederauferstehung. Der Kandidat wurde wie ein Toter auf den Boden gelegt; der Hierophant faßte mit seiner Rechten die Rechte des Liegenden und zog ihn hoch. Er galt dann als einer der *syndexi*, die durch die Rechte miteinander verbunden waren. Ein anderes Ritual war dasjenige der Taufe, bei der der Kandidat nackt in einer Grube unter einem Gitter stand, über dem ein Widder oder eine Ziege oder seltener auch ein Stier als Opfertier geschlachtet wurde. Das Blut lief durch das Gitter über den Körper des Neophyten, der daran nippte und sich damit einrieb. Nach der Zeremonie nahm er an einem sakramentalen Mahl mit Brot und Wein teil.

Im Westen waren es die Griechen, die eine reiche Ernte aus den Glaubensvorstellungen, der Mythologie und den zeremoniellen Praktiken der früheren Bewohner des Mittelmeerraums und Nahen Ostens übernahmen, die durch die griechischen Schriften wiederum auf die Gnostiker gelangten. Der berühmteste der griechischen Kulte, aus dem die Gnostiker einen großen Teil ihrer Rituale bezogen, war mit den großen Eleusinischen Mysterien verknüpft (siehe unten).

Ein anderer Kult, der sich angeblich unverändert aus prähistorischen Zeiten erhalten hat, war auf der Ägäisinsel Samothrake beheimatet. Einzelheiten hierüber sind uns nicht bekannt, doch gibt es fragmentarische Beschreibungen bestimmter seltsamer Götterbilder, die die Heiligtümer schmückten. Der griechische Geschichtsschreiber Herodot berichtet, daß der persische König Kambyses († 522 v. Chr.) in Gelächter ausbrach, als er beim Betreten eines Tempels die Statue eines aufrecht stehenden Mannes gegenüber der Statue einer auf dem Kopf stehenden Frau erblickte.

Eine Nachahmung der samothrakischen Figuren bildete eine Skulptur an den Toren von Philios in Nordostgriechenland, die eine Frau auf der Flucht vor einem alten Mann mit

Flügeln und erigiertem Phallus zeigt. Hippolytus, der über die Gnostiker schrieb, berichtet auch von samothrakischen Tempelstatuen, unter anderem der Darstellung zweier ithyphallischer Männer mit zum Himmel erhobenen Armen.

Diese samothrakischen Figuren waren in der Mythologie der esoterischen Kunst gut bekannt, und der römische Architekt Vitruv und andere benutzten sie zur Illustration einer kanonischen Idealgestalt. In der Renaissance wurden zwei solcher menschlichen Modelle als Symbol der beiden extremen Formen religiöser Verehrung dargestellt: Askese und Ausschweifung, beides Formen, die sich exemplarisch bei gnostischen Sekten finden.

Beide Gestalten waren nach dem Grundschema eines Kreuzes aufgebaut. Die eine in Form eines T (dem Tau-Kreuz nach dem griechischen Buchstaben Tau) mit geschlossenen Beinen und waagerecht seitlich ausgestreckten Beinen, Penis schlaff. Die andere hatte X-Form (das Chi-Kreuz nach dem griechischen Buchstaben Chi), Arme V-förmig erhoben, Beine als umgekehrtes V gespreizt, Phallus erigiert. Angeblich sollen die Kandidaten der samothrakischen Mysterien vor und nach der Initiation diese Haltungen eingenommen haben.

Einer der bedeutendsten griechischen Kulte war die Orphik, so genannt nach Orpheus, einem halblegendären Propheten, Dichter und Musiker aus Thrake, der in den Hades hinabgestiegen sein soll, um seine verstorbene Gemahlin Eurydike zurückzuholen. Einige der Gedichte, die Orpheus zugeschrieben werden, befaßten sich mit dem Thema der Seele und ihrer Unsterblichkeit. Der Mensch ist halb himmlisch und halb höllisch, und es droht ein beständiger Kampf zwischen den uranischen (himmlischen) und den titanischen (diabolischen) Elementen in ihm. Eine grundlegende orphische Lehre drückt sich in dem Wortspiel *»soma – sema«* aus: Der Körper ist das Grab der Seele. Gemeint ist damit, daß die Bedürfnisse und Begierden des physischen Leibes ein Hindernis für das höhere spirituelle Leben sind.

Von den religiösen Auffassungen und philosophischen Lehren der Griechen ging ein tiefreichender Einfluß auf die Gnosis aus. Die Simonier, Naassener und andere gnostische Sekten befaßten sich sehr intensiv mit der Exegese der großen griechischen Dichter, insbesondere Homers. Zu ihren Lieblingsphilosophen zählten Pythagoras, Platon und die Stoiker. Der britische Gelehrte Arthur Darby Nock nannte die Gnosis eine Art von »ins Kraut geschossenem Platonismus«, und die deutsche Autorität Adolf Harnack bezeichnete sie als »die akute Hellenisierung des Christentums«, als eine christliche Theologie unter dem Einfluß der griechischen philosophischen Tradition.

Da die Gnosis in einem christlichen Umfeld zur Blüte gelangte, war es unvermeidlich, daß sie auch viele jüdische Elemente aufnahm. Einige der frühen gnostischen Schulen hatten eindeutig jüdische Wurzeln, und viele prominente Gnostiker waren Juden, die sich von ihrem eigenen Glauben abgewandt hatten und Jahwe, das Alte Testament und das Mosaische Gesetz ablehnten und eine invertierte Form des Judaismus vertraten. Robert McQueen Grant behauptet: »Aus praktischen Gründen müssen die Gnostiker ehemalige Juden gewesen sein, Abtrünnige ihrer Religion.« Die Gnosis entwickelte sich aus einem entfremdeten und heterodoxen Judaismus und ist möglicherweise Ausdruck des Scheiterns der jüdischen apokalyptischen Hoffnungen.

Ein fließender Übergang vom Judaismus zum Gnostizismus findet sich bei einigen der nonkonformistischen Sekten, die unmittelbar vor und nach der Zeit Christi in Blüte standen. Hierbei sind vor allem die Essener (70 v. Chr. – 70 n. Chr.) zu nennen, die in der Wüste am Toten Meer lebten und zu der Zeit, als Philon von Alexandria († 50 n. Chr.) über sie schrieb, etwa 4000 Mitglieder zählten. Sie verehrten Jahwe und hielten die rituellen Gesetze der Thora ein, betrieben aber auch einen Sonnenkult und pflegten eine Art dualistischer, aus dem Zoroastrismus übernommener Religion auf der Grundlage des unaufhörlichen Widerstreits zwischen Gut und Böse, Licht und Finsternis. Zu ihren Riten gehörten ein Initiationsbad und ein zeremonielles Abendmahl.

Nach Auffassung vieler Gelehrter sind die nach 1947 am Toten Meer aufgefundenen Schriftrollen der Gemeinde der Essener zuzuordnen. In diesen Schriftrollen ist von einer messiasähnlichen Gestalt die Rede, dem Lehrer der Rechtschaffenheit, der auf Betreiben eines bösartigen Priesters verfolgt und vermutlich 88 v. Chr. hingerichtet wurde. Nur wenige Angehörige der Sekte überlebten die Zerstörung ihres Klosters in Qumran 68 n. Chr., und die Gemeinschaft erlosch endgültig zwei Jahre später nach der Zerstörung des zweiten Tempels durch die Römer. Sowohl Johannes der Täufer als auch Jesus sollen Essener gewesen sein.

Im Gegensatz zu den aktiven und nationalistischen Essenern standen die kontemplativen und universalistischen Therapeuten (20 bis 80 n. Chr.), die am Mareotis-See südlich von Alexandria lebten. Philon zufolge bestand die Gemeinschaft aus Männern und Frauen, die in getrennten Zellen lebten, wo sie meditierten und die Schriften lasen, die allegorisch gedeutet wurden. Eine ihrer Schutzgottheiten war Isis. Ihre asketischen Praktiken sollen die gnostischen Gemeinschaften des Thebais beeinflußt haben. Ihr Ursprung und ihr Schicksal sind unbekannt.

Die Mysterien

Das Zeremoniell der großen Religionen früherer Zeiten sah oft die Form öffentlicher Feiern vor, an denen jeder teilnehmen durfte. Daneben gab es bestimmte andere Riten einer ernsten und feierlichen Art, die sogenannten Mysterien, die denjenigen vorbehalten waren, die für ihren Empfang besonders vorbereitet waren. Im Gegensatz zu den öffentlichen Festen, die für das Wohlergehen des Staates begangen wurden, waren die inneren Mysterien für den einzelnen Menschen bestimmt und wurden im Geheimen vollzogen.

Religiöse Mysterien wurden in der einen oder anderen Form im alten Ägypten, in Mesopotamien, Thrakien, Mazedonien, Griechenland, Rom, Armenien und verschiedenen anderen Teilen der Welt von Gallien bis hin zu den vorkolumbianischen Zivilisationen Amerikas praktiziert.

Hinsichtlich ihres Zwecks wurden verschiedene Theorien vorgelegt: Sie waren Initiationszeremonien in die gesellschaftlichen Gesetze und Bräuche einer Gemeinschaft; es waren Riten, bei denen überliefertes Wissen hinsichtlich der Heilkunst, der Jagd, des Bergbaus, der Metallurgie oder einer anderen Wissenschaft oder Fertigkeit geeigneten Kandidaten anvertraut wurde; es waren Pubertäts-, Fruchtbarkeits- und phallische Riten; es waren Landbauzeremonien in Verbindung mit der Zeit der Aussaat und der Ernte; sie boten eine bestimmte mystische Erfahrung, oder sie lieferten einen Vorgeschmack auf den Tod und die Wiederauferstehung.

Über die genauen Einzelheiten der meisten inneren Mysterien besteht weitgehend Unklarheit; die Berichte, die uns hiervon überliefert sind, sind nicht schlüssig und im einzelnen widersprüchlich. Viele Elemente sind in Vergessenheit geraten, weil sie niemals schriftlich niedergelegt wurden, doch ist es möglich, sich aus sporadischen Hinweisen in vorhandenen Texten ein ungefähres Bild von ihrer Art zu machen.

Niemand hat jemals die Mysterien verraten. Die Griechen und Römer, die in vielerlei Hinsicht skeptisch und sogar zynisch waren, nahmen sie sehr ernst. Der griechische Dramatiker Aischylos († 456 v. Chr.), der in die Eleusinischen Riten eingeweiht war, widmete eine seiner achtzig Tragödien (von denen nur sieben erhalten sind) seiner Geburtsstadt Eleusis, nach der diese berühmten Mysterien benannt sind. Einige seiner Werke waren offenbar so sehr vom Geist der Mysterien durchdrungen, daß er vom Areopag, dem höchsten Athener Gericht, wegen Preisgabe der Geheimnisse angeklagt und aus Athen verbannt wurde. Es ist denkbar, daß die nicht mehr auffindbaren Stücke absichtlich unterdrückt oder vernichtet wurden. Für viele war es nur sein gerechter Lohn, daß ein Adler eine Schildkröte auf seinen kahlen Schädel fallen ließ und ihn dadurch zu Tode brachte.

Die Mysterien wurden unter größter Geheimhaltung vollzogen; der Kandidat mußte einen feierlichen Eid (griechisch *horkos*; lateinisch *sacramentum*) ablegen, daß er niemals etwas von demjenigen preisgeben würde, was er sah oder was ihm mitgeteilt wurde. Das Wort Mysterium soll auf das griechische Wort *myein*, »schließen«, zurückgehen, womit das Verschließen der Lippen zur Wahrung des Geheimnisses gemeint ist, und der Initiierte selbst wurde als *mystes* bezeichnet, »der in die Geheimnisse Eingeweihte«.

Der Tod war der Schlüssel zu allen größeren Mysterien. Dem Kandidaten für die höchsten Grade wurde offenbar eine Form von Gotteserfahrung durch Todeserfahrung vermittelt, die oft sehr nachdrücklich inszeniert wurde. Er nahm gewissermaßen an der Generalprobe zu seinem eigenen Tod teil. Deshalb wurde die Initiation als *telete* bezeichnet, ein Wort, das mit *teleute*, Tod, verwandt ist. Die Erfahrung wurde in manchen Fällen offenbar so realistisch vermittelt, daß der Kandidat nach seinen langen Nachtwachen und Fastenübungen offenbar in einen hypnotischen Schlaf oder einen anderen Zustand geistiger Umnachtung versetzt wurde, so daß sein feinstofflicher Leib in das volle astrale Bewußtsein heraustreten konnte.

Der wichtigste Teil des Ritus fand in einem Teil des Heiligtums statt, der speziell diesem Zweck diente. Der Kandidat wurde in einen Vorraum geführt, wo man ihn knebelte. Er bekam eine Binde über die Augen und zusätzlich eine Kapuze über den Kopf, und die Hände wurden hinter seinem Rücken gefesselt. Dies symbolisierte seinen Zustand der Taubheit, Blindheit, Unwissenheit und allgemeinen Unbedarftheit. Dann wurde er in das Hauptgemach geführt und wie ein Toter auf den Boden gelegt, woraufhin seine

Totenfeier begangen wurde. Danach gebot man ihm, sich zu erheben, und vertraute ihn einem Mystagogen an, der den Gott Hermes repräsentierte, den *psychopompos* (»Seelenführer«), dessen Aufgabe es war, die Toten durch die Unterwelt zu geleiten.

Danach folgte ein Abstieg *(kathodos)* in ein unterirdisches Gemach, in dem lärmende und bedrohliche Stimmen widerhallten. Anschließend mußte sich der Kandidat durch die verschlungenen Pfade eines gefährlichen Labyrinths hindurchtasten, das, wie Plutarch sagt, »Erstaunen, Zittern und Schrecken« hervorrief. Origenes, der aus einem älteren Bericht zitiert, spricht von der furchterregenden »Fratze von Phantomen«, die vielleicht die Bewohner der Unterwelt repräsentierten.

Nach einem Aufstieg *(anodos)* in einen oberen Raum wurden ihm die Fesseln gelöst und die Augenbinde plötzlich abgenommen, und er fand sich in einem hell erleuchteten und reich geschmückten Saal inmitten seiner Brüder wieder. Alle Stimmen vereinigten sich zu dem großen eleusinischen Ausruf: »Gib Regen! Gib Leben!« *(Hue! Cue!)*.

Plutarch beschrieb seine eigene Erfahrung: »Ein herrliches Licht brach hervor, freundliche Landschaften empfingen uns, und durch Lied und Tanz wurde uns der Glanz heiliger Dinge geoffenbart.« Der Neophyt, dem diese letzten Offenbarungen zuteil wurden, war jetzt ein Zeuge *(epoptes)*, und er wurde als einer willkommen geheißen, der nun ganz in die Mysterien eingeweiht war.

An manchen Orten wurden religiöse Mysterien auch zur öffentlichen Unterhaltung und Unterweisung in Form eines farbenfrohen Schauspiels *(thea)* mit großem dramatischen Aufwand dargeboten. Herodot und andere griechische Autoren beschreiben die mitternächtliche Pantomime am Seeufer im ägyptischen Sais, die die Geschichte des Gottes Osiris erzählt. Dabei wurden die Geburt des Gottes, sein Kampf *(agon)* gegen einen Widersacher, sein Tod *(teleute)* und sein Begräbnis *(entaphiosis)*, die Suche *(zetesis)* nach seinem Leichnam, dessen Entdeckung (*heuresis*) und seine Wiederauferstehung (*anastasis*) szenisch dargestellt.

Paulus bediente sich der Symbolik der Alten, als er in einem christlichen Zusammenhang über den Zweck der geheiligten Offenbarung sprach, die die Riten der Saatzeit und Ernte, der Fruchtbarkeit und des Phallus transzendiert – die Riten des Todes und der Wiederauferstehung: »Seht«, rief er aus, »ich sage euch ein Geheimnis ... Denn dieses Verwesliche muß anziehen Unverweslichkeit, und dieses Sterbliche muß anziehen Unsterblichkeit« (1. Kor. 15,51–53).

Die Texte

Es gibt keinen gnostischen Kanon, doch akzeptierten die Gnostiker im großen und ganzen die Bibel, wenn auch mit eigentümlichen Einschränkungen. Sie betrachteten das Alte Testament als einen Korpus von Schriften, die weitgehend vom jüdischen Gott inspiriert waren und daher sehr sorgfältig interpretiert werden mußten. Das Neue Testament war nach ihrer Auffassung von Juden geschrieben, die zwar das Licht gesehen hatten, doch enthielt ihr Werk noch gewisse jüdische Elemente, weshalb auch hier Vorsicht angezeigt war.

Apelles, ein Schüler des Gnostikers Marcion, meinte, daß man bei der Interpretation der Bibel zwischen den von Christus und den von Jahwe inspirierten Teilen unterscheiden müsse. Er zitiert einen Ausspruch aus einem apokryphen Evangelium: »Seid erprobte Geldwechsler«, das heißt lernt zwischen dem Echten und dem Gefälschten unterscheiden.

Aufgrund dieser Überzeugung neigten die Gnostiker dazu, die Bibel in ihrer eigenen Weise auszulegen und einem Schrifttext nach Belieben einen wörtlichen, allegorischen, symbolischen oder geheimen Sinn zu unterlegen. Wenn sie einen bestimmten Text für falsch hielten, lehnten sie ihn ab oder sie machten ihn sich zurecht. Wenn sie meinten, daß etwas fehlte, erfanden sie einen passenden Vers, ein passendes Kapitel oder sogar ein passendes Buch. So sahen es jedenfalls Irenäus, Hippolytus und andere Kirchenväter, die sich mit schneidendem Spott über die Erfindungen und die zahlreichen Schriftfälschungen der Gnostiker ausließen.

»Sie sprechen weder mit einer Stimme«, erklärten die Theologen, »noch sind sie bezüglich wichtiger Ereignisse einer Meinung, vielmehr äußern sie gegensätzliche Auffassungen. Sie legen denselben Dingen unterschiedliche Namen bei und verursachen so weitere Verwirrung in den Köpfen der Unbedarften. Aber auch intelligente Menschen können hinter einigen ihrer Äußerungen wenig Sinn entdecken, denn sie sind sinnlos und unzusammenhängend. Über viele Themen gibt es unter ihnen große Auseinandersetzungen, und entsprechend gespalten ist ihre Lehre. Es gibt keine Bibelinterpretation, die so ungeheuerlich wäre, als daß sie sie nicht unternommen hätten. Sie legen sich neumodische Theorien zurecht und erfinden neue Schriften, übertragen verstreute Wörter und Sätze von ihrem richtigen Ort in einen anderen Kontext. Durch ihre schamlosen Einfügungen, Ergänzungen und Veränderungen verdrehen sie den ursprünglichen Sinn. Um ihre Erfindungen zu stützen, besudeln sie die heiligen Werke mit ihren schamlosen Lügen, und sie scheuen sich nicht, die Worte unseres Herrn zu mißbrauchen.«

Einige der frühesten Texte der gnostischen Literatur sind nur wenige Jahrzehnte nach den ersten christlichen Schriften zu datieren, das heißt, es dauerte offenbar nicht lange, bis die »Häresie« ihr Haupt erhob. Zu diesen frühen Schriften gehören viele Werke, die als *apokrypha* bezeichnet wurden, ein Wort, das ursprünglich besagte, daß diese Schriften zu heilig und geheim waren, als daß man sie jedermann hätte aushändigen können; sie waren vielmehr den Initiierten oder dem inneren Kreis der Gläubigen vorbehalten. Die kirchlichen Autoren, allen voran Hieronymus, betrachteten alle apokryphen Werke, ob gnostisch oder nicht, als falsch und verwerflich.

Die Gnostiker waren außerordentlich fruchtbar in ihrem literarischen Schaffen. Von ihnen stammt eine unglaubliche Fülle von Texten mit einer bunten Vielfalt neuartiger Lehren. »Jeden Tag«, klagt Irenäus, »erfindet einer von ihnen etwas Neues.« Manche dieser Texte wurden von ihren Verfassern den Patriarchen und anderen Gestalten des Alten Testaments zugeschrieben, wie zum Beispiel Adam, Eva, Seth, Enoch und anderen. Daneben gab es Apokalypsen,

Akten, Briefe und Evangelien, die mit Johannes, Jakobus, Petrus, Thomas und anderen Aposteln, aber auch mit Maria Magdalena, Herodes und Pilatus in Zusammenhang gebracht wurden.

Neben den schriftlichen Darlegungen scheint ein großer Teil der spirituellen Lehren aus grundsätzlichen Erwägungen ungeschrieben geblieben zu sein. Morton Smith spricht von einer langen Geschichte geheimer gnostischer Evangelien, von denen wir nur wenig mehr als den Namen kennen. Viele ihrer Doktrinen, angeblich die esoterischen Lehren, die der auferstandene Jesus auerwählten Jüngern gab, wurden niemals schriftlich niedergelegt.

Bis zu den jüngsten Funden von Nag Hammadi (siehe unten) beschränkte sich unser Wissen über die Gnostiker auf dasjenige, was in den Schriften der Kirchenväter erhalten geblieben ist. Für die christlichen Schriftsteller waren die Gnostiker keine Heiden, sondern Häretiker oder Sektierer, die in die Gemeinschaft der Christen falsche Lehren einführten und deren Auffassungen getadelt und widerlegt werden mußten.

Wiewohl diese Schriftsteller sich manchmal, schockiert von den gnostischen Praktiken, zu einer heftigen Sprache hinreißen ließen, versuchten sie dennoch, die Gnostiker zu verstehen, und sie haben, wie neuere Studien zeigen, die Grundauffassungen des Gnostizismus insgesamt gesehen recht zuverlässig überliefert. Sie haben glaubwürdige Auszüge aus den Werken der gnostischen Lehrer angefertigt und dadurch vieles erhalten, was sonst unwiederbringlich verloren gewesen wäre.

Es folgen die Namen einiger der Kirchenväter, die sich mit den Gnostikern auseinandersetzten:

Justinus der Märtyrer († 165), Sohn heidnischer Eltern in Samaria, lehrte in Ephesos. Er war zunächst Anhänger der Stoiker, wandte sich dann den peripatetischen Philosophen des alten Griechenland und schließlich den Pythagoräern und Platonikern zu, ehe er zum Christentum übertrat. Er war der Auffassung, daß schon die vorchristlichen Patriarchen und Philosophen ein keimendes Bewußtsein von Christus als dem göttlichen Logos in ihren Herzen trugen, »so daß diejenigen, die mit der Vernunft lebten, Christen waren, auch wenn sie als Atheisten betrachtet werden«. Er schrieb über die gnostischen Lehrer Simon Magus und Marcion und ihre Anhänger. Justinus' Schüler, der assyrische Gelehrte Tatian von Adiabene († 180), war der Verfasser des berühmten Diatessaron, der ersten Evangelienharmonie. Nach Justinus' Tod wurde er jedoch selbst Gnostiker und schloß sich der asketischen Sekte der Enkratiten an.

Hegesippus († 180), ein palästinensischer jüdischer Konvertit, der durch seine ausgedehnten Reisen aus erster Hand über den Gnostizismus seiner Zeit Bescheid wußte. Seine »Memoiren« in fünf Bänden sind verloren, doch sind durch den Kirchengeschichtler Eusebius von Caesarea († 340) einige Fragmente erhalten. Hegesippus vertrat die Auffassung, daß die Kirche, ursprünglich »reine Jungfrau«, durch verschiedene Formen eines sektiererischen Judentums verderbt wurde, was zur Entwicklung der wichtigsten gnostischen Schulen führte.

Clemens von Alexandria († 215), der als Heide in Athen geboren wurde, war in der griechischen Philosophie gut bewandert, lebte hauptsächlich in Alexandria und war mit Ammonius Sakkas († 242) bekannt, dem Begründer des Neuplatonismus. Er wurde von Pantänus (der in Indien das Evangelium verkündete) zum Christentum bekehrt und entwickelte sich, wie Hieronymus sagt, zum gelehrtesten der Kirchenväter.

In seinen »Stromateis« (»Teppichen«) behauptet Clemens, von weisen Männern aus Rom, Syrien, Ionien, Ägypten, Assyrien, Palästina und dem »Osten« unterwiesen worden zu sein. Er war mit gnostischen Schriften vertraut und setzte sich mit verschiedenen Häresien auseinander, auch nichtgnostischen. Er glaubte, daß manche gnostischen Sekten gewisse Lehren einer geheimen Tradition besaßen, diese aber durch Hinzufügung vieler irriger Gedanken verderbt hatten. Er kannte ein geheimes Evangelium, das angeblich von Markus verfaßt worden war, und manche halten ihn sogar selbst für einen Gnostiker. Dies könnte der Grund dafür gewesen sein, daß Papst Benedikt XIV. 1750 die Heiligsprechung Clemens' rückgängig machte. Einer der Schüler von Clemens war Origenes (siehe unten).

IRENÄUS († 202), der aus Smyrna in Kleinasien stammte, studierte in Rom unter dem apostolischen Kirchenvater Polykarp († 155) und wurde Bischof der griechisch-orthodoxen Kirche von Lugdunum (heute Lyon). Er erlitt unter Kaiser Severus den Märtyrertod. Er war ein eifriger Bekämpfer der Gnostiker und stellt in seiner berühmten fünfbändigen Abhandlung *adversus haereses* (»Wider die Häresien«), von der nur eine verstümmelte Version erhalten ist, die Absurditäten und Widersprüchlichkeiten der gnostischen Lehren dar, insbesondere derjenigen der Marcioniten und der Valentinianer. Die Abschnitte gegen Marcion waren weitgehend aus den Schriften des Justinus und einer heute verlorenen Abhandlung des christlichen Bischofs Theophilus von Antiochia († 117) entlehnt.

TERTULLIAN († 230), in Karthago als Sohn eines römischen Offiziers geboren, wurde Christ, empfing die Priesterweihe und lebte vorübergehend in Rom. Er schrieb eine Vielzahl von Streitschriften wider die Juden, wider den Doketismus und andere Häresien, insbesondere gegen Marcion und die Valentinianer, um, wie er sagt, »ein Heilmittel gegen den Skorpionstachel des Gnostizismus« bereitzustellen. Er schrieb einen sprühenden und glänzenden Stil und gilt als der Vater des Kirchenlateins. Seine Ablehnung der Weltlichkeit in der Kirche und seine ausgeprägten asketischen Neigungen gipfelten darin, daß er zehn Jahre nach seiner Bekehrung zum Christentum zum Anführer der Sekte der Montanisten wurde.

HIPPOLYTUS († 236), ein griechischsprachiger Christ und Schüler des Irenäus, lehrte in Rom und geriet mit mehreren Päpsten in Konflikt. In der Mitte seines achten Lebensjahrzehnts wurde er nach Sardinien verbannt, wo er ein Jahr später starb. Sein »Syntagma«, in dem er sich mit etwa zweiunddreißig Häresien auseinandersetzte, ist verloren; seine gewaltige »Widerlegung sämtlicher Irrlehren« in zehn Bänden, in denen er die »gottlosen Blasphemien der Gnostiker und anderer Häretiker« darlegte, ist noch teilweise erhalten: 1842 wurde ein unvollständiges Manuskript dieses Werks aus dem 14. Jahrhundert in einem Kloster auf dem Berg Athos aufgefunden und 1851 unter dem Titel »Philosophoumena« veröffentlicht. Man weiß, daß das zweite und das dritte Buch ausführliche Berichte über bestimmte gnostische Sekten enthielten, doch wurden nach Hippolytus' Tod diese beiden Bücher von den orthodoxen Vätern beseitigt und sind seither verloren. Die auf dem Berg Athos entdeckten Teile werfen kein weiteres Licht auf diese Angelegenheit.

ORIGENES († 254), alexandrinischer Theologe und höchst eigenständiger Denker, zählt zu den gelehrtesten der Kirchenväter. Seine Sammlung alter Texte umfaßte eine Schrift, die er »in Jericho in einem Krug fand«. Als Student hörte er die Vorlesungen des neuplatonischen Philosophen Ammonius Sakkas. Noch als junger Mann kam er unter den Einfluß einer wohlhabenden gnostischen Dame, in deren vornehmem »Salon« sich gnostische und orthodoxe Intellektuelle ein Stelldichein gaben. Origenes war jedoch kein Freund des Gnostizismus und setzte sich in seinen Werken sehr kritisch mit den Gnostikern auseinander. Er neigte einem asketischen Leben zu, schlief auf dem Fußboden, aß kein Fleisch und trank keinen Wein, besaß nur einen Kittel und keine Schuhe. Weil ihm die Sexualität als die größte Behinderung für ein Leben in Frömmigkeit erschien, entmannte er sich selbst.

Zu Origenes' Schriften zählt eine Widerlegung des Platonikers Celsus (Kelsos; † 185), des vorrangigsten Gegners des Christentums unter den Philosophen. Die bemerkenswerteste Theorie des Origenes war wohl diejenige der Wiederherstellung *(apokatastasis)*, der zufolge alle Seelen, einschließlich derjenigen der Bösen, der Bewohner der Hölle, und sogar der Teufel selbst am Ende Buße üben sowie bekehrt und erlöst werden. Manche gnostischen Sekten übernahmen diese Lehren, wiesen jedoch darauf hin, daß niemand diese Verheißung eines glücklichen Ausgangs durch die universelle Erlösung so verstehen dürfe, daß man der Strafe für diejenigen entgehen könne, die die von Christus dargebotene Gnade der Erlösung ausschlügen.

EPIPHANIUS († 403), griechischer Gelehrter, aus Palästina gebürtig, wurde Bischof von Konstantia (Salamis) auf Zypern. In seiner Jugend hatte sich Epiphanius in die syrisch-gnostische Kongregation der Phibioniten hineinziehen lassen, und zwar von gewissen Frauen, die, wie er bekannte, überaus schön an Gestalt und Äußerem und hinreißend anzusehen gewesen waren, aber »in den Tiefen ihrer Verderbtheit« die Gräßlichkeit des Teufels an sich getragen hatten. Schließlich hatte er ihre Aktivitäten seinem Bischof gemeldet, mit der Folge, daß etwa achtzig Mitglieder der Sekte aus der Stadt verbannt wurden.

Er ist der Verfasser des »Panarion«, ein beschreibendes Verzeichnis von etwa sechzig Häresien aus seiner Zeit, das auch eine Reihe gnostischer Kulte umfaßte. Epiphanius überlieferte auch den gesamten Text eines wertvollen gnostischen Dokuments, des »Briefes an Flora« von Ptolemäus.

Die Nag-Hammadi-Texte

Die Lücke von fünfzehn Jahrhunderten, die zwischen den Zeugnissen der Kirchenväter und den jüngsten Funden von Nag Hammadi klafft, wurde durch einige weitere Entdeckungen alter Dokumente über die Gnosis ausgefüllt.

Diese Schriften sind hauptsächlich in koptischer und griechischer Sprache verfaßt. Koptisch war die ägyptische Verkehrssprache, die in der späteren hellenistischen Zeit gesprochen wurde, eine mit griechischen Elementen durchsetzte, vom Altägyptischen abstammende Sprache, die überwiegend in griechischer Schrift geschrieben wurde.

So erwarb 1769 der schottische Reisende James Bruce in der Nähe von Luxor ein koptisches Manuskript, das angeblich die Gespräche Jesu mit seinen Jüngern und Jüngerinnen enthielt. 1773 fand ein in einem Londoner Buchladen stöbernder Sammler einen koptischen Text mit einem Dialog über »Mysterien« zwischen Jesus und seinen Jüngern. 1851 wurde die deutsche Übersetzung eines der bedeutendsten gnostischen Texte, der »Pistis Sophia«, aus dem Koptischen veröffentlicht, ein Werk, das im vorangegangenen Jahrhundert in Ägypten entdeckt worden war.

1884 wurde bei Ausgrabungen in Achmim in Oberägypten ein kleiner Pergamentkodex zutage gefördert, der Fragmente apokrypher und gnostischer Texte enthielt, darunter die »Petrusapokalypse«, das »Petrusevangelium« und das »Buch Enoch«. 1896 erwarb ein deutscher Ägyptologe in Kairo ein altes Manuskript des »Evangeliums der Maria« (Magdalena). Zwischen 1897 und 1907 kamen in Oxyrhynchos im Niltal drei griechische Papyrusfragmente ans Tageslicht, die in griechischer Sprache verfaßt und auf das »Thomasevangelium« zurückgehende Worte Christi enthielten.

1909 wurden in der Oase Turfan in Chinesisch-Turkestan manichäische Schriften in uigurischer, chinesischer, persischer und türkischer Sprache gefunden. 1930 entdeckte man im ägyptischen Fayum eine kleine Bibliothek altkoptischer Werke (um 400) mit mehreren Papyrusbänden koptischer Übersetzungen aus den manichäischen kanonischen Schriften. Manichäische Texte kamen nach und nach auch aufgrund eines engeren Kontakts mit heute noch bestehenden mandäischen Gemeinschaften zum Vorschein.

Die ersten Schriftrollen vom Toten Meer fand 1947 ein arabischer Hirte auf der Suche nach einer vermißten Ziege. Diese Schriftrollen waren in Leder und Kupfer eingeschlagen und lagen in großen Tonkrügen in Höhlen nahe des Klosters von Qumran am Westufer des Toten Meeres verborgen. Sie trugen indirekt sehr viel zur Aufhellung des Gnostizismus bei.

Die bemerkenswertesten Funde machte man jedoch in Nag Hammadi, einer Stadt etwa vierzig Kilometer südlich von Kairo am Jabal al-Tarif, einem von einer Vielzahl von Höhlen durchzogenen Berg, der vor etwa 4300 Jahren als Begräbnisplatz gedient hatte. 1945 stieß ein ägyptischer Fellache auf der Suche nach Dung auf einen roten, etwa einen Meter hohen irdenen Krug, der einige alte Papyrus-Codices enthielt. Er nahm sie mit nach Hause und zeigte sie seiner Mutter, die, wie es heißt, viele davon in ihrem Herd verbrannte. Später verkaufte der Mann die restlichen dreizehn Rollen für eine geringe Summe. Zwölf davon erwarb schließlich das Koptische Museum in Kairo, während die dreizehnte mit dem berühmten »Evangelium der Wahrheit« nach Zürich gelangte, wo sie für das Jung-Institut gekauft wurde; deshalb wird sie seither als »Codex Jung« bezeichnet. Die Nag-Hammadi-Dokumente werden manchmal nach einem alten christlichen Kloster in der Nähe des Fundorts auch Chenoboskion-Manuskripte genannt.

Insgesamt besteht das in Nag Hammadi geborgene Material aus dreiundfünfzig Texten in dreizehn Lederrollen, die teilweise unvollständig, teilweise fast unversehrt sind und ungefähr eintausend Papyrusseiten umfassen. Es handelt sich überwiegend um koptische Übersetzungen, die eine gnostische Sekte vor etwa 1500 Jahren von noch älteren, in griechischer Sprache verfaßten Handschriften (um 130) anfertigte. Sie enthalten geheime Evangelien, philosophische Texte einschließlich klassischer griechischer Schriften wie zum Beispiel Teile von Platons »Staat«, Kosmologie, Gedichte, mystische Übungen, Sexualmystik, Merkaba-Mystik und verschiedene hermetische Traktate.

Kosmologie

Die vielfältigen Verästelungen der gnostischen Auffassungen könnten zunächst als unüberwindliches Hindernis für jegliche zusammenhängende Interpretation des Themas erscheinen. Es erweist sich als außerordentlich schwierig, die verschiedenen einander widersprechenden Auffassungen zu einer durchgängigen Doktrin zusammenzufassen.

Die benutzte Terminologie ist oft ungenau und verwirrend. Bei einer großen Zahl von grundlegenden Begriffen handelt es sich um Personifizierungen abstrakter Qualitäten, die auf einen göttlichen oder halbgöttlichen Status erhoben werden und die für sich genommen bereits eine umfangreiche Nomenklatur darstellen. Wie G. R. S. Mead meint: »Wer es unternimmt, im Gnostizismus auch nur eine Konkordanz der Namen zu erstellen, steht mit einem Bein schon im Irrenhaus« (Mead 1960, S. 309).

Man muß sich aber einen Weg durch die Konfusion bahnen, und innerhalb eines weitgesteckten Rahmens sollte es möglich sein, Grundzüge herauszuarbeiten, die den meisten gnostischen Schulen gemeinsam sind, und dasjenige zur Darstellung zu bringen, was den Gnostizismus als solchen auszeichnet. Dabei werden Vereinfachungen und Verallgemeinerungen bezüglich der vielen abstrusen und widersprüchlichen Lehren unvermeidlich sein, wenn man einige der extremeren Theorien mit den gemäßigteren in Einklang bringen will.

Wir beginnen mit einer Darlegung der gnostischen Theologie und Kosmologie, denn, wie der Gnostiker sagt, Alpha und Omega sind eines (Offb. 22,13); Ursprung *(arche)* und Ziel *(telos)* sind miteinander verknüpft, und man kann die Bestimmung der Dinge nicht verstehen, wenn man ihren Anfang nicht versteht.

Die Gottheit

Die gnostischen Sekten führen den Ursprung aller Dinge auf ein erstes Prinzip zurück, eine reine, vollkommene und höchste Macht, die ewig, unendlich und absolut ist. Mit diesen Begriffen wird nur versucht, darzustellen, wie wir uns dieses Wesen vorstellen, denn alles, was wir von ihm sagen, müßte man verneinen. Der Weg der Negation (lat. *via negativa*) ist eine Möglichkeit der Darlegung dessen, was dieses Wesen sein könnte.

Zunächst einmal ist die Gottheit *un*aussprechlich, *un*beschreibbar und *un*benennbar, denn sie steht über allen Namen und Kategorien, über allen Definitionen, Äußerungen, begrifflichen Bestimmungen und Erklärungen und jenseits aller Ausdrücke, die wir auf sie anwenden. Sie ist namenlos, geheim, verborgen, heilig über allem Heiligen und jenseits der Erfaßbarkeit durch das Denken. Sie ist eine verborgene Gottheit (lat. *deus absconditus*), durchaus unbekannt und unerkennbar, und ihre Wege sind unerforschlich. Mit Worten kann man nichts über sie aussagen. Das Schweigen *(sige)* kann sie am besten ausdrücken.

Und doch hat der Mensch immer versucht, über sie zu spekulieren und eine Möglichkeit zu finden, sie zu beschreiben. Gott wird daher als der Urbeginn bezeichnet, der allen Anfängen und Ereignissen vorausgeht, der aus sich selbst existiert, nicht gezeugt und nicht geschaffen ist. Er ist ohne Ursprung und ohne Ende. Diesen negativen Attributen fügen die Gnostiker ein weiteres, aus der griechischen Metaphysik entnommenes hinzu, daß nämlich die göttliche Natur leidensunfähig ist, keiner Verletzlichkeit und keiner Erregbarkeit preisgegeben. Auch kann man der Gottheit keine moralischen Qualitäten beilegen, weil sie moralisch neutral und jenseits von Gut und Böse ist.

Sie ist weiterhin formlos, grenzenlos, unteilbar, unkörperlich, ohne Maß, ohne Qualität und Quantität und keiner

Klassifizierung unterworfen. Begriffe wie Zeit, Raum, Stoff oder Substanz sind auf sie nicht anwendbar. Sie ist unveränderlich, gleichbleibend und unbewegt, ist keinem Wandel unterworfen und hat keine Geschichte.

Selbst der Begriff des Daseins, wie wir ihn verstehen, hat so wenig mit dem Dasein zu tun, das man ihr zuschreiben könnte, daß man mit Recht sagen könnte, die Gottheit existiere nicht. Sie ist Nichts, nicht ein Seiendes. Nach der basilidianischen Gnosis waren dies die geheimen Worte des Erlösers: daß im Anfang nichts war, und selbst dieses Nichts war nicht irgend etwas, was wir in dieser Welt als Nichts kennen. Es gab keinen Stoff, keinen Nichtstoff; keinen Geist, keinen Nichtgeist. Es gab nicht einmal das Eine. Es gab nicht einmal etwas im Zustand des Seins. Es war einfach Nichtsein – eine nicht existierende Gottheit und ein Nichtsein über allem.

Mit unseren eigenen Worten ausgedrückt, können wir sagen, daß die ungewordene Gottheit, undifferenziert, einsseiend, allein mit sich selbst durch unzählige Ewigkeiten in tiefer Ruhe verharrte, der König des reinen Lichts, in eine Welt unvermischten Lichts eingetaucht.

Gott

Die gnostische Kosmogonie versucht eine nichtseiende Gottheit und einen nichtseienden Kosmos mit dem Erscheinen der Welt wie folgt in Einklang zu bringen. Es trat ein nicht geoffenbarter Prozeß auf, durch den innerhalb der Gottheit diejenigen Qualitäten entstanden, die wir unter dem Begriff »Willen« *(boule)* zusammenfassen, wodurch die göttliche Weltordnung entstand. Der Grund hierfür ist unbekannt, doch gab es hierüber mehrere Theorien: Die Gottheit wünschte, daß ihre Göttlichkeit manifest werde; sie wollte erkannt werden; sie schuf die Welt zu ihrem eigenen Ruhm; sie wollte sich vervielfältigen, oder sie handelte aus einem schöpferischen Impuls.

Die vorherrschende Theorie lautet, daß die Gottheit unendliches und ewiges Licht und unendliche und ewige Liebe ist. Die Liebe verlangt nach Ausdruck und einem Objekt, das sie lieben kann. Deshalb schuf die Gottheit die Bedingungen für das Erscheinen anderer Wesen, die seine Liebe empfangen und an seiner Wonne teilhaben könnten.

Die Theologen unterscheiden zwischen der Gottheit und Gott, wie er gemeinhin verstanden wird. Letzteres ist der geoffenbarte Gott (lat. *deus manifestus*). Die ersten Regungen der unbekannten Gottheit führten zum Erscheinen des göttlichen Selbst, das man sich als aktives Prinzip vorstellt. Sie ist die unverursachte Ursache, der unbewegte Beweger, der ursprungslose Ursprung. Sie ist allen unsichtbar, sieht aber alles. Sie kann nicht enthalten sein, enthält aber alles in sich. Sie ist keines Dinges bedürftig, doch bedürfen ihrer alle Dinge.

Man darf indes nicht glauben, daß auch der geoffenbarte Gott schon in seiner reinen und einheitlichen Essenz begriffen werden kann. Man kann ihn nur unter Heranziehung der grundlegenden göttlichen Aspekte verstehen. Deshalb beginnen manche gnostischen Kosmogonien mit einer Trinität, denn innerhalb der einheitlichen Essenz gibt es drei Personen. Gnostisch wird dies etwa wie folgt ausgedrückt: Die Gottheit dachte über sich nach und rief sich selbst aus sich selbst hervor, und deshalb gab es etwas. Und was war, war von dreifacher Art: *nous*, »Geist«, *ennoia*, »Gedanke« oder »Idee« und *logos*, »Wort« oder »Vernunft«.

In den Schriften der christlichen Theologen werden Nous, Ennoia und Logos Gottvater, dem Heiligen Geist und Gott Sohn zugeordnet. Die göttliche Essenz ist als unteilbar und undifferenziert zu betrachten, weshalb die drei zusammen eine Einheit bilden. Jeder Aspekt der göttlichen Essenz ist unterschieden, aber innerhalb der Einheit nicht getrennt.

Die gnostische Sekte der Naassener sagt: »Wer glaubt, daß die Welt aus der Eins hervorgeht, befindet sich im

Irrtum. Wer glaubt, daß sie aus der Drei hervorgeht, glaubt die Wahrheit.« In der »Megale Apophasis«, einem semignostischen Text, heißt es: »Drei gibt es, die stehen, und ohne die drei Stehenden gibt es keine Ordnung.« Im »Apokryphon Johannis« heißt es, daß der Apostel Johannes in einer Vision, die er nach der Kreuzigung hatte, »ein Bild mit drei Gestalten schaute, die sprachen: ›Ich bin der Vater, ich bin die Mutter, ich bin der Sohn.‹«

Im allgemeinen werden die Eigenschaften des Höchsten Wesens primär Gottvater zugeschrieben, der aus der Gottheit hervorgeht und daher präexistent und selbstgezeugt ist. Nach christlicher Auffassung ist Gottvater der Schöpfer der Welt, der Hervorbringer von Himmel und Erde und aller sichtbaren und unsichtbaren Dinge.

Der Heilige Geist steht für die Gegenwart Gottes und gilt als der göttliche Gedanke *(ennoia)*, die Weisheit Gottes, die Zunge des Vaters und der Ermahner und Tröster *(parakletos)*. In der Gnosis wird dem Heiligen Geist oft eine weibliche Personifikation zugesprochen. Im apokryphen »Hebräerevangelium« spricht Jesus von »meiner Mutter, dem Heiligen Geist«.

Der Sohn Gottes ist der Logos oder das »Wort«, das Eigenschaften des Vaters wie des Heiligen Geistes hat. So wie der Heilige Geist die Zunge Gottes ist, ist der Logos das Wort Gottes oder sein geoffenbarter Ausdruck. So wie der Heilige Geist die Weisheit des Vaters manifestiert, verkündet der Sohn den Namen des Vaters.

Auch wenn der Sohn manchmal als ebenso ewig wie der Vater und ihm gleichberechtigt dargestellt wird, wird doch ein Unterschied zwischen Gottvater und seinem lichtvollen eingeborenen Sohn gemacht. Manche gnostischen Sekten, die von ihren Gegnern als Alogoi bezeichnet wurden, leugneten die Göttlichkeit des Logos und schrieben diese nur Gottvater zu. Die meisten Gnostiker betonten jedoch die Göttlichkeit des Logos sehr stark, der, wie sie behaupteten, aus dem Nous als dessen Sohn hervorging.

Gleichzeitig galt allgemein, daß der Sohn zwar göttlich, ungeschaffen und von der gleichen Substanz wie der Vater ist, aber nicht selbstgezeugt, sondern vom Vater vor allen Welten gezeugt wurde. Er ist der Anfang *(arche)*, der allem anderen vorangeht. Nach der »Megale Apophasis« ist der Logos eine unendliche Macht, die vor den Äonen entstand und »steht, sich hinstellte und stehen wird«. Der Ausdruck »eingeboren« *(monogenes)*, der manchmal im Zusammenhang mit dem Sohn benutzt wird (siehe Joh. 1,14), bedeutet primär der »Einzige seiner Art« oder der »Einmalige«.

Auch dem späteren Judaismus war das Wort als das Medium der göttlichen Offenbarung geläufig. Philon von Alexandria († 50 n. Chr.) nennt den Logos die mittlere Gestalt zwischen Gott und den Menschen und bezeichnet ihn als den Sohn Gottes, den Erstgeborenen, die »zweite Ursache« und den »zweiten Gott« *(deuteros theos)*.

Im Gnostizismus bleibt der Name des Vaters unausgesprochen und unbekannt und wird nur durch den göttlichen Mittler, seinen Sohn, offenbar. Durch den Logos tritt Gott in eine Beziehung zur Welt, und der Mensch kann die Liebe Gottes nur durch den Sohn erfahren. Der Logos manifestiert sich in der Welt als der Gesalbte des Herrn, der Christus.

Die Äonen

Ein Grundbegriff vieler gnostischer Schulen im Zusammenhang mit dem Dasein ist derjenige des Herausschleuderns *(probole)* oder Ausstrahlens von Eigenschaften der göttlichen Einheit, meist als »Emanation« bezeichnet. Gott erzeugt oder verursacht das Dasein nicht durch die Vermittlung eines anderen oder eines Gegensatzes, nicht durch Schöpfung, Erzeugung oder Evolution, sondern durch eine einzigartige Manifestation, durch die eine komplexe und manchmal paradoxe Kette des Seins ins Dasein tritt, die eine absteigende Hierarchie geistiger Wesen bildet.

Die göttlichen Attribute Gottes, d. h. die dem Vater zugehörigen Tugenden und Fähigkeiten, die abstrakten Qualitäten, geistigen Zustände, spirituellen Konzepte und metaphysischen Vorstellungen wie Liebe, Macht, Wille, Verständnis, Barmherzigkeit, Wahrheit bildeten die Gedanken und Pläne des Vaters, die im Vater verborgen lagen, ihm bekannt, aber sich selbst unbekannt. Dann schenkte ihnen der Vater das Dasein, und sie strömten aus der göttlichen Quelle aus.

Zunächst waren diese abstrakten Qualitäten unbewußt wie ungeborene Kinder; als sie jedoch manifest wurden und Namen erhielten, nahmen sie eine Identität an, traten in ein getrenntes Dasein ein und wurden als unabhängige Wesenheiten hypostasiert. Damit waren sie fähig, zu denken und zu sprechen und durch den göttlichen Logos einiges Wissen vom Vater zu erlangen. Auf diese Weise bildet in der Gnosis die Externalisierung der göttlichen Attribute die erste Stufe eines langen Prozesses, der durch das Überfließen oder die Ausgießung der Fülle *(pleroma)* Gottes eingeleitet wird.

Die Wesenheiten, die aus diesem Prozeß hervorgehen, werden als *Äonen* bezeichnet, eine Klasse himmlischer Wesen unterschiedlicher Eigenschaften und Machtbefugnisse. Ihre Eigenschaften, die Regionen, die sie bewohnen, die Dimensionen, in denen sie wirken, und die Zeitspanne ihrer Tätigkeit werden alle in ähnlicher Weise aktualisiert, gewinnen ein unabhängiges Dasein und bilden Glieder in der Kette der Emanationen.

Diejenigen Äonen, die göttliche Qualitäten bzw. deren Erscheinung, Form und Fähigkeiten repräsentieren, werden unter dem Gattungsnamen »Engel« zusammengefaßt, ein Begriff, der »Bote« bedeutet. Demgemäß ist von ihnen oft als Kuriergeistern die Rede. Sie haben jedoch unterschiedliche Befugnisse und Funktionen. Jede Manifestation Gottes ist letztlich ein Engel. Durch ein aufrichtiges Gebet wird ein Engel ins Dasein gerufen. Ein Prophet kann durch die Vermittlung eines englischen Besuchers eine himmlische Vision erfahren. Engel haben keine wahrnehmbare Gestalt und essen und trinken nicht, doch nehmen sie, wenn sie Menschen besuchen, einen doketischen oder scheinbar physischen Leib an, damit man sie für Menschen hält und sie keine Panik auslösen.

Da nach Auffassung mancher Gnostiker die Engel am messianischen Erlösungswerk mitwirkten, entwickelte sich bei manchen frühen gnostischen Gruppen ein Engelkult. Paulus warnte ausdrücklich vor solchen fehlgeleiteten Bestrebungen (Kol.2,18). Für die meisten gnostischen Sekten waren jedoch die Engel Teil der äonischen Hierarchie und wurden daher nicht verehrt.

Die himmlische Hierarchie umfaßt eine ganze Heerschar von Engelwesen: Erzengel, Cherubim, Seraphim, Amens, Stimmen, Tugenden, Marken, Hüter, Glanzwesen *(augai)*, Vernunftwesen (*logoi*; nicht zu verwechseln mit dem Logos), authentische Wesen und andere. In der Bibel sind einige zu Fürstentümern zusammengefaßt (*archai*, wörtlich »die Alten«), zu Mächten *(dynameis)*, Thronen *(thronoi)*, Herrschaften *(kyriotetes)*, Gewalten *(exousiai)*, niedrigeren Göttern *(theoi)* und Herrschern *(archontes)*. Von diesen allen wurden später einige wieder zurückgestuft.

Diese göttlichen Tugenden und Weltgeister, aus denen die englischen Äonen bestehen, sind die Bewohner und Verwalter der verschiedenen Himmel, die die von Jesus erwähnten »vielen Häuser« (Joh. 14,2) bilden. Der höchste Himmel ist ein ewiges und heiliges Königreich, das nur ganz wenigen geoffenbart wird und in dem nur »die Engel der Gegenwart«, die »Engel des Throns« und die »Engel des Wagens« dienen dürfen. Er wird zwar manchmal als der siebte oder höchste Himmel bezeichnet, doch liegt er jenseits aller Himmel und ist der wahre Himmel, der überhimmlische Himmel, der Himmel jenseits aller Himmel.

Der Logos in seiner Manifestation als Christus kam aus dem siebten Himmel. Adamel, der Prototyp Adams, wurde im vierten (oder dritten) Himmel gebildet. Paulus durfte den dritten Himmel schauen (2. Kor. 12,2). Henoch und Elias wurden in den zweiten Himmel entrückt und sollen von dort aus über das Schicksal der Gerechten auf Erden wachen. Die Archonten oder Herrscher kamen vom ersten oder niedrigsten Himmel.

Die Himmel und ihre Bewohner bildeten die früheste und reinste Manifestation des Emanationsprozesses. Die damals entstandenen Wesen waren der göttlichen Vollkommenheit teilhaftig.

Die Grenze

Die gnostische Kosmologie spricht von zwei unterschiedlichen und unversöhnlichen Welten. Die eine ist die ewige Welt von Gottvater und der himmlischen Hierarchie, die Welt der Fülle *(pleroma)*, der Wirklichkeit und der Vollkommenheit, die numinose Welt der Dinge in ihrer wahren Gestalt. Die andere ist die Welt, in der wir leben, die Welt des Mangels *(hysterema)*, der Täuschung und Unvollkommenheit, die Erscheinungswelt der Zeit und Vergänglichkeit.

Innerhalb und als Teil der Himmelsregion, manchmal aber auch als zwischen der geistigen und materiellen Welt liegend betrachtet, gibt es eine Zwischenregion, die als die Grenze *(horos)* bezeichnet wird, die den Zugang zum höheren Reich verwehrt, das dort sich Ereignende verbirgt und nur die Auserwählten passieren läßt. Der Horos liegt außerhalb des manifesten kosmischen Systems. Es ist ein Reich des Paradoxons, das überall und nirgendwo ist. Hier verabschieden wir uns von Zeit und Raum. In der Gnosis hängt der Horos eng mit dem Logos zusammen.

Der Hüter des Horos ist der große Äon, der als Grenzsetzer *(horothetes)*, der Hinüberführende *(metagogois)*, der Befreier *(karpistes)*, der Lenker bzw. Führer *(kathegetes)* oder der Erlöser *(lytrotes)* bezeichnet wird. Er wird manchmal mit Christus gleichgesetzt (Jung 1992, S. 74, Anm. 87).

Jenseits des Horos erstreckt sich ein großer Schleier oder Vorhang *(katapetasma)*, der die geheimen Strukturen *(paradeigmata)* aller Dinge in sich trägt. Dies sind die ursprünglichen Begriffe im Geist des Logos, und ihre verzerrten Abspiegelungen zeigen sich als Schatten in der unteren Welt. Die leuchtenden Bilder auf diesem Vorhang sind weder die platonischen Ideen noch die abstrakten Universalien der mittelalterlichen Scholastik, sondern wirkliche archetypische Bilder. Aus diesem Grund gilt das ganze auf dem Vorhang aufgemalte Panorama als die ontologische Welt der real existierenden Dinge, eine unermeßliche Vielzahl von Geschöpfen in all ihrer Vielfalt und all ihren wechselvollen Schicksalen darstellend.

Das Bild, das der Mensch auf der Erde von sich selbst hat, ist nichts im Vergleich mit demjenigen, das auf dem sich wandelnden Bildteppich oben dargestellt ist. Im »Thomasevangelium« sagt Jesus: »Wenn Du Dein Bild erblickst, freust Du Dich. Doch wenn Du Dein wahres Ebenbild *(eikon)* sehen wirst, das vor Dir ins Dasein trat, das weder stirbt noch manifest ist – wieviel davon wirst Du ertragen?«

Der Horos ist zwar jenseits allen menschlichen Begreifens oder Vorstellens, wird aber dennoch mit vielen beschreibenden Bezeichnungen belegt, die seine Funktion verdeutlichen. Er wird als Mauer, als Palisade, als Drehkreuz, als Portal *(thyra)* bezeichnet. Der Logos selbst wird ebenfalls als die Tür betitelt (Joh. 10,9). Weil er die Himmelsregion umschließt, heißt er auch die Vorstadt *(proasteion)*, die Grenzlinie *(horion)*, die Schranke *(phragmos)*, die Trennwand *(diaphragmos)*, die die Welten voneinander scheidet.

Er ist von einem kreisförmigen Wall blendend weißer Helligkeit umsäumt, den Flammenden Mauern, und dient als Barriere gegen unbefugten Zutritt, weshalb er der Ring genannt wird, der nicht überschritten werden darf. Eine lange schmale Brücke, das Engelsseil, schafft einen Übergang für die englischen Kuriere, die Botschaften von den göttlichen Reichen zu den Sterblichen hinabtragen.

Die bedeutsamste aller beschreibenden Analogien für diese mystische Grenze ist wohl diejenige des Kreuzes *(stauros)*, eines weltweit verbreiteten Symbols. Der walisische Mystiker Thomas Vaughan († 1666) bezeichnet den Stauros als »etwas, das für ein überaus geheimes und geheimnisvolles Amt bestimmt ist«. Das Überschreiten dieses Bereichs, der die beiden ungleichen Welten voneinander trennt, ist mit einer Erfahrung von schrecklicher Großartigkeit verbunden.

Der Stauros wird manchmal als Balken oder Joch *(zygos)* bezeichnet, weil der Logos dieses auf sich nahm und seine Anhänger aufforderte, ihm hierin nachzufolgen (Mt. 11,29). Er kann aber auch den Pfahl bezeichnen, an dem die Delinquenten befestigt werden, oder das Kreuzesholz. In der Gnosis bedeutete der Stauros Buße durch Schmerz, Erlösung durch Leiden.

Die Vorstellung einer sich drehenden, spiralförmig sich einrollenden oder kreuzförmigen Figur, die den Übergang oder den Krisenpunkt zwischen zwei Welten markiert, findet sich in vielen mystischen Systemen. Der Stauros ist der Schnittpunkt der Welt (lat. *axis mundi*), der das Gebiet zwischen dem Wirklichen und dem Unwirklichen bezeichnet. Im »Timaios« spricht Platon davon, daß der Seelenstoff der Welt aus zwei kreisförmigen Streifen besteht, die in Form des griechischen Buchstabens Chi (X) zusammengefügt sind. In ähnlicher Weise besitzt Tau, der letzte Buchstabe des phönizischen und althebräischen Alphabets, die Gestalt eines Kreuzes und galt im Volk als Schutzzeichen von übernatürlicher Macht. Als Bezug auf die rätselhafte Natur des Kreuzes gilt auch die »Meßschnur der Verödung« (hebr. *kau-tohu*), von der im Alten Testament (Jes. 34,11) die Rede ist und die auf die unüberwindliche Trennung weist, die »überkreuz« gezogen ist und die zeitliche von der ewigen Welt trennt.

Ein noch direkterer Hinweis auf den Stauros im Alten Testament findet sich in der Wendung »Satz an Satz« (hebräisch *kaulakau*; Jes. 28,13), was eines der drei geheimen Worte gewesen sein soll, die Jesus zu Thomas sprach. Es soll angeblich durch die Symbolik des Kreuzes auf das »in den Höhen wohnende Wesen«, d. h. den Erlöser, verweisen. Die Anhänger des Gnostikers Basilides lehrten, daß der Erlöser »im Namen Kaulakaus« herabstieg (Bruce 1974, S. 119). Im Neuen Testament erscheint das unsichtbare Kreuz, das den Kosmos durchzieht, als »die Breite und Länge, die Höhe und Tiefe« der Liebe Christi, die alle Erkenntnis übertrifft (Eph. 3,19).

Nur durch den Stauros können die Seelen in das ewige Leben eingehen. Ohne ihn bleiben die Menschen in den Fesseln der Zeit, dem Teufel, dem Schicksal und der Wiedergeburt untergeordnet. Der Stauros ist die Achse einer mächtigen Spirale, die die Ordnung des Kosmos umkehrt und den Menschen von der Leere *(kenoma)* der niedrigeren Welt zur Fülle *(pleroma)* der oberen Welt führt, vom Wandel- zum Unwandelbaren, vom Werden zum Sein, von der Unvollkommenheit zur Vollkommenheit, von der Wiedergeburt zur Erlösung, vom Phänomenon zum Noumenon, von der Welt der Illusion zur Welt der Wirklichkeit.

Der Ort

Manche gnostischen Systeme sind der Auffassung, daß die Erscheinungswelt diesseits des Horos als eine Fortsetzung des Emanationsprozesses entstand, dem die Äonen ihr Dasein verdankten. Im Lauf dieses Prozesses trat eine Degeneration ein, durch die die Äonen zu einem immer weniger vollkommenen Abbild Gottes wurden. Zwischen den Äonen des himmlischen und denjenigen des stofflichen Reichs gab es daher eine abgestufte Reihe von Wesen, deren Qualität und Geistigkeit mit ihrer Entfernung vom göttlichen Ursprung abnahm.

Einer anderen Theorie zufolge entstanden die Erscheinungswelt und die über sie herrschenden bösen Äonen nicht infolge eines Nachlassens der Tugendkraft der Emanationen, sondern aufgrund eines Sturzes, der mit der Ausübung des freien Willens verbunden ist. In dieser Theorie schuf Gottvater die Äonen aus Liebe.

Es steht in Gottes Macht, vollkommene Wesen zu schaffen, doch hätten solche Wesen keinen Willen. Marionetten könnten nicht die Seligkeit erfahren, die der Lohn von Erkenntnis und Anstrengung ist. Solange Geschöpfe nicht ihren eigenen Willen haben, den sie frei ausüben, sind sie Roboter und nicht autonom. Um sich den Wunsch nach unabhängigen Wesen erfüllen zu können, mußte Gott die Äonen mit einem freien Willen ausstatten, auch wenn dies ihnen die Möglichkeit eröffnete, den Bereich seiner Liebe zu verlassen und ihm ungehorsam zu werden.

Es heißt, daß Gott deswegen als letzte Geste auf die Ausübung seines Willens *(thelema)* über die Äonen verzichtete und sie mit dem Geschenk des freien Willens ausstattete, so daß sie ihr Schicksal selbst bestimmen konnten. In gnostischen Schriften wird dies so ausgedrückt, daß in dieser Phase eine Zusammenziehung *(pyknosis)* des göttlichen Willens eintrat.

Da Gott einzig und einig ist, war die Zurückziehung seines Willens natürlicherweise mit dem Rückzug der göttlichen »Gegenwart« aus diesem Bereich verbunden. Der Vorgang der Entleerung *(kenosis)* hinterließ einen leeren Ort *(topos)* für dasjenige, was zu der uns bekannten natürlichen Welt werden sollte. In gnostischen Schriften bezeichnet ein urverwandtes Wort *(kenoma)*, das »Leere« bedeutet, die illusorische Erscheinungswelt von Raum und Zeit, in der wir leben. Es ist dabei festzuhalten, daß Gott, indem er sich in dieser Weise verbarg, den Ort schuf, an dem sich die Welt ereignet, ohne jedoch dieser Ort zu sein.

Der freie Wille braucht aber einen Ort, an dem er sich betätigen kann, und dies hatte einige katastrophale Konsequenzen. Wo sich der Wille des Vaters zurückzog, herrschte der Wille seiner Widersacher, der Archonten. Wo die Verfügung seiner Güte nicht mehr galt, erhob sich das Böse. Wo sein Geist nicht mehr war, zeigte sich die Materie. Wo sich sein Licht zurückzog, trat die Dunkelheit an seine Stelle. Statt Liebe und Vorsehung herrschten jetzt Gesetz und Verhängnis. Wo das Leben gewesen war, war jetzt der Tod.

Und doch muß man bedenken, daß nichts ohne Gott Dasein haben kann, und auch wenn Gott scheinbar abwesend ist, hat seine frühere Gegenwart ihren dauerhaften Abdruck hinterlassen. Das »Evangelium der Wahrheit« spricht von dieser Restgegenwart Gottes auch nach seinem Rückzug als der »Fußspur« *(ichnos)* des väterlichen Willens.

Auch Basilides betont die grundsätzliche Anwesenheit Gottes unter allen Umständen und in allen Situationen und meint, daß der leere Platz, den Gottes Rückzug hinterließ, immer noch Spuren des göttlichen Glanzes aufwies. Dem leergewordenen Ort blieb der »Geschmack« des Vaters anhaften, wie ein Gefäß mit süßem Salböl den Duft behält, auch wenn das Gefäß völlig entleert wurde.

Kein Ort ist daher ganz ohne den göttlichen Geschmack, und man könnte den leeren Topos als eine Mischung von Gut und Böse, Licht und Dunkelheit betrachten. Aufgrund dieser Restgegenwart Gottes konnte der Demiurg diese Welt gestalten.

Die Archonten

Die Zurückziehung des Willens Gottes und die Ausübung des freien Willens durch die Äonen löste die dramatischen Ereignisse aus, von denen in vielen alten Mythologien die Rede ist. Nach gnostischer Auffassung lehnten sich einige Äonen gegen die göttliche Autorität auf, und es brach ein Konflikt von kosmischen Dimensionen aus.

Einige Mitglieder der himmlischen Heerscharen spielen

in dem sich nun vollziehenden Drama eine besondere Rolle. Hierzu gehört z. B. Sophia, ein weiblicher Äon, der in der Gnosis von großer Bedeutung ist. Eine andere Wesenheit ist Satanel (wobei das *el* auf seinen Status als Erzengel hinweist), einst ein mächtiger Äon und Herr der englischen Heerscharen, der zum Demiurgen oder Schöpfer der materiellen Welt werden sollte. Von überragender Bedeutung für das Menschengeschlecht ist schließlich ein weiterer Äon namens Adamel. Der Geschichte vom Sturz dieser drei Wesen, die zu den Äonen des Niedergangs gehören, kommt in der Gnosis eine überragende Bedeutung zu.

Im Gegensatz zu den guten Äonen oder Engeln werden die bösen und ungehorsamen Äonen mit dem Gattungsbegriff Archonten bezeichnet. In der Bibel sind Wörter wie »Herr«, »Herrscher« oder »Fürst« oft Übersetzungen des Worts »Archon«. Aber auch hier zielt dieser Begriff oft auf ein böses Wesen, wenn Jesus z.B. vom Fürsten *(archon)* dieser Welt spricht und damit den Teufel meint (Joh. 12,31).

Die verschiedenen Archonten oder bösen Äonen, ihre Entstehung und ihre komplexen Beziehungen untereinander werden in den gnostischen Schriften sehr ausführlich beschrieben.

Irenäus merkt verächtlich an, daß die Gnostiker »ihre ganze lächerliche Abstammungslehre so selbstgewiß erzählen, als ob sie Hebammen bei ihrer Geburt gewesen wären«. Es überrascht nicht, daß die gnostischen Auffassungen über die Archonten, ihre Namen, ihre Zahl, die Reihenfolge ihrer Emanation, ihren Ort und Rang in der Hierarchie, ihre Befugnisse, ihre Merkmale und ihr Schicksal erheblich auseinandergehen und in den einzelnen Schriften ganz unterschiedlich dargestellt werden. Die Angaben ihrer Anzahl reichen von einigen Dutzenden bis zu Hunderten. Das Valentinianische System spricht von 360 Äonen oder Archonten, dasjenige des Basilides von 365. Dem »Dreiteiligen Traktat« von Nag Hammadi zufolge ist ihre Zahl wiederum unendlich.

Diese Wesenheiten haben jeweils eigene Einflußsphären und Wohnorte oder Himmel. Wie Irenäus machte sich auch Tertullian über die reich ausgestaltete Kosmologie der gnostischen Schulen mit ihren vielfältigen Paradiesen lustig, in denen die Auserwählten wie in einem Wohnblock hausen. »Die Welt«, fügt er verächtlich hinzu, »ist in einen Ort der Mietwohnungen verwandelt worden.«

Diese Paradiese gelten als die niedrigeren Himmel und dürfen nicht mit den Himmeln der göttlichen Reiche verwechselt werden. Zu ihnen gehören die Fixstern- und Planetensphären, die Elysischen Gefilde, die Inseln der Seligen und andere traditionelle Paradiese der heidnischen Mythologien, die die vorübergehenden Freuden symbolisieren, welche die Archonten den Menschen im Gegenzug für Verehrung und Anbetung anbieten. Am Ende der Zeiten werden diese niedrigeren Himmel wie eine Buchrolle aufgerollt (Jes. 34,4).

Der Anführer der Archonten ist der Demiurg, der Schöpfer und Baumeister der Welt, dem rangniedrigere Archonten bei seinem Regierungsamt helfen. In seinen »Gesetzen« schreibt Platon, daß der Weltherrscher »Sachwalter bestellt hat, die über die verschiedenen Funktionen des Kosmos bis hin zum kleinsten Detail mit unendlicher Genauigkeit wachen«. Zu diesen nachgeordneten Verwaltern gehören die Fürsten, Machthaber und anderen dunklen, die Welt beherrschenden Äonen, von denen Paulus spricht (Eph. 6,12). Es sind die eigensinnigen *(authades)* oder anmaßenden Äonen, die als Widersachergeister, als Gegengötter *(antitheoi)* betrachtet werden.

Einige von ihnen erhielten eine Kollektivbezeichnung nach den Orten und Dingen, über die sie herrschen: die Tiefe *(bythos)*, der ungeordnete Stoff *(chaos)*, der Ort *(topos)*. Die Herrscher über die niedrigeren Örtlichkeiten heißen Toparchen. Jegliches Böse wird ebenfalls als Archon hypostasiert. Die Zeit und ihre Unterteilungen sowie der Raum und seine Dimensionen unterstehen der Herrschaft getrennter Archonten. Einige wachen über die Wirkungen der Himmelskörper, so z. B. die 36 Dekane, die für jeweils zehn Grade des Tierkreises verantwortlich sind, und die Liturgen oder »Staatsdiener« *(leitourgoi)*, die sich um die Bahnen der Gestirne kümmern.

Die in der Bibel (Gal. 4,3) erwähnten Elementarmächte haben mit verschiedenen Aspekten der Natur und Naturerscheinungen zu tun, mit deren Hilfe sie die Menschheit heimsuchen. Plutarch und andere griechische Autoren bezeichneten häufig lokale Naturgottheiten wie Pan als »Geister« *(daimones)*, die teils gut, teils böse sind. Daneben gibt es auch Geister, die Macht über den menschlichen Körper und seine Funktionen ausüben. In einer Version des »Apokryphon Johannis« sind die Namen der Archonten verzeichnet, die jedes einzelne Organ und jeden Teil des Körpers schufen.

Alle niedrigeren Archonten werden als spätere und daher dekadentere Phasen des Emanationsprozesses behandelt.

Sophia

Die Sophia ist eine der archetypischen Gestalten der gnostischen Mythologie. Mystisch und lasziv, gut und böse zugleich, ist sie von ambivalenter Natur. Je nach Kontext gilt sie entweder als einer der Äonen, meist die dreizehnte Emanation, oder als die Mutter der Äonen einschließlich des Demiurgen und Ialdabaoths (siehe unten).

In dem berühmten gnostischen Werk mit dem Titel »Pistis Sophia« (»Glaube-Weisheit«; um 250), das angeblich einige der Offenbarungen des auferstandenen Jesus enthält, wird auch von den Umständen der Verbannung der Sophia in die materielle Sphäre und von den Leiden berichtet, die sie dadurch erdulden mußte.

Für den Sturz der Sophia aus den höheren Sphären und ihr Eintauchen in die stoffliche Welt werden vielerlei Gründe angeführt. Einer Auffassung zufolge sehnte sie sich nach voller Erkenntnis des Lichts des Absoluten, die allen verwehrt ist. Diese unbesonnene Neugierde *(tolma)* führte zu ihrem Sturz und ihrer Verbannung. Nach einer anderen Auffassung kam es zu der Tragödie der Sophia, als sie das falsche Licht, das sie unten wahrnahm, für das ihr verwehrte »Licht der Lichter« hielt, es in einem Sprung zu erhaschen versuchte und wie ein funkelnder Tropfen in die schwarzen Wasser des Chaos auf der Ebene des Stoffes stürzte.

Einem anderen Text zufolge wollte sie wie das Absolute allein eine Schöpfung vollbringen, ohne die Hilfe eines männlichen Partners. In der »Hypostasis der Archonten« heißt es, daß die Sophia »aus sich selbst heraus ein Werk vollbringen wollte, ohne einen Gemahl« und in dieser Weise von den Äonen unabhängig werden wollte. Sie hörte daher auf, mit den Äonen das tiefe Geheimnis der geschlechtlichen Vereinigung zu vollziehen, und strebte danach, sich von ihrem Einfluß zu lösen. Infolgedessen wurde sie aus ihrer Gemeinschaft verbannt und mußte in die Tiefen eintauchen.

Weil sie versucht hatte, sich über die Äonen zu erheben, ließen die Äonen die Sophia ihren Zorn spüren, indem sie sie bestraften und demütigten und sie daran hinderten, in das höhere Reich wiederaufzusteigen, aus dem sie gekommen war. In manchen Texten ist sie die klagende Erde, und auf der Erde wiederum die heimgesuchte Stadt Jerusalem, um die Jesus weinte (Lk. 19,41). Die Leiden der Sophia werden in lebhaften Farben dargestellt. Sie wurde in einen stofflichen Leib eingesperrt und mußte in verschiedene weibliche Körper wandern, in denen sie jeweils verschiedene Demütigungen zu ertragen hatte. In der gnostischen »Exegese über die Seele« heißt es, daß sie Rohlingen in die Hände fiel, die wiederholt über sie herfielen und sie vergewaltigten. Einmal mußte sie sich sogar in einem Bordell verdingen. In der »Zweiten Lehre des großen Seth« ist die Rede von »unserer Schwester Sophia, die eine Hure ist«.

In diesem Aspekt als die niedrigere Sophia ist sie die Lüsterne *(prouneikos)*, die Hüterin verderbten und profanen Wissens. Im Gegensatz zu Christus als demjenigen zur Rechten ist Sophia diejenige zur Linken. Weil sie aus dem Reich der Äonen vertrieben wurde, ist sie die »Verbannte«, und diesbezüglich teilt sie das Schicksal der jüdischen Schechina.

Die Prüfungen der leidenden Sophia führten schließlich zur Buße und Reue, einer Umkehr *(metanoia)* und am Ende zur Erlösung. Ihre Liebe zum Licht des Lichts (dem Logos) wurde wiederhergestellt, und so gelangte sie zu einem neuen Glauben *(pistis)* an das Licht. Infolge ihrer Bekehrung durfte sie in das Obere Reich zurückkehren und stieg auf eine höhere Ebene als die übrigen Äonen.

In manchen Texten wird die Sophia als die Schwester, in anderen als die Braut Christi bezeichnet, wobei sie bei ihrer Auffahrt das Pleroma betritt und von Christus in sein Lichtgewand gehüllt wird. Zusammen begeben sie sich in das Brautgemach, der Erlöser und die Sophia, das Lamm und die Braut des Lammes (Offb. 21,9), und zusammen genießen sie die Wonne der mystischen Vermählung. Es ist das nämliche Brautgemach, das auch der Schauplatz der Hochzeit anderer erlöster Seelen sein soll.

Die Sophia hat viele transzendente und göttliche Attribute. Sie wird manchmal mit dem Heiligen Geist gleichgesetzt; sie ist auch die Barmherzige und trägt den Titel »Vollkommene Barmherzigkeit«. Weil sie aus den Tiefen, in die sie hinabgestiegen war, »emporgerufen« wurde, wird sie manchmal als die Kirche *(ekklesia)* bezeichnet. Sie gilt auch als eine Manifestation des Gedankens *(ennoia)* der höchsten Gottheit. In dieser Hinsicht wird sie ihrem Namen Sophia gerecht, der »Weisheit« bedeutet. Andernorts wird sie als Achamoth (vom Hebräischen *chokma*, »Weisheit«) bezeichnet; Achamoth als die obere Sophia wird von der unteren Sophia des Todes (hebr. *moth*) unterschieden.

Ihre paradoxe Natur tritt auch in einem Text zutage, der in Nag Hammadi gefunden wurde und der den eigentümlichen Titel »Der Donner: der vollkommene Verstand«, trägt. Hierin beschreibt sich die weibliche göttliche Macht selbst als »die Erste und die Letzte, die Geehrte und die Verachtete, die Hure und die Heilige, Eheweib und Jungfrau, unfruchtbar und fruchtbar«.

Der Demiurg

Eine der Grundüberzeugungen der Gnostiker besteht darin, daß der Schöpfer dieser Welt und Beherrscher des Kosmos nicht derselbe ist wie die höchste Gottheit und der liebende Vater, der im höchsten Himmel herrscht.

Der Schöpfergott, der ursprünglich den Namen Satanel trug und heute Satan heißt, war der oberste der Äonen und nahm innerhalb des Pleromas oder Himmelreichs einen bevorzugten Platz ein. Er stand in so hohem Ansehen, daß man ihn als den Statthalter Gottvaters und als Luzifer bezeichnete, den Lichtträger. Manchen Berichten zufolge war er der ältere Bruder von Jesuel (dem himmlischen Jesus).

Zu irgendeinem Zeitpunkt kam es innerhalb des Pleromas zu einem Sturz, ein Ereignis, das in ein geheimnisvolles Dunkel gehüllt ist. Satan wurde zum Eponym des Sturzes, doch war er nicht der einzige unter den Äonen, dem ein solches Schicksal widerfuhr, und immer hing ihr Sturz mit der Hinwendung zu einem Urbösen zusammen. Satan fiel durch den Stolz *(hyperephania)*, Sophia durch ungezügelte Neugierde *(tolma)*, die Nephilim oder Riesen (1. Mose 6,4) durch Lüsternheit *(epithymia)* und Adam durch Ungehorsam *(apeitheia)*.

Im Fall Satans führte die Ausübung seines freien Willens zu Hochmut und Mißbrauch, wodurch in seinem Herzen Neid und Ehrgeiz entstanden. Einem Bericht zufolge wollte er es dem Vater gleichtun und sich über Gott erheben (Jes. 14,13). Einem anderen Bericht zufolge verleitete ihn die Übersättigung *(koros)* mit seinem glücklichen Zustand zur Rebellion. Nach wieder anderen Quellen erregte die Bedeutung, die Adam zugestanden wurde, seine Eifersucht. In

Ausübung seines Eigenwillens begehrte Satan auf, und eine Reihe weiterer Äonen schlossen sich ihm an. Er wurde jedoch besiegt und aus dem Himmelreich vertrieben. Christus, der Zeuge des Ereignisses war, sagt: »Ich sah den Satan wie einen Blitz vom Himmel fallen« (Lk. 10,18).

Satan, der gefallene Engel, hat verschiedene Namen und beschreibende Titel. Er ist in erster Linie der Schöpfer, der Demiurg *(demiurgos)*, ein aus dem Griechischen entlehntes Wort, das »Handwerker« bedeutet und von vielen frühen Schriftstellern, von Platon bis Philon sowie von den Gnostikern im Sinn eines Schöpfergottes benutzt wurde. Der Demiurg ist der Allherrscher *(omniarch)*, d. h. der Herrscher über die ganze irdische Sphäre des stofflichen Daseins.

Er ist auch derjenige, der die Weltmacht besitzt *(kosmokrator)*. Im Neuen Testament wird er als Herr der Welt beschrieben, der Verfügungsgewalt über die Güter dieser Welt hat (Lk. 4,6). Er ist der Fürst dieser Welt (Joh. 12,31) und der Gott dieser Welt (2. Kor. 4,4). Die christliche Interpretation von »Welt« in diesem Zusammenhang ist »Zeitalter«, d. h., der Demiurg oder Satan ist der Gott der gegenwärtigen Epoche.

Die Bibel bezeichnet Satan als die alte Schlange (Offb. 12,9), und auch unter den Gnostikern ist ein häufiges Epitheton für ihn der »Schlangengestaltige« *(ophiomorphos)*. In dieser Form wurde er insbesondere von der Sekte der Ophiten verehrt.

Weil er Gottvater und die Engel schmäht, wird er als der Verleumder *(diabolos)* bezeichnet, worauf unser Wort »Teufel« wie auch der arabische Name für Satan, *Iblis*, zurückgeht. Er ist der Monarch der Dämonen *(demoniarch)*, der alles Böse *(kakia)* und alle Schlechtigkeit *(poneria)* verkörpert und der voller verborgener Anschläge und geheimer Ränke steckt, um die Menschheit zu versklaven.

Satan ist ein feuriger Archon, doch ist sein Feuer ein dunkles Element, denn er ist der Fürst der Finsternis. Zu seinen wichtigsten Helfern zählen der Tod *(thanatos)* und die Hölle *(hades)*, die beide in manchen Texten als der Menschheit feindliche Urwesen oder Archonten bezeichnet werden. Die Bibel beschreibt den Tod als auf einem fahlen Roß reitend, die Unterwelt im Gefolge (Offb. 6,8).

Jahwe

Die vielleicht erstaunlichste und für viele auch anstößigste Aussage der Gnostiker über den Demiurgen ist die Gleichsetzung mit Jahwe, dem Gott des Alten Testaments. Diese hebräische Gottheit ist ihnen zufolge von Gottvater zu unterscheiden. Jahwe ist dem höchsten Wesen durchaus feindlich gesinnt.

Die gnostischen Lehrer wurden nicht müde, Jahwe, Moses und das Gesetz, die Propheten und überhaupt das ganze Alte Testament im wahrsten Sinn des Wortes zu verteufeln. Für manche Kritiker ist der Gnostizismus daher ein »metaphysischer Antisemitismus«.

Im Gegensatz zum himmlischen Vater, der ein liebender Gott ist, ist Jahwe, wie er doch selbst sagt, eifersüchtig, zornig und rachsüchtig und fordert Vergeltung bis ins dritte und vierte Glied. Er wird als gerecht *(dikaios)* im Sinn einer strengen Anwendung des Gesetzes ohne jegliche nachsichtige Güte oder Liebe dargestellt.

Dieser unbarmherzige und zürnende Gott ertränkte die ganze Welt in einer Sintflut. Er verbrannte die Städte Sodom und Gomorrha, obwohl Abraham zu ihm flehte, sie zu verschonen. Jahwes wichtigste Verkünder waren nach gnostischer Auffassung nicht besser. Moses stieg vom Berg Sinai herab und befahl die Hinrichtung von 3000 Menschen (2. Mose 32,28), nachdem er soeben das Gebot erhalten hatte, nicht zu töten. Eine ähnliche Unbarmherzigkeit demonstrierte Elias, als er die 450 Priester Baals am Bach Kishon erschlug (1. Kön. 18,40), und wiederum Elisäus, als er im Zorn einige ungezogene Kinder im Namen Jahwes verfluchte, woraufhin zwei Bärinnen aus dem nahen Wald kamen und 42 von den unschuldigen Kindern zerrissen (2. Kön. 2,24).

Dabei, so die Gnostiker, sind noch nicht einmal die Tausende von Männern, Frauen und Kindern berücksichtigt, die das auserwählte Volk dieser parteiischen Gottheit erschlug. Im Alten Testament wird diesem auserwählten Volk, dem allein Jahwe seinen Segen vorbehält, der Besitz eines Landes verheißen, das ihm nicht gehört und das bereits seit langem von anderen Stämmen bewohnt wird. Mit Jahwes Segen und seiner Hilfe aber unterwerfen sie die rechtmäßigen Besitzer und machen sich ihr Land widerrechtlich unter Blutvergießen und mit Hilfe von Verrat zu eigen.

Die Gnostiker verwarfen das Alte Testament, weil es ein jüdisches Monopol auf Gott verkündete und wenig enthielt, das auch für Nichtjuden einen Wert besaß. Sie behaupteten, daß nur die ersten Kapitel der Genesis, bevor der Heide Abram zum hebräischen Abraham wurde, gültiges Material darstellten, sofern man sie allegorisch interpretierte. Herakleon, ein Schüler des Valentinus, sagt in einem Kommentar zu der Bemerkung der Samariterin über den Brunnen, aus dem Jakob in patriarchalischer Zeit getrunken hatte (Joh. 4,12), daß Jakobs Brunnen das Alte Testament darstellt, dessen Wasser den Durst des Geistes nicht löscht.

Auch die Psalmen wurden kritisiert, weil die Hymnen zum Teil von Jahwe inspiriert und daher jüdisch, der größte Teil davon aber bloß hebräische Plagiate von nichtjüdischen Völkern waren. Ebenso waren die Bücher der Propheten zum größten Teil von über die Welt herrschenden Archonten einschließlich Satan geoffenbart und wurden von »unwissenden Toren aufgezeichnet, die für einen törichten Gott sprachen« (Jonas 1963, S. 192).

Ebensowenig fanden die mosaischen Gesetze vor ihren Augen Gnade. Anordnungen gegen Ehebruch, Mord und falsches Zeugnis gab es in alten Zeiten bei den meisten Völkern der Menschheit und waren durchaus keine Besonderheit der Juden. In seinem »Brief an Flora« führt der Gnostiker Ptolemäus aus, daß einige der Grundprinzipien des hebräischen Gesetzes wie z. B. »Auge um Auge, Zahn um Zahn« (2. Mose 21,24) nicht mehr gültig waren. Die Vorschriften bezüglich der Tieropfer, die ein grundlegendes Element des Judentums waren, verloren mit der Zerstörung des Tempels ihre Gültigkeit. Und was die Einhaltung des Sabbat, die Beschneidung, das Fasten, die Ernährungsvorschriften, die rituellen Reinigungen, die Gebetsriemen und andere unsinnige Vorschriften betraf, die es im Pentateuch in Überfülle gab, so waren sie zu verwerfende Verfügungen des Demiurgen.

Die Masse des Pentateuchs galt als trivial und nur für den Stamm der Juden von Bedeutung, während er für den Rest der Menschheit nur wenig Interessantes enthielt. Das darin dargelegte Glaubenssystem war restriktiv und hatte vor allem materialistische Rituale und gesellschaftliche Gebote im Auge, die nichts mit der höheren Welt zu tun hatten. Das mosaische Gesetz war blind für jede spirituelle Dimension. Dem apokryphen »Buch des Evangelisten Johannes« zufolge war das mosaische Gesetz das Werk des Teufels.

Einige der mosaischen Lehren widersprachen moralischen Prinzipien, und vieles davon war elitärer Hokuspokus. Von Satan geführte böse Archonten inspirierten Moses zur Abfassung des Pentateuch und verhängten damit die komplizierten Verpflichtungen des Gesetzes über die Juden. Nach dem »Thomasevangelium« sprach Jesus drei geheime Worte zu Thomas, die später immer wieder Anlaß gnostischer Spekulationen waren. Das erste dieser Worte, *saulasau*, das mit »Gebot über Gebot« übersetzt wird, sollte sich auf den Zustand jener Klasse von Menschen hier unten beziehen, die dem Gesetz Moses' unterworfen sind.

Nach gnostischer Auffassung wurden die antiquierten Gebote des Pentateuchs in jüdischen Stämmen nur zu dem Zweck auferlegt, damit es mehr Übertretungen gäbe (Röm. 5,20), so daß die Juden unter dem irrtümlichen Zwang, sich dem Gesetz zu unterwerfen, dem Gesetzgeber Jahwe hörig blieben. Sein Ziel war die Versklavung der Menschheit.

Im apokryphen »Petrusevangelium« heißt es, daß die Juden sich in dem Irrtum befanden, daß sie Gott kannten, doch kannten sie nur einen falschen Gott, einen Hochstapler, über dessen wahre Natur sie sich täuschten. Einer der Titel, den die Rabbiner ihrem Gott beilegten, war *ha-makom*, »der Ort«, während für die Gnostiker der Ort *(topos)* der von Gottvater verlassene Bereich ist, den er der nichtgöttlichen Welt überließ und der daher ein Ort des Mangels ist. Dem Gnostiker Valentinus zufolge ist der Topos das Reich des Demiurgen.

Im »Apokryphon Johannis« und bestimmten anderen gnostischen Texten hat Jahwe viele Namen, wobei er manchmal auch Tiergestalt annimmt. Zu diesen Namen gehören Jehova, Elohim, Adonaios, Sabaoth (stiergestaltig), El Shaddai, Eliläus, Iao, Iaoth (Schlange), Oreus, Astaphaeus, Esaldäus, Ialdabaoth (Löwe), Thauthabaoth, Erathaoth, Eloaios (Adler), Satanas und Thartharaoth (Esel).

In dem nicht mehr vorhandenen, jedoch bei Epiphanius zitierten gnostischen Text »Geburt Mariens« heißt es, daß Zacharias, der Vater Johannes des Täufers, im jüdischen Tempel die Vision eines Menschen hatte, der »die Gestalt eines Esels hatte«. Zacharias ging hinaus und wollte den Juden sagen: »Wehe euch, wer ist es, den ihr verehrt?« Das Geschöpf, das ihm im Tempel erschienen war, verschloß ihm jedoch den Mund. Als sein Mund wieder geöffnet wurde, offenbarte er den Menschen, was er gesehen hatte. Daraufhin töteten sie ihn (James 1924, S. 19; Richards 1977, S. 69).

Die Gnostiker führen weiterhin aus, daß Jesus, als er die Juden tadelte, ihnen deutlich sagte: »Ihr stammt aus dem Teufel als Vater« (Joh. 8,44), weil er die wahre Natur des Gottes kannte, dem sie anhingen. Interessanterweise bezeichnet Jesus Gottvater niemals als Jahwe, und überhaupt taucht der Name Jahwe nirgendwo im Neuen Testament auf.

Das Böse

Nach der Mythologie der Gnosis ist das Böse nach seinem Ursprung, Ziel und Zweck vom Prinzip des Guten zu unterscheiden.

Über den Ursprung des Bösen gibt es grundsätzlich zwei Theorien. Die erste gilt traditionell als die orientalische oder, wie Basilides es ausdrückt, die barbarische (persische, zoroastrische, manichäische) Auffassung. Sie besagt, daß es im Anfang zwei höchste, absolute und gleich ewige Mächte gibt, das Gute einerseits, das über das Licht herrscht, und das Böse andererseits, das über die Finsternis herrscht. Diese beiden Urprinzipien, die voneinander getrennt und unterschieden sind, befinden sich in unaufhörlichem Widerstreit. Nach dieser Auffassung gab es das Böse immer gleichzeitig mit Gott und unabhängig von Gott, und in dieser Weise wird es in alle Ewigkeit fortbestehen.

Nach der abendländischen (alexandrinischen, palästinensischen, syrischen) Theorie, der die Gnostiker überwiegend anhingen, ist das Böse keine eigenständige oder absolute Qualität. Es ist vielmehr ein Zustand der Entbehrung, der sich aus dem Fehlen oder der Abschwächung der göttlichen Qualitäten ergibt. Das Böse ist demzufolge die natürliche Folge des Herniedersteigens der Emanationen, das heißt, je mehr sich die Emanationen von der ursprünglichen göttlichen Quelle entfernen, desto mehr nimmt ihre Güte und ihr Licht ab. Als Gott seine Gegenwart zurückzog, um Platz für die Welt zu schaffen, bekam der Satan dementsprechend die Freiheit, seinen eigenen Willen im Gegensatz zum göttlichen Willen geschehen zu lassen, woraus das Böse entstand.

Der Rückzug Gottes brachte es weiterhin mit sich, daß sich auch das Licht seiner Erkenntnis zurückzog und die Welt in Finsternis *(skotos)*, Irrtum *(plane)* und Unwissenheit *(agnosia)* zurückblieb. Die Folge der Unwissenheit waren

Täuschung, Mangel, Not, Verwirrung (*aporia*, »Weglosigkeit«, d. h. nicht wissen, wohin man sich wenden soll), Schock *(ekplexis)*, Furcht, Bestürzung, Beklemmung *(stenochoria)*, Düsternis *(zophos)* und Schrecken *(phobos)*, weshalb der Mensch wie in einem Nebel verloren ist und von furchtbaren Alpträumen heimgesucht wird.

Valentinus zufolge verdankt der Kosmos seine Erschaffung und seinen Fortbestand der Anwesenheit von Irrtum und Unwissenheit. Wenn der Irrtum beseitigt werden könnte, dann wäre alles vernichtet, was nur durch ihn besteht. Geistige Finsternis ist der Zustand aller Dinge, deren Los die Zerstörung ist. Die Rettung liegt daher nicht im Glauben, sondern in der Erkenntnis. Der Irrtum ist es, nicht die Boshaftigkeit, die den Menschen Leid bringt. Nicht Unglaube ist es, sondern Unwissenheit, der Männern und Frauen das Siegel des Verhängnisses aufprägt.

Das Böse ist keine Abstraktion oder ein passiver Zustand, sondern eine positive und gewalttätige Kraft, die aus dem aktiven Wirken Satans und seiner Archonten entspringt. In der Gnosis verkörpern die Archonten, die die sieben Planetensphären der Hebdomas beherrschen, die großen Übel, die sich wie folgt zusammenfassen lassen:

Stolz: unter dem Archonten Jupiter; das Böse, das Gott am widerwärtigsten ist; es führt zu Lastern wie Unverschämtheit, Frevelmut *(hybris)*, Hochmut, Ungehorsam, Prahlsucht, Ehrgeiz, Ruhmsucht, Starrsinn, Eitelkeit; sein Gegenteil ist Demut oder Bescheidenheit.

Neid: unter dem Archonten Mond; führt zu Eifersucht, Begehrlichkeit, Böswilligkeit, Bitterkeit, Boshaftigkeit, Haß, Unruhestiftung; sein Gegenteil ist Liebe.

Zorn: unter dem Archonten Mars; führt zu Gewalttätigkeit, unmäßiger Leidenschaft, Zwietracht, Uneinigkeit, Aufruhr, Tumult, Wut, Verwirrung, Rachsucht; sein Gegenteil ist Langmut oder Geduld.

Wollust: unter dem Archonten Venus; führt zu Lüsternheit, Ausschweifung, Liebe zum Körper, Begehrlichkeit, Unzucht; sie ist das Gegenteil von Keuschheit.

Faulheit: unter dem Archonten Saturn; führt zu Gleichgültigkeit *(akedia)*, Abgestumpftheit, Unachtsamkeit, Teilnahmslosigkeit, Lauheit; sie ist das Gegenteil der Tüchtigkeit.

Gier: unter dem Archonten Sonne; führt zu Habgier, Geiz, Völlerei, Trunkenheit, Liebe zum Geld und den übrigen Sünden Mammons; sie ist das Gegenteil der Mäßigkeit.

Falschheit: unter dem Archonten Merkur; führt zu Heuchelei, Lüge, Täuschung, Betrug, Gerissenheit, Ränke, Klatsch, Treulosigkeit; sie ist das Gegenteil der Wahrheit.

Nach gnostischer Anschauung ist das Böse nicht als physisches, gesellschaftliches oder moralisches Übel aufzufassen. Religiös gesprochen, ist das Böse die Sünde. Was wir als Verbrechen oder anderes verwerfliches Tun betrachten, ist nicht das eigentliche Böse. Dies ist dasjenige, was Basilides Anhängsel *(prosartemata)* nennt. Jesus sagt, daß die Zöllner und Dirnen in das Königreich eingehen werden (Mt. 21,31); er vergab der Sünderin und verhieß dem Schächer am Kreuz das Paradies. In der Liste der sieben Todsünden finden wir Unzucht, Totschlag oder Diebstahl nicht. Das Böse ist die Wollust; der Ehebruch ist die Folge. Die Sünde ist der Zorn, das Ergebnis der Mord. Der Cäsar kann durch seine Autorität das Verbrechen bestrafen. Reue und Wiedergutmachung können seine Wirkungen mildern. Nur die göttliche Gnade aber kann von der zugrundeliegenden Sünde reinigen.

Das Böse ist die Realität hinter verwerflichen Taten und sündigen Gedanken. Der Satan und seine Archonten verkörpern alles Böse. Der Widerstreit zwischen den Mächten des Guten und denjenigen des Bösen in der unsichtbaren Welt geht allen irdischen Verbrechen und aller Sündhaftigkeit voraus. Das Böse ist von transzendenter Natur und ist als dasjenige zu verstehen, was inhärent, aus sich heraus und ontologisch böse ist *(kakia)*. Nur wenn wir dies verstehen, können wir hoffen, das »große Geheimnis der Gesetzlosigkeit« (2. Thess. 2,7) zu verstehen.

Materie

Nach christlicher Auffassung schuf Gottvater die gesamte materielle Welt aus dem Nichts (lat. *creatio ex nihilo*).

Manche, vor allem östliche, gnostische Schulen betrachten jedoch die Materie als gleich ewig wie das Böse, und die Welt wird aus diesem präexistenten Stoff nicht von Gottvater, sondern vom Demiurgen geschaffen. Nach anderen gnostischen Systemen schuf der Demiurg die Welt aus dem Stoff, der an der Stelle erschien, die Gott geräumt hatte.

Der Rückzug von Gottes Gegenwart hinterließ einen Abgrund (*bythos*; lat. *vorago*), der mit Begriffen wie Finsternis, Feuer, das Böse und der Tod beschrieben wird. Er trägt eine Vielzahl anschaulicher Namen: der Wirbel, der Strudel *(dine*, lat. *vortex)*, das Rad (hebr. *galgal*), der Schlund, die Tiefe *(bathos)*, der Busen *(kolpos)*, die Gebärmutter (*hysteria*; lat. *matrix*), das Wasser, das Meer *(thalassa)*, der Nebel *(omphalos)*, der Sturmwind *(thyella)*. Der Abgrund tat sich am äußeren Rand der oberen Welt auf und bildete eine zeugungskräftige Ödnis. Im Abgrund lag das gesamte kosmische Potential von Zeit und Raum, die Bauelemente für die Erscheinungswelt, die das Rohmaterial für das Schöpfungswerk lieferten. Die Materie *(hyle)* wurde aus dem Urraum gebildet.

Dem biblischen Schöpfungsbericht (1. Mose 1,2) zufolge war die Welt im Anfang »wüst und leer« (hebr. *tohubohu*), und aus diesem Zustand der Formlosigkeit *(chaos)* und Leere *(kenotes)* ging der Stoff hervor. Nach der Lehre der jüdischen Kabbalisten füllte sich der Abgrund, der als leere Schale beschrieben wird, mit degenerierten Wesen, den sog. *klifot*, und ihre Pollutionen, Fehlgeburten und Nachgeburten bilden die Grundbestandteile des Stoffs. Daher ist der Stoff dieser Welt als inhärent böse zu betrachten.

Nach heidnisch-klassischer Auffassung wird die Welt von göttlichen Wesen regiert, und der Kosmos und seine Herrscher übertreffen die Menschen an Intelligenz und Reinheit. Der griechische Philosoph Thales († 550 v. Chr.) sagt: »Die Welt ist von Göttern erfüllt.« Platon nimmt in seinem »Timaios« eine pantheistischere Haltung ein und beschreibt den Kosmos als »einen Gott, und wahrhaftig ein lebendiges Geschöpf, das mit Seele und Vernunft ausgestattet ist«.

Auch in gnostischen Schriften findet sich die Auffassung, daß die Welt von geistigen Wesen regiert wird, die nicht notwendigerweise feindselig sind, sondern gewissermaßen den Rest vom Funken Gottes darstellen, der in allen Dingen wohnt. Im »Corpus Hermeticum« heißt es: »Kein Teil des Weltalls ist ohne Geister.« Die naassenischen Gnostiker sagen: »Auch die Sterne haben eine Seele.«

Dies wird oft zur Bekräftigung der gnostischen Vorstellung herangezogen, daß nichts ohne Gott existieren kann, und seine »Gegenwart« oder diejenige eines Ersatzes, muß in allen Dingen vorausgesetzt werden, auch wenn er sich zurückgezogen hat. Im »Thomasevangelium« sagt Christus der Logos: »Hebt den Stein auf, und ihr werdet mich finden; spaltet das Holz, und ich bin da.« Gottes Licht oder eine Abspiegelung seines Lichts war vom Anbeginn in allen Dingen gegenwärtig (1. Mose 1,3), so daß der »Duft« Gottes auch in seiner Abwesenheit vorhanden ist.

Damit ist nicht gesagt, daß der Kosmos nicht böse ist und nicht von einer boshaften und tyrannischen Gottheit regiert wird. Alle Materie ist Teil der satanischen Dunkelheit, die aus dem Chaos auftauchte. Wie es in der Bibel heißt: »Finsternis lag über der Urflut« (1. Mose 1,2). Finsternis ist die Farbe des Chaos, und sie ist ein Urübel. In der Hand des Demiurgen wird die Finsternis zum Stoff. Die Finsternis, sagen die Sethianer, ist nicht ohne Intelligenz, sondern vielmehr in jeder Hinsicht gerissen; sie weiß, daß sie, wenn alles Licht aus ihr entfernt würde, ohne Kraft wäre, träge und schwach.

Diese Urfinsternis ist von einem tiefen Mysterium umgeben, und der ganze Gegenstand bleibt ein Rätsel, das jenseits des menschlichen Verständnisses liegt. Die »Pistis Sophia« sagt, daß bei der Auflösung der Welt bestimmten Menschen das Geheimnis zuteil werden wird, »das weiß, warum die Finsternis entstanden ist, und warum das Licht entstanden ist, und jenes Mysterium, das weiß, warum die Dunkelheit der Dunkelheiten entstanden ist, und warum das Licht des Lichts entstanden ist«.

Im »Poimandres« ist die Rede von »der nach unten strebenden Finsternis, die aufgerollt ist wie eine Schlange, feucht und verwirrt, und einen unsäglich klagenden Laut von sich gibt und Rauch ausstößt wie von einem Feuer«. Für die Mandäer ist das »brennende Feuer der Finsternis« eine der Eigenschaften der Materie. Alle Materie soll aus dem Feuerhauch *(aither)*, dem gefälschten Licht hervorgegangen sein, das der Demiurg schuf. Diese Antithesis des Lichts ist eigentlich eine Eigenschaft der Finsternis. Die Valentinianer sagen, daß der Topos oder Urort feurig ist, denn Feuer ist das Wesensmerkmal des Demiurgen, der der Gott des Feuers ist. In der gnostischen Schrift »Megale Apophasis« wird das Feuer als der Ursprung aller Dinge bezeichnet. Von diesem Feuer ist nur der scheinbare Aspekt sichtbar, während der unsichtbare Aspekt teuflisch und höllisch ist.

Aus diesem Feuer gingen die Elemente Erde, Luft und Wasser hervor, die in der Gnosis eng mit Schrecken, Unwissenheit, Leid und Verwirrung verknüpft sind. Das Element »Erde« ist der physische Stoff, die Eigenschaften des Demiurgen. Der Ursprung des Elements »Wasser« sind die gefälschten unteren Wasser, nicht die oberen Wasser des göttlichen Reichs (1. Mose 1,7). Bezüglich des Elements »Luft« schließlich sagt Paulus, daß der Satan der »Herrscher im Machtbereich der Luft« ist (Eph. 2,2).

Der Demiurg hat die Dinge so geordnet, daß sie alle unter Kontrolle von Verwaltern stehen, die Ialdabaoth bestellt hat, der seinen Namen (von hebr. *yalda*, »Kind«, und *bohu*, »leer«) daher hat, weil er aus dem Urchaos geboren wurde, oder, nach einer anderen Herleitung, von Jahwe Elohe Sabaoth, »Jahwe, Gott der Heerscharen«. Ialdabaoth, den die Gnostiker einen Archonten der Finsternis nennen, einen unwissenden Gott und einen verfluchten Gott, repräsentiert den Schicksalsaspekt des Kosmos, jedoch ohne die milderen Züge, die man der Vorsehung *(pronoia)* zuschreibt.

Im »Apokryphon Johannis« wird berichtet, daß Ialdabaoth das Schicksal *(heimarmene)* entstehen ließ und damit die Ereignisse im Kosmos und alle Dinge in ihm steuern konnte. Heimarmene war ein aus der alten Astrologie übernommener Begriff. Die aktiven Repräsentanten der Heimarmene sind die Himmelskörper, die Sterne, Sternbilder und Planeten, die dem Menschen sein Schicksal zuteilen.

Die Archonten der Planeten, sieben an der Zahl, unterstehen Ialdabaoth, dem Stellvertreter des Demiurgen, und auf sie zielt vermutlich die Bibelstelle: »Diese Sieben sind die Augen des Herrn, die auf der ganzen Erde umherschweifen« (Sach. 4,10). Bei R. C. Zaehner findet sich folgendes Zitat aus einem iranischen Text: »Die sieben Planeten werden die sieben Befehlshaber an der Seite Ahrimans genannt«, wobei letzterer der Satan des Zoroastrismus ist.

Sternengeister, dämonische Mächte und Elementargeister *(stoicheia)* steuern alle Dinge, lenken den Ablauf und die Gliederung der Zeit, kümmern sich um die irdischen Ereignisse und leiten die Naturkräfte. In ihrer Herrschaft aber waltet keine weise Vorsehung; sie ist despotisch und feindlich. Der Mensch ist durch die Heimarmene auf das Rad des Schicksals geflochten. Die Verbannung, die Selbstvergessenheit, der Schlaf, die Vergiftung, die Ängstlichkeit und die Unwissenheit der menschlichen Seele sind sämtlich mit der Heimarmene verknüpft.

Die Gnostiker sagen aber nun, daß die Seele, obwohl der Körper vollständig und der Geist teilweise unter der Herrschaft der Heimarmene steht, völlig frei handeln kann. *Gnosis* und eine geeignete Taufe können diesem Ziel dienen und den Menschen von der Knechtschaft des Schicksals befreien. Bis zur Taufe, heißt es bei den Valentinianern, ist das Schicksal wirksam. Nach der Taufe aber spricht der Astrologe nicht mehr die Wahrheit, denn Ialdabaoth hat keine Verfügungsgewalt mehr, und der Mensch unterliegt nicht mehr dem ehernen Gesetz der kosmischen Mächte. Wer mit dem Geist gewappnet ist, ist unangreifbar, gegen alle bösen Einflüsse gefeit. Die Seele ist ihrer Gerichtsbarkeit entzogen.

Natürlich führen die Himmelskörper weiterhin ihre jeweiligen Funktionen aus, doch stehen sie jetzt hinsichtlich der getauften Seele unter der Kontrolle der höheren Mächte. Aus dieser Überzeugung befragten die Gnostiker regelmäßig die Sterne und warfen das Los, bevor sie Vereinbarungen trafen und wichtige Entscheidungen fällten, denn das Ergebnis sollte jetzt durch diese hohen Mächte festgelegt sein.

Schließlich ist noch festzuhalten, daß am Ende der Zeiten die Macht des Demiurgen und seines ganzen Gefolges das vorherbestimmte Ende finden wird.

Schöpfung

Vollkommenheit gibt es nur in der Welt des Lichts, der Welt der Ewigkeit, Unendlichkeit und Beständigkeit, der Welt der Archetypen und vollkommenen Formen. Am Anfang durchstrahlte das Aufleuchten Gottes die himmlischen Sphären, und das widergespiegelte Licht dieses Ausstrahlens erleuchtete die Finsternis, die schlangengleich das Gebiet des Demiurgen in den Tiefen umschloß.

Dieses widergespiegelte Licht, das in die untere Welt schien, enthielt ein blasses Abbild *(eidolon)* der oberen Welt, so daß sich nur ein trübes und verzerrtes Schattenbild der geistigen Archetypen auf der Oberfläche der dunklen Wasser spiegelte. Weil aber der Duft der göttlichen Gegenwart alles durchzieht, enthielten auch diese vagen Schattenbilder den Abdruck der himmlischen Sphären, und diese riß der Demiurg an sich und übernahm sie als seine eigenen. Doch war er vom Urlicht entzückt; er begehrte es und verlangte danach, die Macht und den Glanz der Lichtreiche für sich zu besitzen und die Archetypen in seine Gewalt zu bekommen. Mehrmals versuchte er, in das Reich des Lichts einzudringen, doch ohne Erfolg.

Erzürnt darüber, daß er das Ursprüngliche nicht erlangen und keine Welt wie diejenige des Vaters erschaffen konnte, versuchte der Demiurg, so gut er konnte, eine eigene Welt zu formen. Im Talmud heißt es, daß Jahwe in der Tat eine Reihe von Welten vor der gegenwärtigen schuf, diese aber wieder zerstörte, weil er mit ihnen nicht zufrieden war. Den Gnostikern zufolge versuchte der Demiurg, die göttlichen Originale mit Hilfe der verzerrten Abspiegelungen nachzuahmen, die auf sein Reich fielen. Auf diese Weise formte er die Welt der Natur *(physis)*, deren Hauptelemente Zeit *(chronos)*, Raum *(kenos)* und Veränderung *(rheos)* sind.

Aus dem Raum formte der Demiurg die Materie *(hyle)*, und aus dieser schuf er die Welt und alle lebenden Geschöpfe einschließlich des Menschen. Diese Geschöpfe wiederum nahmen eine Identität an und brachten auf der stofflichen Ebene eine neue Hierarchie von Wesen hervor.

Auch die Zeit entstand nach dem Muster des ewigen Nun im Himmel. In Platons »Timaios« ist dies so dargestellt, daß der Demiurg die Zeit als »ein bewegtes Abbild der Ewigkeit« herstellte und sich der Illusion hingab, daß er die Ewigkeit des Pleroma erreichen könne, indem er ungeheure Mengen von Zeiteinheiten, Tagen, Jahreszeiten und Zeitaltern aufeinanderhäufte.

Der Demiurg, der die Endlosigkeit der Ewigkeit, die Grenzenlosigkeit der Unendlichkeit und die Unwandelbarkeit der Beständigkeit kopieren wollte, brachte also nur eine Welt der Zeit und ihrer größeren und kleineren Unterteilungen zustande, des Raums und seiner größeren und kleineren Dimensionen sowie der Veränderlichkeit, die Wandel und Verfall bewirkt. Weil sein Vorhaben die Frucht des Mangels *(elleipsis)* war, ist seine Welt die Welt des Kenoma oder der Leere im Vergleich mit dem Pleroma, der Fülle des Stauros, dem Jenseits.

Die Gegenstände und Geschöpfe in der Sphäre des Demiurgen sind bloße Karikaturen wie der Abdruck unvollkommener Siegel oder die Frucht mißgestalteter Ideen. Sie sind so illusorisch wie Schatten und so unfertig wie mißgestaltete Embryonen. Deshalb spricht man von einer nachgemachten *(antimimos)* Welt, und deshalb heißt der Demiurg der »Affe Gottes« (lat. *simia Dei*).

Als der Demiurg sein Nachahmungswerk *(mimesis)* vollendet hatte, wurde er vom Hochmut verblendet. Er verkündigte seinen Geschöpfen: »Du sollst keinen fremden Gott anbeten! Der Herr heißt nämlich ›Eifersüchtiger‹ und ist ein eifernder Gott« (2. Mose 34,14). Dies macht nach Auffassung der Gnostiker deutlich, daß es einen anderen Gott geben muß – auf wen sollte er sonst eifersüchtig sein?

Weil es nun dem Demiurgen gelungen war, eine Welt herzustellen, wie unecht sie auch war, erklärte er: »Ich bin der Herr, und sonst gibt es keinen; einen Gott außer mir gibt es nicht« (Jes. 45,5). In mehreren gnostischen Texten, insbesondere der »Hypostase der Archonten«, dem »Apokryphon Johannis« und der »Offenbarung Adams an seinen Sohn Seth« wird berichtet, wie dieser Anspruch zurückgewiesen wird. Eine Stimme von oben erklärt: »Du irrst Dich, Samael«, wobei der Demiurg mit einem Namen angesprochen wird, der entweder »Gott der Blinden« oder »Gott der linken Seite« bedeutet. Eine andere Stimme, diejenige der Sophia, weist ihn wie folgt zurecht: »Lüge nicht. Über Dir ist der Vater aller Dinge.« Und wiederum: »Der Menschensohn existiert über Dir, und ebenfalls der Mensch.« Und schließlich: »Die ewigen Engel sind höher als der Gott, der die Welt erschuf«.

In den gnostischen Schriften wird die vom Demiurgen gestaltete Welt in verschiedener Weise beschrieben. Im allgemeinen war die gnostische Kosmologie geozentrisch, d. h. die Erde war der Mittelpunkt des Sonnensystems und überhaupt des ganzen Universums. Die Erde war wie eine Zwiebel in acht aufeinanderfolgende durchscheinende Kugelschalen eingehüllt. Unmittelbar über der Erde lagen die Zonen der Hebdomas oder Sieben, nämlich Mond, Sonne, Merkur, Venus, Mars, Jupiter und Saturn, die sieben Planeten der Antike.

Zwischen der Kugelschale des letzten Planeten und der äußersten Kugelschale des Kosmos lag das Gebiet der Ogdoas oder Acht, die den Tierkreis und alle anderen Fixsterne enthielt. Die Kraftwirkungen der Planeten und Sternbilder werden von Ialdabaoth gesteuert, der das Schicksal *(heimarmene)* zuteilt. Einige Autoren haben darauf hingewiesen, daß die Idee der Ogdoas den Einfluß der ägyptischen Astrologie und die Idee der Hebdomas denjenigen der babylonischen Astrologie deutlich macht.

Umhüllt wurde die Zone der Sterne vom großen Firmament, der sogenannten Kristallsphäre, dem »Dom aus buntem Glas« des Dichters, und dem feurigen Empyreum, so daß sich insgesamt acht Zonen ergeben, die der Ouroboros, die Weltschlange, umschlingt, der seinen Schwanz im Maul hat. An der achten Sphäre endet der Kosmos.

Der Kosmos umfaßt die natürliche, physische Dimension, in der wir leben, sowie eine für uns unsichtbare Dimension körperloser Wesen. Wir teilen den Kosmos nicht nur mit den stofflichen Elementen, mit Planeten und Tieren und dem Rest des Menschengeschlechts, sondern auch mit den ätherischen und astralischen Wesen der nichtmateriellen Ebenen, mit den Klifot, mit Geistern und Dämonen und all den finsteren Mächten und Fürstentümern, die unter der Herrschaft des »Gottes dieser Welt« (2. Kor. 4,4) stehen.

Die Auffassung, daß die Welt von einem bösen Prinzip geschaffen ist und gelenkt wird und in Finsternis verharren muß, ist eine der Grundüberzeugungen der Gnostiker. Hierin stehen sie im Gegensatz zu heidnischen wie zu christlichen Auffassungen. Für die Stoiker z. B. war der Kosmos ein Abbild der guten Ordnung Gottes, und die Werke der Schöpfung belegten, daß eine wohltätige Gottheit über sie herrschte.

Irenäus stellt die christliche Auffassung klar, wenn er schreibt: »Zu sagen, daß die Welt ein Erzeugnis von Bosheit und Unwissenheit ist, ist die äußerste Blasphemie.« Der neuplatonische Philosoph Plotin sagt in seinen »Enneaden«: »Man muß sie (die Gnostiker) belehren, wenn sie die Güte haben, sich belehren zu lassen, daß eine göttliche Vorsehung diese Welt geschaffen hat, nicht ein böser Demiurg.«

Der Mensch

Der Anthropos oder Mensch spielt im Weltenplan eine überragende Rolle. Er ist der zentrale Gegenstand der Absichten Gottes wie derjenigen des Demiurgen. Der Mensch entstand als Gedanke des göttlichen Geistes und trat in der oberen Welt des Lichts ins Dasein. In einem apokryphen Evangelium sagt Jesus: »Gesegnet ist der Mensch, weil er existierte, bevor er geboren wurde. Alle Dinge wurden geschaffen, doch der Mensch war vor ihnen.«

Der Mensch wurde im vierten (einigen Berichten zufolge im dritten) Himmel vom Logos nach dessen eigenem Bildnis geschaffen. Nach Auffassung des jüdischen Philosophen Philon von Alexandria kann nichts Sterbliches nach dem Ebenbild des Allerhöchsten geschaffen werden, und wenn die Schrift sagt, daß Gott den Menschen nach seinem Bildnis schuf (1. Mose 1,26), so heißt dies: nach dem Bildnis des »zweiten Gottes«, nämlich des Logos.

Dieses Urwesen, der archetypische Ahnherr der Menschheit, war eine androgyne Gestalt von hell strahlendem Äußeren und herrlicher Schönheit. Er war der Stolz des Logos, der ihn den Engeln und Erzengeln zeigte. Die Schönheit seiner Gestalt und die Macht seiner Stimme flößte vielen unter den englischen Heerscharen Neid und Furcht ein. Ihm wurde Herrschaft über den ganzen Himmel gegeben, und er bekam den Namen Adamas, »der Unbesiegbare«, oder Adamel und später Adam. Er war der Adam Kadmon oder Urmensch der jüdischen Kabbala. Eva wurde aus ihm als seine Gefährtin geschaffen.

Satan wurde von Zorn über den bedeutenden Rang erfaßt, der Adam eingeräumt wurde, und von Eifersucht wegen der glorreichen Bestimmung, die jenem verheißen war. Er lehnte sich gegen den Höchsten auf, zog viele Engel auf seine Seite und versuchte schließlich auch Adam zu überreden, sich der Rebellion anzuschließen. Adam aber schloß sich weder Gott noch Satan an, sondern zog Neutralität vor. Satan aber gelang es, ihn zum Ungehorsam zu verführen. Nach christlicher Auffassung war Adam allein für den Sündenfall verantwortlich. Nach gnostischer Auffassung war Satan der Schuldige.

Zur Strafe für seine Neutralität und seinen Ungehorsam sowie für Evas Komplizenschaft gab der Allerhöchste Adam und Eva einen fleischlichen Leib oder »Fellröcke« (1. Mose 3,21) und vertrieb sie aus dem Himmel in die vom Demiurgen beherrschte Welt. Diese Auffassung besagt, daß die Seele des Menschen durch einen Fehler aus ihrem ursprünglichen hohen Zustand stürzte und auf die physische Ebene herabsteigen mußte.

Nach einer anderen Version formte der Demiurg, begierig, ein Wesen von der glorreichen Gestalt des Anthropos zu schaffen, dessen archetypisches Muster vom himmlischen Vorhang auf die untere Welt gespiegelt wurde, aus dieser verzerrten Abspiegelung ein physisches Bild *(plasma)* des Menschen und schenkte ihm durch Anhauchung das physische Leben.

Dieser primitive Android oder formlose Klumpen (hebr. *golem*), eine nachgemachte Schöpfung, konnte nicht aufrecht stehen, sondern mußte, wie der Gnostiker Saturninus sagt, wie ein Wurm kriechen. Er brauchte also eine Seele aus den höheren Regionen. Deshalb lockte Satan aus den himmlischen Reichen einen Lichtfunken *(spinther)* in seine seelenlose Welt und sperrte ihn in der stofflichen Hülle Adams ein. Appelles zufolge, einem Schüler Marcions, wurden die Seelen durch die Machenschaften des feurigen Engels, des Gottes Israels, durch die Verheißung irdischer Wonnen von ihrem Platz im Himmel gelockt und in das sündige Fleisch eingeschlossen.

Nach einer anderen Version wiederum schickte der Logos, als er diese Parodie, dieses mißgestaltige Scheusal sich am Boden krümmen sah, aus Mitleid einen Lichtfunken aus dem Himmelreich, so daß das Menschenplasma aufrecht stehen konnte. Aber die Seele floß fortwährend aus Adam durch seinen Anus oder durch die große Zehe seines rechten Fußes aus, um ihrer Knechtschaft zu entfliehen.

Nach vielen Anstrengungen gelang es dem Demiurgen schließlich doch, die Seele im Körper zu verankern, und das ermöglichte dem Plasma, sich zu erheben, und seinen Gliedern, sich zu entwickeln. Mit der Aufeinanderfolge der Generationen und Rassen wurden die Glieder dann kräftiger und vollkommener. Dies ist die Theorie der Entwicklung der Rassen, wie sie teilweise von den Theosophen übernommen wurde.

Kosmos und Menschheit sind beide als gescheitert zu betrachten. So fehlerhaft die nachgemachte Welt des Demiurgen ist, so mißlungen ist die von ihm geschaffene Menschheit.

Nach gnostischer Auffassung kann die Seele, weil sie von der geistigen Ebene kommt, nicht ohne weiteres einem grobstofflichen Leib eingegliedert werden. Sie erinnert sich an ihre himmlische Heimat und will nicht in die Materie eingesperrt werden. Der Satan sorgt daher dafür, daß jede Seele allmählich »durch die Sphären herabsteigt«, bevor sie endgültig in einen Leib inkarniert wird. Zuerst durchschreitet sie die Sphäre der über die Sterne herrschenden Archonten, wobei jeder Archon ihr sein Siegel *(sphragis)* aufprägt. Das Prägemal *(charakter)* dieser Siegel legt die Natur und Veranlagung des jeweiligen Menschen fest. Dann durchläuft die Seele die sieben Sphären der die Planeten beherrschenden Archonten, die ihr eine Maske (lat. *persona*) anfertigen, so daß sie in unterschiedlich starker Weise die Dumpfheit Saturns, den Jähzorn des Mars, die Begierde der Venus usw. empfängt.

Auf diesem Weg wird die Seele der Autorität der Sterne und Planeten unterworfen, die im weiteren ihr Schicksal bestimmen. Die Erinnerung an ihre himmlische Heimat wird langsam ausgelöscht, und sie ergibt sich in ihre irdische

Gefangenschaft. Der Mensch lebt nach dieser Auffassung auf der Erde in Finsternis, vom lärmenden Aufruhr seiner Sinne taub gemacht und geblendet von Gier, Sinnlichkeit und Ehrgeiz. Er wird verwirrt, von Gift betäubt und in Schlaf versenkt; er vergißt seine wahre Heimat, verzichtet auf seine Glorie. Im gnostischen »Thomasevangelium« sagt Jesus: »Ich zeigte mich den Menschen im Fleische. Ich fand sie trunken, ich fand sie blind, und keinen von ihnen dürstete. Wenn ihr Rausch verflogen sein wird, werden sie von Reue erfaßt werden.«

Die ganze vom Demiurgen erzeugte Weltstruktur steht und fällt mit den Lichtfunken, die in der Menschheit verborgen liegen, denn der Kosmos ist nichts als Dunkelheit. Die Archonten, die über die Welt wachen, haben daher ein unbedingtes Interesse daran, die Befreiung des Menschengeistes aus seinem körperlichen Gefängnis zu verhindern. Sie setzen all ihre Listen und all ihre Macht ein, um den Menschen betäubt, berauscht und schlafend zu halten, damit ihnen der Zugriff auf das Licht erhalten bleibt.

Epiphanius schreibt, daß den Gnostikern zufolge »die Seele die Nahrung der Archonten ist, ohne die sie nicht leben können, weil sie vom himmlischen Tau herkommt und ihnen Kraft gibt«. Würde das Licht im Menschen befreit werden, wären Verhungern, Finsternis, Ermattung und Kraftlosigkeit das Schicksal der Archonten.

Die Seele

Der Mensch ist ein duales Wesen mit einer unsterblichen Seele, die in einem physischen Leib eingekerkert ist. Das »Thomasevangelium« macht darauf aufmerksam, welches Wunder es ist, daß ein Schatz wie die Seele in solchem Elend hausen und überhaupt im Körper existieren kann.

Der Mensch gehört dem Reich des Lichts und der Seligkeit an, ist aber wegen des Sündenfalls in die Unreinheit des Stoffs verstrickt. Da er aus einer »bevorrechtigten Mischung« aus Geist und Lehm besteht, ist er ein großes Wunder (lat. *magnum miraculum*) und kann, was kein anderes Geschöpf kann, sich mit dem Göttlichen ebenso wie mit dem Teuflischen vertraut machen.

Severus zufolge, einem Schüler Marcions, ist der Mensch vom Nabel aufwärts göttlich und vom Nabel abwärts ein Geschöpf des Teufels. Nach den Sethianern ist die Menschheit wegen Evas Hinwendung zum Satan die »Ausgeburt der Hölle«; wegen des Lichtfunkens, den der Mensch in sich trägt, ist sie aber auch ein Kind des Höchsten.

In der syrischen Version der »Thomasakten« findet sich ein klassischer gnostischer Text, der als »Perlenhymnus«, »Hymnus von der Seele«, »Hymnus des Gewands der Glorie« oder »Hymnus des Apostels Judas Thomas im Lande Indien« bezeichnet wird. In dieser mystischen Abhandlung wird berichtet, wie ein Königssohn ausgesandt wird, um eine von einer Schlange gehütete kostbare Perle zu holen, wie er während der Reise seine Heimat und seine Aufgabe vergißt und wie ihm seine Eltern einen Brief schicken, in dem sie ihn an seine königliche Abkunft und seine wichtige Aufgabe erinnern. Der wiedererweckte Königssohn holt die Perle, kehrt nach Hause zurück und wird für seine erfolgreiche Unternehmung gebührend geehrt.

In diesem Hymnus wird der Seelenfunke mit einer Perle verglichen, die in die Dunkelheit eingetaucht ist, aber dennoch ihren ungetrübten Glanz aussendet. Durch ihre Verstrickung in die Materie zieht die Seele böse Leidenschaften auf sich, wie der Rumpf eines Schiffs sich mit Krebsen, Muscheln und Algen überzieht. An anderer Stelle wird die Seele als »Gold im Schmutz« beschrieben. Aber wie das Gold seine Schönheit nicht verliert, sondern auch im Kot seine eigene Natur behält, so bleibt die Reinheit der Seele unbefleckt, in welchen Zustand auch immer sie gerät. Nur das Licht in den göttlichen Augen der Seele kann das Licht des Göttlichen wahrnehmen; allerdings müssen die Augen erst gereinigt und gesäubert werden.

Neben den Elementargeistern, die über die Sterne, Planeten und Naturelemente herrschen, gibt es den Gnostikern zufolge noch Heerscharen anderer unsichtbarer Wesen, die den Menschen zu beeinflussen versuchen. Geistwesen sind die ständigen Begleiter *(paredroi)* des Menschen; sie wohnen in ihm und kämpfen um den Besitz seiner Seele. Manche sind gut *(agathodaimon)*, manche böse *(kakodaimon)*, während andere nur registrieren, was der Mensch denkt, sagt und tut.

Valentinus vergleicht die Seele des Menschen mit einem Gasthaus, in dem alle Ankömmlinge Quartier nehmen. Basilides nennt den Menschen »die Wohnstatt vieler verschiedener Geister«. Nach der Lehre des Neuplatonikers Porphyrius »ist die Seele ein Behältnis für Götter wie auch für Dämonen«. Die guten Geister oder Schutzengel drängen den Menschen, ein Leben in Glauben, Weisheit und Tugend zu führen und sich allzeit von dem mahnenden Licht im Inneren leiten zu lassen. Sie widerraten ihm das Böse, mahnen die Eigensinnigen, stärken die Schwachen und leiten die Seele auf den rechten Weg. Isidorus, der Sohn und Schüler des Basilides spricht in seinen »Darlegungen des Propheten Parchor« von den Geheimnissen, die Sokrates von seinem Schutzgeist enthüllt wurden.

Die bösen Geister wollen der Menschheit schaden. Sie versuchen in das Herz einzudringen und dort die Samen der Bosheit und Verderbnis auszusäen und zu allen möglichen bösen Taten anzustiften. Die Menschen sind sich kaum bewußt, wie sehr sie von diesen Dämonen in ihren vielfältigen symbolischen Verkleidungen motiviert werden: der Schlange der Lust, dem Drachen des Jähzorns, dem Löwen des Hochmuts. Die Sekte der Messalianer bezeichnet den sarkischen oder fleischlichen Menschen als Geschlagenen, weil ihn die Geister der sinnlichen Begierde anstacheln.

Der Mensch wird von den vielfältigen Gelüsten des Fleisches getäuscht. Süße Wohlgerüche reizen ihn, der Genuß von Speise und Trank, der Besitz schöner Frauen. Er gibt sich seinen unstillbaren Leidenschaften hin, noch während er in seiner Qual ruft: »Ich brenne, ich lodere, ich werde verzehrt, ich Erbärmlicher, von dem Bösen, das mich in seiner Gewalt hat.«

In dem Nag-Hammadi-Dokument »Abhandlung über die Auferstehung«, einem Brief eines gnostischen Lehrers an seinen Schüler Rheginos, wird die Welt als Illusion *(phantasia)* bezeichnet, und die Verstrickung in die Welt soll zum spirituellen Tod führen. Der Mensch wird in gnostischen Texten immer wieder ermahnt, den irdischen Dingen nicht zu trauen, die täuschende Schatten und tönerne Bilder sind, die sich auflösen und verschwinden werden, wie wenn es sie nie gegeben hätte. Physische Wesen sind Phantome, die Materie ist eine Illusion, und die Zeit wird ein Ende haben.

Der Mensch muß wissen, daß er seine Wurzeln anderswo hat, daß er ein Verbannter aus den Höhen ist, ein Gast in dieser Welt, ein Fremder in einer feindlichen Umgebung. Er ist ein Wanderer, der Obdach für die Nacht sucht und hier keine dauerhafte Bleibe hat. Er ist geknechtet und muß sich beeilen, seine Gefangenschaft zu beenden. Er ist ein Krieger und muß um den Sieg kämpfen, damit er in sein eigenes Land zurückkehren kann. Er muß daher seine geistige Rüstung anziehen, die ganze Rüstung *(panoplia)* Gottes, und er darf nie vergessen, daß die Archonten unaufhörlich bemüht sind, seine Rüstung zu schwächen und so des Lichts habhaft zu werden. Der Begriff der Rüstung spielt in bestimmten gnostischen Systemen eine wichtige Rolle.

Hin und wieder empfängt der Mensch Hinweise auf seinen Ursprung, denn zu jedem, der seinen Aufenthalt in der Welt hat, dringt der Klang göttlicher Musik und eine Stimme, die ihm zuruft: »Wach auf, der du schläfst« (Eph. 5,14), »Legt ab die Werke der Finsternis und legt an die Waffen des Lichtes« (Röm. 13,12). Diejenigen, die sich der Unkenntnis und dem Irrtum ergeben haben, hören die Stimme, aber erkennen sie nicht an oder verstehen nicht, was ihnen gesagt wird. Manche vernehmen sie, aber achten nicht immer darauf, weil sie zwischen zwei Welten hin- und hergerissen sind, von Zweifel, Angst und Betrübnis niedergedrückt, unfähig, einen Entschluß zu fassen und dasjenige aufzugeben, was ihnen so unwiderstehlich erscheint.

Die Stimme vermag aber die Betäubung und Vergeßlichkeit der Klugen zu durchbrechen, und sie führt sie zur Wiedererinnerung *(anamnesis)* an die höhere Welt, aus der wir alle stammen. Sie werden daran erinnert, daß sie wie alle Menschen Königskinder mit einem geistigen Ursprung sind, denen ein großes Schicksal bestimmt ist, wenn sie nur aufmerksam sind. Sie kommen wie der Verlorene Sohn »zu sich«. Sie werden erweckt, ernüchtert und zu einer Erkenntnis ihres wahren Selbst geführt. Von Heimweh und einer Sehnsucht nach dem verlorenen Paradies erfüllt, erfahren sie einen Sinneswandel *(metanoia)*, üben Buße, wenden sich von der Welt ab und richten ihr Trachten entschlossen auf das Göttliche, willens, ihr rechtmäßiges Gewand der Unsterblichkeit anzuziehen.

Wenn ein Mensch in dieser Weise motiviert ist, leuchtet das Licht in ihm hell auf. Der Demiurg fürchtet dieses Licht, insbesondere in Verbindung mit dem Gebet, denn dann steigt das Licht auf und wird von einem ihm entgegenströmenden Licht vom Himmel gekräftigt, dem nichts widerstehen kann.

Der Mensch ist der Schlußstein des kosmischen Gewölbes, denn unter denjenigen, die auf Erden wohnen, ist ihm allein der Besitz des göttlichen Lichts anvertraut, das die Seele ist. Der Mensch *(phos)* ist Licht *(phos)*. Die Seele ist nicht vom Demiurgen geschaffen und daher kein Kind dieser Welt. Ihr Ursprung ist die Sphäre des Seins, die geistig und ewig ist. Sie ist das im Menschen beschlossene Königreich des Gottvaters.

Tertullian bezeichnet die Seele als den Lichtsamen, den unsterblichen Funken, das göttliche Licht *(augeus)*. In der »Megale Apophasis« heißt es: »Du und ich sind eins.« Im gnostischen »Evangelium der Eva« sagt das Große Wesen: »Ich bin du und du bist ich, und wo du bist, bin auch ich.« Die Menschen sind Kinder des Lichts, und ihr Heimatrecht ist im Himmel (Phil. 3,20).

Die drei Menschentypen

Nach gnostischer Auffassung besteht der Mensch aus drei Grundelementen: Leib, Seele und Geist. In jedem Menschen überwiegt die Essenz eines dieser drei Elemente, womit festgelegt ist, zu welchem Menschentyp er gehört, und womit auch sein Schicksal bestimmt ist.

Der Leib ist vom Demiurgen aus Erde, Lehm oder Staub *(chous)* geschaffen und wird daher als das choische Element bezeichnet. Weil er aus Materie *(hyle)* besteht, wird er auch das hylische Element genannt; weil die Materie zu Fleisch *(sarx, sarkos)* geformt wurde, wird der Körper auch als sarkisch oder fleischlich bezeichnet. Weil dieses Glied des menschlichen Wesens schließlich auch zu den Werken der Natur *(physis)* gehört, nennt man ihn auch den physischen Teil des Menschen. Der Körper wird als das Kleid oder Gewand *(chiton)* der Psyche betrachtet.

Der Mensch ist aber kein träger Stoff, und er unterscheidet sich von einem Klumpen Erde. Sein stofflicher Teil ist mit physischem Leben *(zoe)* und physischem Bewußtsein *(dianoia)* ausgestattet, das seinen Ätherleib bildet. Dieses nichtrationale instinktive Element seiner selbst, d. h. diese animalische Seele (lat. *anima bruta*) ist dem Menschen mit dem ganzen Tierreich gemeinsam.

Die physische Welt, sagen die Gnostiker, liegt am Rand der unteren Regionen, und weil wir am Rand der Hölle leben, befinden wir uns in einem Zustand, der demjenigen der ewigen Verdammnis gefährlich nahe ist. Die Gnostiker bezeichnen den sterblichen Menschen als den stinkenden Leichnam, das schmutzige Gewebe, das Keimbett der Boshaftigkeit, die Quelle der Verderbnis, vom Stachel der Habgier und Begierde durchbohrt, als den lebenden Tod, das wandelnde Grab.

Marcion äußert sich in drastischen Worten über die Schmach des Menschen, der in ekliger Materie geschaffen ist, empfangen im Schmutz der Geschlechtlichkeit, unter den unreinen, gräßlichen und grotesken Krämpfen der Wehen in einen Leib geboren, der ein »Sack Kot« ist, bis ihn der Tod in Aas verwandelt, einen namenlosen Leichnam, einen wurmzerfressenen Kadaver.

Der *sarkikos* oder fleischliche Mensch ist derjenige, in dem die fleischlichen Elemente überwiegen. Er hat seinen Willen durch eigenes Versagen dem Satan unterworfen. Er lebt in einer Welt der Illusion und Vergänglichkeit, der gegenwärtigen Welt der Schatten. Seine Seele, die unkörperliche Wirklichkeit in ihm, ist in Leichentücher *(keiriai)* gehüllt, so daß er blind und gefesselt ist. Er ist ein Schlafwandler, dessen Körper wacht, während seine Seele schläft.

Er ist ein Gefangener (Lk. 8,29), den die Fesseln seiner Unkenntnis niederdrücken. Er weiß nicht einmal, daß er erlöst werden muß. Er ist dem Teufel versklavt und taub für den Ruf, der aus dem Reich des Lichts an alle ergeht. Bei ihm ist der vom göttlichen Sämann (Mt. 13,3) ausgesäte Lichtsamen auf steinigen Grund oder auf den Weg gefallen, und die Vögel der Wollust, des Neides, der Völlerei und der törichten Begierde fressen den Samen auf.

Der sarkische Mensch gehört zur linken Seite, und es gibt wenig Hoffnung für ihn, denn er ist spirituell taub und gelähmt. Das biblische Urbild für diesen Menschen ist Kain.

Die Seele (psyche) ist das zweite Wesenselement des Menschen und hat die Kontrolle über die denkende, mentale, intellektuelle oder rationale Seite des menschlichen Wesens. Diese Seele gilt als weiblich. Die seelischen und Denkkräfte bilden den Astralleib des Menschen und formen sein Ich oder seine Persönlichkeit. Nur der Mensch besitzt die urteilende geistig-seelische Kraft, die daher menschliche Seele (lat. *anima humana)* im Gegensatz zur tierischen Seele heißt. Die Psyche ist das Fahrzeug *(ochema)* der göttlichen Seele (siehe unten); nach einer anderen Metapher ist sie ihr Mantel *(himation)*, ihre äußere Hülle.

Der *psychikos* oder Psychiker, in dem das psychische Element überwiegt, wirkt in der Sphäre des Werdens, denn er ist potentiell und zur Entwicklung fähig. Er bestimmt sein Handeln selbst und ist für sein Tun verantwortlich. Da die Seele zum mittleren *(mesos)* oder Zwischenreich gehört, zwischen links und rechts steht und in das Fleischliche und das Geistige hineinreicht, kann sich der psychische Mensch sowohl mit dem oberen Reich identifizieren und durch es verwandelt werden, oder aber mit dem unteren Reich und dadurch seinen Untergang herbeiführen.

Dieser Menschentyp vernimmt den Ruf, doch liegt es ganz an ihm selbst, ob er ihm Aufmerksamkeit schenkt und antwortet. Er kann den vom Sämann ausgesäten Samen empfangen. Er ist aber fruchtbarer Boden für das Unkraut ebenso wie für den Weizen (Mt. 13,25). Er muß darauf achten, daß nicht die Dornen des Intellektualismus und Unglaubens wachsen und die Saat ersticken. Er hat einen freien Willen und neigt dem Guten ebenso wie dem Bösen zu, weshalb er sich selbst entschließen muß, in welche Richtung er gehen will. Der biblische Repräsentant dieser Kategorie ist Abel.

Der Geist (nous) oder Geisteshauch *(pneuma)* ist das dritte Wesenselement des Menschen. Der Nous gilt im Gegensatz zur weiblichen Psyche als männlich. Er besteht aus göttlicher Essenz *(ousia)* und wird göttliche Seele (lat. *anima divina*) genannt. Bei seinem Abstieg aus dem Reich des Lichts kleidet sich der Geist zuerst in das Gewand der Seele und wird dann mit der Hülle des Fleisches umgeben. Diese beiden Bestandteile sind entbehrlich (Mt. 5,40).

Der Leib (Leben und Bewußtsein) wird durch den Geschlechtsverkehr seiner Eltern erzeugt, während der Nous nicht der Abkömmling anderer Seelen ist. Hieronymus drückt dies wie folgt aus: »Gott schafft täglich Seelen« (für die durch den menschlichen Zeugungsakt erzeugten Körper).

Der *pneumatikos*, derjenige, in dem der Geist vorherrscht (manche Gnostiker bevorzugen statt »pneumatisch« oder »pneumisch« den platonischen Ausdruck »noetisch«), wird von den besten Regungen der Seele gelenkt. Er gehört der Gemeinschaft der Heiligen an; er besitzt spirituelles Verständnis *(noesis)* und gehorcht dem göttlichen Element in ihm; er erkennt das Licht und strebt himmelwärts.

»Die Seele«, sagt Tertullian im Zusammenhang mit dem Nous, »ist natürlicherweise christlich«. Die vom Sämann ausgestreute Saat treibt feste Wurzeln in ihm und trägt reiche Frucht. Er gehört zur rechten Seite. Der biblische Repräsentant des Menschen in dieser Kategorie ist Seth.

Eschatologie

Die gnostische Eschatologie, die Lehre vom Schicksal des Menschen nach dem Tod, reicht von der sicheren Erlösung für wenige und der Hoffnung für andere bis zur Hoffnungslosigkeit für viele Menschen. Zwischen den Erlösten und den Verdammten »ist eine große Kluft gesetzt« (Lk. 16,26). Nach gnostischer Auffassung werden nicht alle Menschen erlöst,und nicht einmal alle Menschen sind der Erlösung fähig. Manchen Schulen zufolge ist die Erlösung einiger und die Verdammnis anderer dem allwissenden Gott schon bekannt und in diesem Sinn vorbestimmt.

Beim Tod verschwinden sämtliche mit dem physischen Leib verbundenen Merkmale wie die äußere Form und Gestalt, Alter und Geschlecht. Der Leib löst sich auf, und seine physischen Bestandteile werden den Elementen Erde, Luft, Feuer und Wasser zurückgegeben. Was mit den nichtphysischen Bestandteilen geschieht, hängt vom einzelnen Menschen ab.

Alle Seelen steigen wie Christus selbst zur Hölle ab. Christus begab sich dorthin, um das Erlösungswerk zu vollziehen, während der Mensch dort eine gewisse Zeit zum Zweck der Züchtigung, Reinigung und Selbsterkenntnis verbringen muß.

Den Valentinianern zufolge geht der fleischliche Mensch »natürlicherweise zugrunde« und hat keine Hoffnung auf Erlösung. Weil er blind ist für die Welt der geistigen Wirklichkeiten und keinen Glauben hat, bringen ihm auch seine guten Werke keinen Verdienst. Beim Tod wird das Licht (Seele), das er unbeachtet und im Verborgenen ließ (Mt. 25,3), von ihm genommen, und sein Ätherleib verfällt dem Demiurgen. Er wird von einem drachenähnlichen Archonten verschlungen und nach einer Verdauungspause in eine der unteren Höllen entleert, wo er mit anderen verdammten Seelen Qualen leiden muß. Von Zeit zu Zeit wird er als böser Geist ausgesandt, um die Menschheit heimzusuchen.

Beim psychischen Menschen stehen Körper und Geist in einem labilen Gleichgewicht, und er bestimmt selbst sein Schicksal. Wenn er sein Ziel nicht erreicht, wird er in eine der milderen Höllen geschickt und erhält dann eventuell durch Reinkarnation eine zweite Chance. Insgesamt erhält er drei oder vier solcher Chancen. Nach basilidischer Auffassung bezieht sich die mit dem zweiten Gebot verknüpfte Warnung, nach der die Schuld der Väter an den Kindern, am dritten und vierten Geschlecht nachgeprüft wird (2. Mose 20,5), auf die Sünden der jeweiligen Menschen (»Väter«, weil sie für ihre eigene Wiedergeburt verantwortlich sind), die an denselben Menschen (»Kindern«) nachgeprüft werden, die drei- bis viermal wiederverkörpert werden können.

Wenn er weiterhin versagt, erleidet er schließlich das Schicksal des Sarkikers. Wenn er aber seinen Glauben kräftigt, nach wahrer Erkenntnis strebt und gute Werke verrichtet, steigt er durch die Sphären auf. Dabei muß er die Gefahren auf dem Rückweg zu den oberen Reichen bestehen.

Der dritte Menschentyp, der Noetiker, ist »von Natur aus gerettet«. Basilides bezeichnet ihn als den »Auserwählten« und »Vollkommenen«. Als bereits Erlöster gehört er der privilegierten Elite an. Er unterliegt nicht mehr dem Einfluß der Heimarmene, des Schicksals, und er steht jenseits der gesellschaftlichen und moralischen Gesetze. Nach dem Tod steigt er nur deshalb in die Hölle ab, um von dem verbliebenen Rest seines physischen Zustands gereinigt zu werden, bevor er seine Pilgerreise nach oben fortsetzt.

Diese Reise vollzieht sich in mehreren Stufen, die sowohl der erfolgreiche Psychiker als auch der Noetiker bewältigen müssen. Auf jeder Stufe muß die Seele wider die feindlichen Archonten streiten, die die Pforten zur nächsthöheren Sphäre bewachen. Sie versuchen ihn zurückzuhalten, weil sie den Lichtfunken, den er trägt, nicht aus ihrem Machtbereich entlassen wollen.

Zuerst muß er die sieben Planetensphären durchschreiten, wobei er dem Archonten einer jeden Sphäre die entsprechende böse Neigung zurückgibt, die ihm auf seinem Abstieg mitgegeben wurde: Stolz, Neid, Jähzorn, Wollust, Faulheit, Habgier und Falschheit. Danach muß er die Fixsternsphäre passieren, in der es ebenfalls feindliche Archonten gibt. Er muß die richtigen Zeichen ausführen, die ihm gestellten Fragen beantworten und die richtigen Formeln aussprechen können. Der wahre Gnostiker hat sich mit diesen Dingen zu seinen Lebzeiten in rituellen Übungen vertraut gemacht. Sein Schutzengel steht ihm dabei nötigenfalls stets zur Seite.

Wenn diese Hindernisse überwunden sind, muß der Mensch gegen den Archonten Sabaoth streiten und zum Zeichen seines Triumphs über ihn auf dessen Kopf herumtrampeln. Zu diesem Zeitpunkt hat der Mensch auch die trügerischen Attribute der Persönlichkeit und des Egos abgelegt, und auch seine Seele (Psyche) hat sich aufgelöst. Die Seele, die jetzt selbst einem Äon gleicht, ist von allen irdischen Behinderungen befreit und bereit, in die ewigen göttlichen Sphären einzugehen.

Bezüglich dieser langen und beschwerlichen Reise heißt es im »Corpus Hermeticum«: »Du siehst, o Kind, durch wie viele Ränge von Dämonen und durch wie viele Welten wir uns hindurchkämpfen müssen, um dem einen und einzigen Gott zuzueilen.«

Einige Elemente dieses Aufstiegs der Seele sind der heidnischen Mythologie entlehnt, doch stehen die gnostischen Elemente im Vordergrund. Das Ende des Menschen ist untrennbar mit seinem Anfang verbunden. Im »Thomasevangelium« fragen die Jünger Jesus: »Sage uns, wie unsere Erde sein wird!« Und Jesus antwortet: »Habt ihr den Anfang entdeckt, daß ihr nach dem Ende fragen könnt?« In der Tat: Wenn man das Geheimnis des Anfangs versteht, kann man auch den Zweck und die Bestimmung der Dinge verstehen und so den Tod überwinden.

Der noetische Mensch ist der auserwählte, doch bedeutet dies keine einseitige Parteilichkeit Gottes. Gott hat allen Menschen einen freien Willen gegeben. Er beruft jede Seele, doch erwählt er nicht jede Seele, denn die Entscheidung liegt nicht bei Gott. Wir selbst sind es, die unseren Namen auf die Liste der Berufenen setzen müssen, damit wir nach unseren eigenen Verdiensten erwählt werden, denn viele sind berufen, wenige aber auserwählt (Mt. 22,14). Im »Evangelium der Wahrheit« heißt es: »Diejenigen, deren Namen vorab bekannt sind, werden am Ende gerufen werden. Wessen Name nicht genannt wurde, ist unbekannt.« Gott zu erkennen ist der beste Weg, um von Gott erkannt zu werden.

Zwischen Erlöser und Erlöstem besteht eine Wechselbeziehung. Jesus sagt, daß er sich zu demjenigen bekennen wird, der sich zu ihm vor den Menschen bekannt hat (Lk. 12,8). Der Logos verheißt: »Wer an mich denkt, an den werde ich denken. Wer mich erwählt, den werde ich erwählen. Wer meinen Namen nennt, dessen Namen werde ich nennen.«

Sie sind erwählt, erlöst zu werden, und sie bilden die Kirche, den Kreis der »Aufgerufenen« *(ekklesia)*. Die frühchristliche Auffassung, nach der es »außerhalb der Kirche keine Erlösung« gibt, entspricht der ursprünglich gnostischen Auffassung, daß nur die Auserwählten »aufgerufen«

sind, weil zunächst einmal sie selbst die richtige Entscheidung getroffen haben. Für alle übrigen besteht wenig Hoffnung.

Der gnostische Lehrer Theodotus sagt, daß alle Mitglieder der geistigen Kirche gerettet sind und einem »auserwählten Geschlecht« angehören. Ihre Erlösung war ihm zufolge ausschließlich, und sie war gewiß. Man glaubte weiterhin, daß ein Mensch, der die Auferstehung nicht im Leib erlangte, sie auch nicht erlangen könnte, wenn sein Körper vergangen und er zum Phantom geworden war. Im »Thomasevangelium« fragen die Jünger: »An welchem Tag wird sich die Auferstehung der Toten ereignen, und wann wird die neue Welt kommen?«, und sie bekommen von Jesus zur Antwort: »Was ihr erwartet, ist schon gekommen, und ihr habt es nicht erkannt.«

Weil die Erscheinungswelt eine trügerische Schöpfung ist, die an Zeit und Raum gebunden ist, wird sie enden, wenn die Zeit erfüllt ist. Dann wird es keine Gelegenheit zur Reue mehr geben, keinen Spielraum für weiteren Aufschub, keine Nachfrist, in der Unterlassenes nachgeholt werden könnte, denn »es wird keine Zeit mehr sein« (Offb. 10,6).

Am Ende der Zeiten wird eine Zeit des Trübsals sein, nach der der Antichrist erscheint, und der Höhepunkt wird die Schlacht von Armageddon sein. Dann kommt das Jüngste Gericht, bei dem diejenigen, die sich nicht bekehrten, dem Zustand unterworfen werden, der »der zweite Tod« (Offb. 2,11) genannt wird.

Gottvater wird dann allen Dingen ein Ende bereiten. Der Himmel wird, wie in der Bibel geweissagt ist, sich wie eine Buchrolle aufrollen (Jes. 34,4), womit die niedrigeren Himmel gemeint sind, die Elysischen Gefilde, die Walhallas und alle anderen Paradiese post mortem der heidnischen und der anderen religiösen Überzeugungen. Das in der Welt verborgene Feuer wird auf Christi Befehl auflodern (Lk. 12,49), und alles Stoffliche wird in Flammen aufgehen. Diese Flammen werden die Höllenglut des Styx verschlingen, und der

Tod und die Unterwelt *(hades)* werden in den Feuersee geworfen werden (Offb. 20,14). Damit werden diese beiden gefürchteten Knechte des Bösen vernichtet sein (1. Kor. 15,55). Zuletzt wird das Feuer sich selbst verzehren, ohne eine Spur zu hinterlassen.

Dann wird derjenige, der auf dem Thron sitzt, »alles neu machen« (Offb. 21,5).

Das Dasein

Die Gnostiker waren mit ihrem Glauben, daß die Erlösung nur wenigen Auserwählten vorbehalten sei, durchaus keine Ausnahmeerscheinung. Die alten Mythologien sprechen in ihren Berichten über das Leben nach dem Tod in der Regel von einem Zustand der Hoffnungslosigkeit und Verzweiflung. Dies betrifft nun keineswegs nur die Bösen, die in der Hölle für ihre Sünden büßen müssen, sondern ganz gewöhnliche Menschen in ihrem Dasein post mortem. Die nächste Welt wird als eine unendliche Verlängerung der Widerwärtigkeit und des Schreckens dieser Welt dargestellt.

Die Ägypter behielten die Freuden eines Lebens nach dem Tod, so es sie gab, einer kleinen und auserwählten Minderheit vor. Eine ägyptische Stele legt einer Toten die folgende an ihren überlebenden Gatten gerichtete Klage in den Mund: »O mein Gemahl, das Land der Toten ist ein Land der Vergessenen. Wer hier wohnt, weiß nichts mehr vom Glück. Es führt kein Weg hinaus, denn wer hier ist, ist hier für immer, ohne Hoffnung und Freude. Ich sehne mich nach dem Windhauch am Flußufer, dem Gesang der Vögel, dem Klang fröhlicher Stimmen.«

Mesopotamien hatte den Menschen, die die düsteren Pforten in die nächste Welt durchschritten hatten, wenig Besseres zu bieten. Die babylonische Mythologie berichtet, was der Sagenheld Gilgamesch von seinem Freund Enkidu vernahm, der durch das Land der Toten gereist war und den er um Auskunft bat: »Nein, mein Freund, ich werde es Dir nicht sagen. Ich werde es Dir nicht sagen, mein Freund. Ich werde es Dir nicht sagen. Denn Du würdest Dich niedersetzen und weinen. Oh, Du würdest Dich niedersetzen und weinen!«

Auch in Griechenland, wo man bessere Erwartungen vermuten würde, stehen am Ende immer noch Düsternis und Verzweiflung. In der Odyssee wird berichtet, was Odysseus in der Unterwelt erlebte. Der Ort wird als grauenvoll geschildert, wobei ihn die unglücklichen Geister einschließlich desjenigen seiner Mutter umdrängen, hohle Schatten, die wie Fledermäuse kreischen. »Warum«, wird er gefragt, »verläßt du das Reich des Sonnenscheins, um das leidvolle Land der Toten zu besuchen?« Er begegnet dem großen Achilleus und versucht ihn zu trösten, der aber erwidert ihm: »Versuche nicht, mich im Tode zu trösten, edler Odysseus. Ich wollte, ich wäre wieder auf der Erde, ein Sklave des Erdbodens; ich wollte, ich wäre der Knecht eines strengen und hartherzigen Herrn, ein Armer, der ein kärgliches und dürftiges Dasein fristet – es wäre mir lieber, als König aller Totenvölker zu sein.«

Griechische Grabinschriften der späteren Zeit lassen erkennen, was die Menschen nach dem Tod zu finden glaubten: Verzweiflung, Reue, Bitterkeit, Wirrnis, in der es praktisch keinen Hoffnungsschimmer gibt. Eine typische Inschrift lautet: »Ich war nicht. Ich wurde geboren. Ich lebte. Ich bin nicht. Das ist alles.« Eine andere Inschrift lautet: »Hier liege ich, Dionysios von Tharsos, sechzig Jahre alt, unverheiratet. Ich wollte, auch mein Vater wäre es geblieben.«

Im hebräischen Schrifttum findet sich allgemein wenig über das Leben nach dem Tod. Es gibt aber keine glücklichen Aussichten jenseits des Grabes. Im Alten Testament wird für »Grab« oft dasselbe Wort wie für »Hölle« *(scheol)* verwendet, als ob die Hölle die letzte Bestimmung der Toten wäre. Der Geist Samuels erscheint der Totenbeschwörerin von Endor »aus der Erde« (1. Sam. 28,13), und nicht aus einem himmlischen Reich, wie es besser zu einem Propheten Gottes passen würde. Im Pentateuch ist nicht von einer Auferstehung die Rede. Die Sadduzäer glaubten ebensowenig an die Auferstehung wie die Samariter.

Aber auch das Dasein selbst galt durchaus nicht allen Juden als Segen. In der hebräischen »Mischna« wird berichtet, wie die berühmten rivalisierenden Schulen von Rabbi Hillel und Rabbi Shammai zwei Jahre lang die Frage diskutierten, ob es für den Menschen besser wäre, wenn er nicht geschaffen worden wäre. Als am Schluß die Stimmen der Disputanten gezählt wurden, zeigte es sich, daß die Mehrheit der Ansicht war, daß es für den Menschen besser wäre, wenn er nicht geschaffen worden wäre (Hausdorff 1955, S. 232).

Auch für den Gnostiker war die Tatsache des irdischen Daseins ein zweifelhafter Segen und eher eine Erfahrung des Schreckens. Die Seele, heißt es, schreit in ihrer Qual: »Wie lange habe ich nicht schon ausgeharrt? Wie lange muß ich noch auf dieser Erde weilen?« Die materielle Welt galt als Nekropolis, ein Ort der nicht auferstandenen Toten. Weil die Erlösung wenigen vorbehalten war, entstand bei den Gnostikern wie bei den Rabbinern zwangsläufig die Streitfrage, ob es ein Segen war, ins Dasein geführt worden zu sein. Sie dachten über die furchtbare »Faktizität« der Welt nach und kamen zu dem Schluß, daß das Dasein als solches eine Realität war, von der etwas furchterregend Bedrohliches ausging.

Der Mensch wird ohne sein Wissen und ohne seine Zustimmung ins Dasein versetzt. Er ist die Frucht der Lust seiner Eltern. Sobald er geschaffen ist, wird er mit einer Seele ausgestattet und wird unwiderruflich unsterblich. Als Mensch steht er schon in der Ewigkeit. Er muß, ob es ihm gefällt oder nicht, für alle Zeiten existieren, und dies wahrscheinlich in Elend und Leid. Die düstere Zukunft, die sich vor ihm dehnt, hat kein Ende. Es gibt keinen Abschluß, kein endgültiges Verlöschen, kein Entwerden.

Glücklich sind die Ungeborenen zu preisen. Ein besseres Los als die Lebenden, die in dieser Welt sind, ein besseres Los als die Toten, die in der nächsten Welt leben, haben diejenigen, die »noch nicht ins Dasein traten« (Pred. 4,3). Hiob verfluchte den Tag, an dem er geboren wurde (Hiob 3,3) und spricht von jenen Unglücklichen, »die des Todes harren, doch umsonst.« Denn es gibt keinen Tod. Der Mensch glaubt vielleicht, daß sein Dasein endet, wenn sein Körper stirbt. Der körperliche Tod beendet aber seine Existenz nicht. Eines der Hauptziele des Gnostikers war es daher, »nicht mehr im geschaffenen Dasein zu verharren« oder, wie es Valentinus ausdrückt, »den Tod sterben zu lassen«.

Der Mensch ist allen Widrigkeiten des launischen Glücks und den Wechselfällen des Zufalls und der Umstände unterworfen. Es ist sein Schicksal, Marionette des Demiurgen zu sein, Opfer übelwollender Geister, den Launen der Archonten ausgeliefert. Aus griechischer Sicht ist er das willenlose Werkzeug der Unsterblichen auf dem Olymp; aus indischer Sicht treiben die Götter mit ihm ihr Spiel (sanskr. *lila*); im Islam liegt sein Geschick (arab. *kismet*) außerhalb seiner Kontrolle. Er ist vergessen und im Stich gelassen. In den Worten eines gnostischen Hymnus: »Ich lebte Myriaden von Jahren in dieser Welt der Finsternis, und niemand wußte jemals, daß es mich gab« (Lacarrière 1977, S. 41).

In diese trübe, hoffnungslose Welt dringt nun nach gnostischer Auffassung die Botschaft Jesu. Er erweckt den Menschen aus seinem Schlummer. Er reinigt die Augen der spirituell Blinden, auf daß sie sehen. Er stellt ihre Glieder wieder her, so daß sie sich bewegen und sich regen können. Er heilt den Aussatz ihrer Seelen. Er erinnert die Menschen an ihre geistige Heimat und gibt ihnen die Aussicht auf eine Wiedergeburt im Himmel. Er hält die Mittel bereit, durch die die Seele einen Weg aus dieser Welt finden kann. Er will erlösen, versöhnen, gerecht und heilig machen. Ohne Ansehen der Rasse, des gesellschaftlichen Status oder des Geschlechts kauft er uns frei von Sünde, Schicksal, Dämonen, Tod und Hölle. Vor allem aber befreit er uns aus der Schöpfung, von dem Schrecken, unter der Herrschaft des tyrannischen Gottes dieser Welt zu stehen.

Der Gnostiker Marcion sagt, daß Christus aus einem anderen Reich kam und eine wunderbare Erlösungsbotschaft mitbrachte. Ekstatisch ruft er aus: »O Wunder über Wunder! Entzücken, Macht, Erstaunen! Wir können nichts über die Botschaft des Evangeliums sagen, sie nicht einmal mit irgend etwas vergleichen.« Eine übermächtige Erschütterung erfaßte ihn, er verneigte sich in Ehrfurcht vor einer so gewaltigen Offenbarung.

Ähnlich jubilierend äußert sich Clemens von Alexandria: »Christus leuchtet. Er leuchtet heller als die Sonne. Die Nacht flieht vor Ihm, das Feuer fürchtet Ihn, der Tod weicht. Er übergibt die gläubige Seele dem Vater, auf daß sie für alle Ewigkeit im Himmel bleibe. O wahrhaft heiliges Mysterium! O klares, reines Licht!«

Jesus Christus

Das Phänomen Christus ist ein Faktor, der aus der Weltgeschichte nicht wegzudenken ist. Dies betrifft allerdings weniger den historischen als den gnostischen Christus.

Um die Zeit Jesu gab es in Palästina viele religiöse Führer und Rebellen, und es gab auch eine ganze Reihe von Sekten: Pharisäer, Sadduzäer, Herodianer, Zeloten. Die politischen und gesellschaftlichen Lehren Jesu waren nicht so ungewöhnlich, daß man ihm deshalb einen besonderen Rang zubilligen müßte. Es ist, wie schon des öfteren gesagt wurde, durchaus nicht erstaunlich, daß der jüdische Geschichtsschreiber Flavius Josephus († 101) Jesus in seinen Schriften nur am Rand erwähnt.

Was an Fakten über sein Leben bekannt ist, ist außerordentlich dürftig. Der englische Theologe und Neutestamentler Burnett Hillman Streeter hat nachgerechnet, daß, abgesehen von den vierzig Tagen und Nächten in der Wüste (über die wir praktisch nichts erfahren), die Taten und Worte Jesu, über die in den vier Evangelien berichtet wird, insgesamt nicht mehr als drei Wochen in Anspruch genommen haben können.

Und doch war seine Botschaft von solcher Tragweite, daß Johannes im Überschwang mystischer Glut am Ende seines Evangeliums behauptet, Christus habe noch vieles mehr getan und gesagt, doch »wollte man dieses einzeln niederschreiben, würde meines Erachtens selbst die Welt nicht ausreichen für die zu schreibenden Bücher« (Joh. 21,25).

Die Berichte über sein Leben sind verworren, und die Bibelexegeten stehen immer noch vor einer Fülle ungelöster Probleme, aus denen dem Christentum von Anfang an belastende Häresien erwuchsen. Ratlosigkeit herrscht unter den Gelehrten nach wie vor angesichts der Widersprüche, Ungereimtheiten und Unwahrscheinlichkeiten allein der kanonischen Evangelien, die sie bisher nicht aufzulösen vermochten.

Die Lehren Christi sind nicht einmal in der aramäischen Sprache erhalten, in der sie gegeben wurden. Seine Worte oder *logia*, die er mit besonderer Autorität aussprach, wurden aus dem Gedächtnis weitergegeben, dann thematisch gruppiert, schriftlich zusammengefaßt und von griechischsprachigen Juden- und Heidenchristen übersetzt. Bestimmte Aussprüche, sogenannte *agrapha* oder »ungeschriebene« Stücke, wurden mündlich weitergegeben, bildeten aber nach ihrer schriftlichen Fixierung keinen Bestandteil des Kanons.

Neben den Aussprüchen Jesu wurden auch bestimmte Ereignisse aus seinem Leben festgehalten, und am Ende des ersten Jahrhunderts waren mehrere, teilweise sehr farbige Biographien Jesu im Umlauf, die in den Kirchen Ägyptens, Syriens, Kleinasiens und Griechenlands benutzt und in griechischer, syrischer und in anderen Sprachen verfaßt waren. Im 4. Jahrhundert gab es bereits über einhundert solcher Lebensberichte, und in späteren Jahrhunderten wuchs der Strom schließlich zu einer Flut an. Allein im 19. Jahrhundert sollen über 60 000 Werke über Jesus veröffentlicht worden sein (Stewart 1981, S. 108).

Die Wissenschaft unterscheidet zwischen dem mythologischen Jesus, dem historischen Jesus und der Predigt Jesu. Zugleich schwanken die Kritiker zwischen der Annahme eines bloß historischen, eines unbekannten, wahrscheinlich unerkennbaren, oder vielleicht sogar eines nicht existenten Begründers des Christentums. Und doch ist – in der Formulierung eines älteren Paradoxons – nicht die Frage wichtig, ob seine Mission stattfand, als vielmehr, ob sie Wirkungen hatte. Die Überzeugungen bezüglich seiner Menschwerdung, Kreuzigung und Wiederauferstehung sind in dem Sinn irrational, als sie außerhalb des Erfassungsbereiches des Verstandes liegen und mit den Begriffen der gewöhnlichen menschlichen Ratio nicht erklärt werden können. Die Gnosis ist nicht rational.

Es ist gesagt worden, daß die Evangelien keine Biographie liefern und daß sie auch keine Doktrin *(didache)* sind, sondern die Ausrufung *(kerygma)* eines neuen Glaubenssystems bezüglich des Himmelreichs. Dies ist der »Mythos« des Christentums. Sie sind keine phantasievolle Erzählung und auch keine Chronik, die sich historisch beweisen ließe, sondern lebendiger Ausdruck einer tiefen und ewigen Wahrheit. Christus wird damit zu einer Gestalt, wie sie die Gnostiker aufgefaßt haben: kosmisch, archetypisch, apokalyptisch. Er erschließt die tiefere Bedeutung der verborgenen Mysterien Gottes. Die Vollendung seiner Mission wurde durch das Zerreißen des Vorhangs *(katapetasma)* symbolisiert, der vor der Menschheit die letzte Wirklichkeit verbarg.

Heidentum

Die Gnostiker glaubten, daß die Völker der Antike auf die christliche Offenbarung vorbereitet worden waren. Jesus selbst soll Vorläufer in mehreren kultisch verehrten Helden der Antike gehabt haben, und die Hauptereignisse seines Lebens sollen eine Rekapitulation *(anakephalaiosis)* der bisherigen spirituellen Entwicklung der Menschheit gewesen sein, wodurch gewissermaßen die Erfahrungen und Hoffnungen der Menschheit, wie sie sich in den alten Sagenzyklen ausdrückten, zu einem krönenden Abschluß geführt wurden.

Die Lehren einer Reihe früher heidnischer Philosophien wurden als »Generalproben« für die neue Offenbarung betrachtet. Der Geist des Logos war schon vor der Sintflut unter den Menschen anwesend gewesen. Clemens von Alexandria war der Auffassung, daß die griechische Philosophie göttlich inspiriert war und die Seele für die christliche Botschaft vorbereitete. Ambrosius schreibt: »Alles

Wahre, wer auch immer es ausgesprochen hat, stammt vom Heiligen Geist.«

Gott hatte die Welt für die Lehren Christi empfänglich gemacht, indem er die Völker aller Länder in ihren Mythen und Symbolen ähnliche Überzeugungen akzeptieren ließ. Durch diese Vorbereitung wurde die Wahrheit erkannt, als sie schließlich manifest gemacht wurde. Die Weisheit Gottes fiel wie ein Regen vom Himmel zur Erde, und die Teilchen befruchteten den Geist weiser Männer, unter anderem eines Teils derjenigen, die das Alte Testament verfaßten. Im »Thomasevangelium« sagen die Jünger zu Jesus: »Vierundzwanzig Propheten sprachen in Israel, und alle sprachen von Dir.«

Man war überzeugt, daß mit der Ankunft Christi der Niedergang des Heidentums unausweichlich geworden war. Die alten Gottheiten wurden nacheinander gestürzt, die mit ihnen verknüpften Mysterien wurden dadurch ungültig, und die alten Orakel mußten verstummen. Schon im 2. Jahrhundert v. Chr. begannen die berühmten Eleusinischen Mysterien zu einer Farce zu degenerieren, und kaum jemand interessierte sich noch für sie. Für Diodorus Siculus († 40 v. Chr.) war der Tempel von Eleusis nichts als »ein veritables Bordell«. Philon von Alexandria († 50 n. Chr.) berichtet, daß es zu seiner Zeit unmöglich war, noch ehrenhafte Männer für die Initiation zu finden, und daß man gezwungen war, auf Landstreicher und Kurtisanen zurückgreifen (De Vesme 1931, S. 129).

Etwa 40 v. Chr. verfaßte der römische Dichter Virgil eine Ekloge an den Konsul Pollio, in der vom Anbruch eines neuen Zeitalters im Zusammenhang mit der Geburt eines Kindes die Rede ist, eine Bemerkung, die lange Zeit als Christusprophezeiung betrachtet wurde. Er nennt das Kind den »geliebten Abkömmling der Götter« und Genossen göttlicher Wesen, das von den himmlischen Reichen herabsteigt, um auf der Erde ein neues Zeitalter einzuleiten.

Plutarch († 120 n. Chr.) gibt in seinem »Ende der Orakel« den Bericht eines Gewährsmanns und Augenzeugen wieder,

der, als dessen Schiff eine Inselgruppe vor der Küste Griechenlands passierte, eine laute Stimme verkünden hörte: »Der große Gott Pan ist tot«, woraufhin ein gewaltiges Klagen und Stöhnen aus zahllosen Kehlen erscholl. Die Kunde von diesem seltsamen Ereignis drang zu Kaiser Tiberius, der Zeugen kommen ließ, die ihm den Bericht bestätigten. Auch dies interpretierten einige Gelehrte als Ankündigung des Endes des Heidentums und der Ankunft eines neuen Glaubenssystems. In den apokryphen Evangelien heißt es, daß es »Zittern und Beben gab«, als die Jungfrau Maria mit ihrem Kind in Ägypten weilte, und daß die Macht der Priesterschaft und ihrer Götzen ausgelöscht wurde.

Einige Autoritäten, insbesondere J. M. Robertson, sind der Auffassung, daß die Leidensgeschichte des Evangeliums ursprünglich kein Bericht, sondern ein Mysteriendrama war und daß dieses Drama »auf ein palästinensisches Menschenopfer-Ritual zurückgeführt werden könnte«. Das Letzte Abendmahl wird hier zur Neuinterpretation einer Opferfeier, und der Tod Christi hat Vorbilder im Tod früherer Erlösergestalten wie Osiris, Adonis, Tammuz und Attis. Wie andere gemarterte Erlöser wurde er gegeißelt, in Purpur gekleidet und zum Wohl der Gemeinschaft oder für die Erlösung der Welt geopfert. Er entsprach dem Sohn früherer Trinitäten wie Ea-Damkina-Marduk in Babylonien, Osiris-Isis-Horus in Ägypten, Zeus-Persephone-Zagreus in Griechenland.

Der Kirchenvater Justinus der Märtyrer sagt, daß die Christen mit ihrer Lehre von der jungfräulichen Geburt Jesu, seiner Passion und Himmelfahrt in einem neuen Kontext dasjenige bekräftigten, was früher vom Sohn des Zeus gesagt wurde. Er fügt hinzu, daß die Christen, wenn sie Jesus das Wort Gottes nennen, eine weitere Gemeinsamkeit mit den Heiden haben, die Hermes das Wort des Zeus nannten. Clemens von Alexandria bezeichnet Jesus als den Fackelträger und den Hierophanten – Bezeichnungen aus den heidnischen Mysterien.

Wie Orpheus blieb Jesus vierzig Tage und vierzig Nächte in der Wüste, und weder die wilden Tiere noch der giftige Basilisk taten ihm etwas zuleide. Wie andere große Kulthelden der Vergangenheit mußte Jesus einen Kampf *(agon)* mit dem Widersacher bestehen, als ihn der Satan versuchte. Daß er den Feigenbaum verfluchte, war ein symbolischer Akt, durch den er seinen Bruch mit den unzüchtigen Assoziationen der Feige im Heidentum deutlich machte. Sein Einzug in Jerusalem auf einem Esel war ein Symbol für seine Unterwerfung des Demiurgen, der unter anderem die Gestalt eines Esels hat. Die eherne Schlange, die in der Wüste erhöht wurde, um dem Gift von Schlangen entgegenzuwirken (4. Mose 21,8), ist eine Präfiguration Christi, der am Kreuzesholz erhöht wurde, um dem Gift Satans entgegenzuwirken (Joh. 3,14).

Geburt und Kindheit

Der Stammbaum Christi umfaßt alle Arten und Typen von Menschen. Zu seinen Vorfahren gehörte eine Kanaaniterin aus der Linie vom Ham, dem Ahnherrn der schwarzen Rassen, die Chaldäerin Terah, eine Nachfahrin Japhets, und die »Kaukasierin« Batseba. Jesus vereinte daher in sich die drei großen Rassen der Menschheit, die schwarze, die gelbe und die weiße. Zwei seiner Vorfahren gingen aus inzestuösen Verbindungen hervor: Moab, der Sohn Lots, und Phares, der Sohn Judas.

Dem Neuen Testament zufolge war David der Vorfahr von Joseph wie von Maria, und wenn man die davidische Abkunft Jesu akzeptiert, finden sich in seinem Stammbaum vier nichtjüdische Frauen zweifelhaften Rufs: Rahab, eine Hure aus Jericho, die Kanaaniterin Tamar, die Moabiterin Ruth und die Hethiterin Batseba, wobei die beiden letztgenannten auch zweimal verheiratet waren.

Jesus wurde von einer Jungfrau geboren, wobei bei den Juden jener Zeit üblicherweise jede junge Frau, verheiratet oder unverheiratet, als »Jungfrau« bezeichnet wurde. In einem talmudischen Text findet sich ein Hinweis, daß der Vater Jesu ein Heide namens Panthera war, wodurch er zu einem *mamzer* oder Bastard wurde, ein Gedanke, den die Borboriten aufgriffen.

Manche Gnostiker vertraten die Auffassung, daß Jesus Joseph und Maria in natürlicher Weise geboren wurde. Demzufolge war Maria als die leibliche Mutter Jesu eines gewissen Respekts, aber keiner besonderen Verehrung würdig. Im »Thomasevangelium« spricht Jesus von seinen irdischen Eltern Joseph und Maria und vergleicht sie mit seinem himmlischen Vater, Gott, und seiner himmlischen Mutter, dem Heiligen Geist.

Der Körper des Menschen Jesus sollte aber zum Werkzeug des kosmischen Christus werden, und weil die Gnostiker den Körper als verderbt und sündhaft betrachteten, versuchten sie mittels oft phantasievoller Theorien jegliche Andeutung einer Befleckung zu umgehen, um den übernatürlichen Charakter der Geburt Jesu zu erhalten. Jesus ging demzufolge durch den Leib der Maria, wie Wasser durch ein Rohr hindurchläuft, ohne vom Schoß in irgendeiner Weise befleckt zu werden.

Später waren auch die Orthodoxen bestrebt, die natürliche Empfängnis zu leugnen. Der syrische Kirchenlehrer Ephraim der Syrer († 378) sagt, daß Maria über das Ohr geschwängert wurde, denn im biblischen Text heißt es, daß die Verkündigung von einem Engel ausgesprochen wurde, der »bei ihr eintrat« (Lk. 1,28), und ihr die Botschaft des Heiligen Geistes überbrachte; somit gelangte die göttliche Kraft über das Ohr in ihren Schoß.

Nestorius († 451), Patriarch von Konstantinopel, betonte nicht wie andere die göttliche, sondern die menschliche Natur Christi. Die Nestorianer bezeichneten Maria als die Christusgebärerin *(Christotokos)* und lehrten, daß Jesus ein Mensch war, der göttlich wurde, nicht ein Gott, der Mensch wurde. Ihre Gegner unter den kirchlichen Theologen dagegen bezeichneten Maria als Gottesgebärerin *(Theotokos)* und lehrten, daß sie durch göttliches Einwirken im Zustand der Reinheit blieb.

Die Lehre von Mariens Jungfräulichkeit und ihrem unverletztem Hymen vor der Geburt (lat. *ante partum*), während der Geburt *(in partu)* und nach der Geburt *(post partum)* wurde viele Jahrhunderte später offizielle christliche Doktrin. Die Erwähnung von »Brüdern« Jesu in den Evangelien sollte sich auf die Kinder Josephs von einer früheren Ehefrau beziehen. Joseph starb vor dem öffentlichen Auftreten Jesu, und Jesus wird daher als der »Sohn der Witwe« bezeichnet, während Joseph selbst selten in einem Zusammenhang erscheint, der eine Verwandtschaft mit Jesus nahelegt.

Nach der Mythologie der Apokryphen war die jungfräuliche Geburt eines von mehreren natürlichen Zeichen, die ein Ereignis von beispielloser Bedeutung in der Geschichte der Welt ankündigten. Ein weiteres Zeichen geschah, als der Himmel durch den Stern von Bethlehem verkündete, daß ein Neuer Mensch geboren wurde, auf den die Welt achten müsse, um von der Herrschaft der Sünde und des Bösen erlöst zu werden.

Den Stern sahen die Drei Weisen, drei Priesterkönige aus dem Osten, die als Abkömmlinge von Sem, Ham und Japhet die Völker der ganzen Welt repräsentierten. Balthasar gehörte der weißen Rasse Sems an und brachte dem Kind Gold, das Symbol der Menschwerdung. Melchior gehört der schwarzen Rasse Hams an und brachte Weihrauch, das Symbol der Kreuzigung. Kaspar gehörte der gelben Rasse Japhets an und brachte Myrrhe, das Symbol der Auferstehung.

Die kanonischen Evangelien berichten nur von einem einzigen größeren Ereignis aus der Kindheit Jesu: Als er zwölf Jahre alt war, ging er in den Tempel und führte ein Streitgespräch mit den Gelehrten, und »alle, die ihn hörten, staunten über sein Verständnis und seine Antworten« (Lk.

2,47). Die apokryphen Evangelien über die Kindheit enthalten jedoch zahlreiche weitere Berichte über seine übernatürlichen Fähigkeiten. So formte er zwölf Spatzen aus weichem Lehm und klatschte in die Hände, woraufhin sie wegflogen. Ein andermal tauchte er mehrere Tücher in ein Faß mit schwarzem Farbstoff. Als sich der Färber bei Maria beklagte, nahm Jesus die Tücher nacheinander heraus, und jedes war in einer anderen vom Färber gewünschten Farbe gefärbt.

In einer weiteren Erzählung heißt es, daß er zu einem Lehrer namens Zachäus gebracht wurde, der ihn das Alphabet lehren sollte. Dieser sagte zu ihm, wie es üblich war: »Sage *alpha*« (oder hebräisch *alef*, der erste Buchstabe des Alphabets), und Jesus sagte: *»alpha«.* Als der Lehrer sagte: »Sage *beta*« (hebräisch *beth*, der zweite Buchstabe), antwortete das Kind: »Sage mir zuerst, was *alef* ist, und ich werde dir sagen, was *beth* ist.« Dann erklärte das Kind dem Zachäus den Aufbau und die Bedeutung von *alef*: die auseinanderlaufenden Linien, die die Beziehung zwischen dem Oberen und dem Unteren zeigen, den langen mittleren Strich, der dem Körper eines Menschen ähnelt, den kurzen Abstrich ähnlich einem nach unten weisenden Arm, den nach oben gezogenen dritten Strich, ähnlich einem erhobenen Arm, den tanzen Schwung der zusammenlaufenden Linien und die Spannung und das Gleichgewicht des ganzen Zeichens, das den Buchstaben *alef* bildet.

Als Zachäus hörte, wie das Kind die Allegorese des ersten Buchstabens aussprach, rief er in Erstaunen, Beschämung und Zorn aus: »Wehe mir Erbärmlichem. Ich habe Schande über mich gebracht, indem ich einwilligte, diesen jungen Mann zu lehren. Führt ihn weg von mir. Er hat meine Sinne verwirrt. Ich kann seinen Worten nicht folgen. In meinem hohen Alter wurde ich von einem Kind gedemütigt. Ich will ohmächtig werden und in meiner Schande sterben. Ich kann diese Stunde nicht ertragen, denn ein Grünschnabel hat mich beschämt.«

Doketismus

Manche Gnostiker hingen der Auffassung an, daß Christus der Logos, der göttlich, ewig und vollkommen war, kein stoffliches Fleisch angenommen haben konnte, weil der Stoff seinem Wesen nach unrein und böse war. Basilides zufolge konnte Christus sich nach Belieben verwandeln und unsichtbar machen (Joh. 8,59), weil er eine körperlose Macht (lat. *virtus incorporalis*) war.

Er hatte einen spirituellen Leib, und obzwar er wie die sterblichen Menschen aß, gab es keine Ausscheidung, und es war nichts Unschickliches, die »Eingeweide Christi« anzurufen. Valentinus schreibt: »Jesus aß und trank in einer besonderen Weise, ohne die Speisen wieder auszuscheiden. So groß war die Kraft seiner Fähigkeit, die Ausscheidung zurückzuhalten, daß die Speisen in ihm nicht verdarben, denn er selbst war unverderbbar und ohne Verfall.«

In manchen Schulen galt als Grundüberzeugung, daß Christus nichts von menschlicher Natur annehmen konnte. Er konnte nicht leiden, denn dies würde Unvollkommenheit und Sterblichkeit bedeuten. Christus schien nur (*dokein*, »scheinen«) zu leiden, doch litt er nicht wirklich. Die Doketen glaubten, daß Christus ganz Geist war, daß seine fleischliche Gestalt nicht wirklich war, sondern ein Phantom- oder Scheinleib, der nur wirklich zu sein schien, und daß Christus nur scheinbar litt und am Kreuz starb.

Nicht Christus trug das Kreuz, sondern ein anderer. Basilides zufolge tauschte Christus den Platz mit Simon von Kyrene, der ihm, wie die Bibel berichtet, die Last abnahm (Mk. 15,21). Christus mischte sich dann unter die Menge der Zuschauer, während Simon das Kreuz zur Schädelstätte trug, Galle und Essig trank, gekreuzigt wurde und starb.

In der »Petrusapokalypse«, einem Nag-Hammadi-Text, sieht Petrus, wie jemand, der Jesus zu sein scheint, ergriffen und ans Kreuz geheftet wird, während gleichzeitig eine andere Gestalt über dem Kreuz »fröhlich ist und lacht«. Auf seine Frage erhält er die Auskunft, daß der Glückliche der lebendige Christus ist, während derjenige, der ans Kreuz geheftet wird, der Ersatz ist.

Nach dieser Auffassung war die Kreuzigung Christi eine Illusion. Das Kreuz hat daher keine Bedeutung, weil Christus nicht an ihm litt. Als Werkzeug der Beschämung und Bestrafung sollte man es auch mit Abscheu behandeln.

Nach einer anderen Auffassung, die Cerinthus und andere vertraten, wurde der historische Jesus, ein guter und heiliger Mensch, der ein reines und untadeliges Leben geführt hatte, vom göttlichen Christus dem Logos, als Instrument ausgewählt. Christus stieg in die stoffliche Hülle dieses Menschen Jesus hinab und inkarnierte sich in ihm. Diese Fleischwerdung geschah am Jordan im Augenblick der Taufe Jesu durch Johannes; in diesem Moment brach ein Licht aus dem Wasser hervor, und der göttliche Auftrag nahm seinen Anfang.

In der Bibel wird berichtet, daß erst zu diesem Zeitpunkt der Heilige Geist auf Jesus – jetzt Christus – herabkam, und Gottvater verkündete: »Du bist mein geliebter Sohn. Heute habe ich dich gezeugt« (Lk. 3,22). Christi Mission als Lehrer und Heiler dauerte bis zu dem Verrat durch Judas; danach verließ die Christuskraft den Leib des Jesus, und der Mensch Jesus litt und wurde gekreuzigt. Dies erklärt die Klage am Kreuz: »Mein Gott, mein Gott, warum hast Du mich verlassen?«, die im apokryphen »Petrusevangelium« lautet: »Meine Kraft, meine Kraft, Du hast mich verlassen« (James 1924, S. 91). Es fällt in der Tat auf, daß in den kanonischen Evangelien von Wundern nur aus der Zeit nach seiner Taufe und bis zur Gefangennahme am Ölberg berichtet wird.

Nicht alle Gnostiker hingen der doketischen Auffassung von der Kreuzigung an. Viele hielten das Leiden Christi gerade für wesentlich, wenn sein Erlösungswerk irgendeinen Sinn haben sollte. Manchen Valentinianern zufolge akzeptierte Christus die Passion, wiewohl er Unsterblichkeit besaß, und nahm den Tod als seinen Teil auf sich, damit er sich mit ihm auseinandersetzen und ihn endgültig überwinden könnte. Die Sekte der Melchisedechianer verkündete ebenfalls die Realität des stofflichen Leibes und der körperlichen Passion Christi.

Die Kirche verwarf die doketische Lehre als ketzerisch, weil sie der Auffassung war, daß der Zweck von Christi Erdendasein gerade darin bestand, sich mit dem Menschsein zu verbinden, Versuchung zu erfahren, Leid, Tod und Hölle zu durchleben, um diese zu überwinden.

Tod und Auferstehung

Diejenigen Gnostiker, die nicht der doketischen Auffassung anhingen, standen im Zusammenhang mit dem Tod und der Wiederauferstehung Jesu vor folgenden Schwierigkeiten: Starb Jesus tatsächlich am Kreuz? Oder wurde ihm eine Droge verabreicht, vielleicht von den kenntnisreichen Essenern, durch die ein Scheintod eintrat (Schonfield 1981, S. 110)? Der deutsche Gelehrte Karl Friedrich Bahrdt († 1792) äußerte den Gedanken, daß Joseph von Arimathia und Nikodemus, die Mitglieder der Bruderschaft der Essener gewesen sein könnten, Jesus auf die Tortur eines Scheintodes vorbereiteten. Nachdem sie seinen komatösen Leib vom Kreuz abgenommen hatten, benutzte Joseph von Arimathia geheime Arzneien, um ihn wieder zum Leben zu erwecken (Stewart 1981, S. 155).

Oder war seine Wiederauferstehung eine normale Wiedererlangung des Bewußtseins nach einem plötzlich eingetretenen Koma, das man fälschlich für den Tod hielt? In diesem Fall könnten die Jünger die römischen Wachen bestochen haben, um ihn entkommen zu lassen. Schließlich wurde auch der Gedanke geäußert, daß Jesus zur Essenergemeinde in Qumran gegangen sei, dort Essenermönch wurde, später nach Masada ging und mit den übrigen Juden umkam, als die Römer im Jahr 74 n. Chr. die Festung einnahmen (Joyce 1973). Robert Graves und Joshua Podro meinen, daß Jesus nach seiner Auferstehung in Rom gewesen sein könnte. Es gibt auch eine Legende, derzufolge er nach Indien reiste und in Kaschmir starb und begraben wurde (Faber-Kaiser 1977).

Bei Paulus heißt es, daß über fünfhundert Menschen Jesus nach der Kreuzigung sahen (1. Kor. 15,6). Seinen engsten Jüngern aber erschien er meist als verklärter Jesus.

Jesus ist das Mensch gewordene göttliche Licht, und deshalb ist oft von seinem blendenden Glorienschein und seinem strahlend hellen Antlitz die Rede, insbesondere in der Verzückung des Gebets und der Kontemplation. Die Bibel berichtet, wie er bei einer Gelegenheit Petrus, Jakobus und Johannes mit sich auf einen Berg nahm, der in den Evangelien nicht genannt ist, aber traditionell als der Berg Tabor südwestlich des Sees Genezareth gilt, wo er vor ihren Augen verklärt wurde und mit Moses und Elias sprach. Sein Gewand war weiß wie Schnee, und sein Antlitz leuchtete wie die Sonne.

Wie die Gnostiker ein Mysterium aus den vierzig Tagen in der Wüste machten, während derer Jesus versucht wurde, so machten sie ein Mysterium aus den vierzig Tagen zwischen der Auferstehung und der Himmelfahrt. Mehrere gnostische Texte, insbesondere die »Pistis Sophia« sowie Nag-Hammadi-Dokumente wie das »Apokryphon Johannis«, die »Weisheit Jesu Christi« und der »Brief Petri an Philippus« berichten über Jesus nach der Auferstehung, als er seinen trauernden Jüngern als der verherrlichte kosmische Christus erscheint, gekleidet in ein Gewand von blendendem Licht, das heller ist als die Sonne; er überschreitet die Beschränkungen der Erde und erfüllt den Himmel mit seinem Leuchten. Dann mindert er den Glanz seiner Herrlichkeit und gewährt seinen Jüngern eine besondere Offenbarung, die mit einem geheimen Gespräch am Ölberg endet.

Christus in der Hölle

Nach der Kreuzigung stieg Christus zur Hölle ab. Diese Phase seiner Mission ist präfiguriert im Leben verschiedener Götter und Halbgötter der Antike: Osiris, Horus, Isis, Ischtar, Demeter, Herkules, Theseus, Orpheus. Sagen über die Schrecken der Hölle bilden oft einen Bestandteil des Abstiegs des Helden in die Regionen der Tiefe.

Einige der apokryphen Evangelien enthalten ebenfalls lebhafte Schilderungen, wie Christus den Hades erstürmt und die dort herrschenden Mächte niederwirft. Er soll dabei eine dreifache Aufgabe erfüllen. Erstens muß er sich selbst erlösen, denn wie alle Sterblichen bedarf er der Erlösung und macht daher die Erfahrung der unteren Ebenen durch. Zweitens tut er dies, um die dort wohnenden Seelen zu erretten. Schließlich, und dies wird am Ende der Zeiten sein, wird er den Kampf gegen den Tod und die Hölle aufnehmen und schließlich deren Macht brechen.

Paulus sagt, daß Christus »in die Niederungen der Erde herabgestiegen« ist (Eph. 4,9). Petrus schreibt, daß Christus »den Geistern im Gefängnis predigte« (1. Petr. 3,19), nämlich in der Hölle, und schließlich, daß »auch Toten das Evangelium verkündet wurde« (1. Petr. 4,6). Im apostolischen Glaubensbekenntnis heißt es ausdrücklich, daß Christus »in die Hölle abgestiegen ist«. Im apokryphen »Nikodemusevangelium« (auch »Pilatusakten« genannt) ist von Christi Abstieg in die Hölle die Rede, und es gibt einige Dialoge wieder, die dort stattfanden.

Nach gnostischer Auffassung hat die Erlösungsmission Christi nicht auf der Erde begonnen, noch ist sie auf den Menschen beschränkt. Die Mission des Logos begann, als das Böse begann. Sein Wirken auf Erden ist Teil eines umfassenden Erlösungswerks. Christus hat in jeder Region diesseits des Stauros eine Funktion. Er stieg hernieder, um für jegliche Form der Schöpfung eine bestimmte Aufgabe zu erfüllen: für die gefallenen Engel, die Äonen, die Archonten, für den Menschen und so fort auf der hierarchischen Stufenleiter der Wesen. Er geht zu anderen Welten in den entferntesten Sphären des Universums.

Im Naassenerpsalm sagt Christus: »Alle Welten werde ich durchwandern, alle Mysterien aufschließen.« Im mandäischen »Ginza« sagt der Erlöser: »Ich habe alle Welten und Generationen durchwandert.« Der Weise Silvanus spricht in seinen »Lehren« von den vielen Gestalten, die Christus bei seinem Abstieg durch die Sphären jeweils der Situation entsprechend annahm. Den »Pseudo-Klementinen« zufolge, Texten aus dem 3. Jahrhundert, die fälschlich Clemens I. († 100) zugeschrieben werden, »durcheilt der wahre Bote, indem er seine Gestalten mit seinem Namen ändert, vom Anbeginn der Welt an die Zeitalter, bis seine Zeit erfüllt ist und er, von Gottes Gnade für seine Taten gesalbt, zur ewigen Ruhe gelangt.«

Christus der Logos

Die gnostische Auffassung von Christus als dem Logos unterschied sich nicht sehr von derjenigen der Kirche. Christus ist das Lichtwesen, der Herr *(Kyrios)*, das Bild des Höchsten, der Heilige Gottes »gestern und heute derselbe und in Ewigkeit« (Hebr. 13,8). Wie Gott sagt: »Ich bin der ich bin« (2. Mose 3,14), so verkündet der Logos: »Bevor Abraham ward, war ich« (Joh. 8,58).

Gott zeigt seine hingebende Liebe, indem er sich in Christus offenbart, der die Personifizierung des Logos ist und die Herabkunft des Göttlichen manifestiert. Durch den Fleisch gewordenen Logos (Joh. 1,14) tritt Gott in die Geschichtlichkeit und die endliche Welt ein. Er überbrückt die Kluft zwischen Gott und den Menschen, und durch ihn begegnen wir Gott.

Der jüdische Philosoph Philon von Alexandria († 50 n. Chr.), den man wegen seiner fast christlichen Interpretation des Logos den ersten der Kirchenväter genannt hat, schreibt: »Wenn bisher jemand unwürdig war, Sohn Gottes genannt zu werden, so möge er seinen Platz unter Gottes erstgeborenem Sohn einnehmen, dem Logos, der der Älteste unter den Engeln ist, gewissermaßen ihr Herrscher, denn das Wort ist das erstgeborene Bildnis Gottes.«

Für die Menschheit ist Christus nicht nur der Gnädige und Gute *(chrestos)*, sondern auch der Gesalbte *(christos)*, der gesalbt ist mit dem heiligen Chrisam Gottes. Er ist der Gute Hirt, das Licht, der Weg, die Wahrheit, das Leben. Er ist ein einzigartiges Wesen, das aus der höheren Welt kommt, und wir sind nicht seinesgleichen. In frühgnostischen Texten wird Christus als *allogenes* bezeichnet, der »einer anderen Rasse« angehört, das heißt eine göttliche Persönlichkeit, nicht der »Bruder der Menschen«. Christus sagte: »Ich und mein Vater sind eins« (Joh. 10,30).

Der Zweck von Christi Sendung war es, dem Menschen eine persönliche Beziehung zu Gott zu ermöglichen, damit der Mensch von Gott an Sohnes Statt angenommen werden könnte. Er lehrte ein neues Gebet, das sich an »Unseren Vater« richtete, »der Du bist im Himmel«, und der ein anderer ist als der »Vater« derjenigen, die den Gott dieser Welt verehren. Ohne Christus, sagen die Gnostiker, hat der Mensch keine geistige Beziehung zur göttlichen Welt, keine geistige Vergangenheit und keine geistige Zukunft. Im »Philippusevangelium« heißt es, daß derjenige, der Christus nicht empfangen hat, eine Waise ist; wenn er aber Christ wird, hat er wieder Eltern: Gottvater und den Heiligen Geist.

Christus ist der kosmische »Menschensohn«, den der Prophet geschaut hat (Dan. 7,13). Er weist den Weg, auf dem der Mensch zum Himmel aufsteigen kann. In den Worten der Bibel: »Niemand ist hinaufgestiegen in den Himmel als der aus dem Himmel Herabgestiegene« (Joh. 3,13). Satan, Sophia und Adam sind freilich auch herabgestiegen, doch war ihr Abstieg ein Sturz. Christus allein ist freiwillig herabgestiegen, und alles, was herabgekommen ist, kann nur durch ihn wieder aufsteigen. Ohne Christus kann der Mensch nicht zu Gott gelangen. An einer anderen Stelle der Bibel heißt es: »Wenn einer nicht geboren wird von oben, so kann er das Reich Gottes nicht schauen« (Joh. 3,3).

Nur durch Christus den Logos ist eine solche Wiedergeburt möglich.

Christus der Mensch

In manchen gnostischen Texten ist davon die Rede, daß Christus der Logos »inkognito« zur Erde gekommen sei, damit der Satan und die Archonten seine Gegenwart auf dem physischen Plan nicht bemerkten. Deshalb zog er irdische Kleider an und verbarg sich in menschlicher Gestalt, um nicht von den kosmischen Hütern und Archonten erkannt zu werden.

Nach einer anderen gnostischen Auffassung wußten jedoch die Archonten, daß Jesus der Logos war, und in der Tat wurde er auch vom Satan erkannt und versucht. In den syrischen »Oden Salomons« (etwa 130 n. Chr.), die zu Beginn des 20. Jahrhunderts entdeckt wurden, wird Gottes Heilsplan mit einem Brief aus den Höhen verglichen, der wie ein Pfeil abgeschickt wurde. Viele Hände streckten sich aus, um den Brief zu ergreifen, doch fürchteten sie sich vor dem darauf angebrachten Siegel, oder sie hatten nicht die Kraft, es zu erbrechen.

Der Satan kannte daher die Botschaft nicht. Er wußte nichts von jenem verborgenen Geheimnis, das »kein Auge sah und kein Ohr vernahm« (1. Kor. 2,9), über das Schicksal, das Gott für diejenigen verfügt hatte, die bald erlöst werden sollten. Christus brachte eine Botschaft, wie sie noch niemand vernommen hatte, denn er sagte, »ich will aussprechen, was seit Anbeginn der Welt verborgen war« (Mt. 13,35).

Christus mußte in der Gestalt des sündigen Fleisches (Röm. 8,3) auf die Erde kommen. So wie sich Gott zurückzog und »Platz machte«, um die Welt ins Dasein treten zu lassen, so machte sich Christus nach der Lehre der »Entleerung« *(kenosis)* leer und »entäußerte sich« (Phil. 2,7). Der Herr der Herrlichkeit mußte das Elend eines Erdendaseins auf sich nehmen, Versuchung und Leid erfahren, Schmach und Verfolgung ertragen. Er erniedrigte sich, da er mächtig war, er machte sich arm, da er reich war (2. Kor. 8,9). Seine körperliche Erscheinung entsprach seinem erniedrigten Zustand. Der Kirchenvater Tertullian schrieb, daß Jesus in den Tagen seines Fleisches ein häßliches Äußeres hatte (siehe auch Jes. 53,2).

Der Satz »allen bin ich alles geworden« (1. Kor. 9,22), den Paulus auf sich selbst bezog, könnte mit größerem Recht auf Christus angewandt werden. Er war Objekt universeller Interpretationen und der Projektionen eines jeglichen menschlichen Ideals. Die Gnostiker waren sich der unterschiedlichen Reaktionen auf Jesus durchaus bewußt. Es heißt: »Er erscheint den unterschiedlichen Sekten, die ihn so streitbar suchen, jeweils unterschiedlich. Jede Sekte macht sich ein anderes Bild von ihm, und doch gehört er allen.«

Der valentinische Lehrer Theodotus sagt: »Jeder sieht den Herrn in seiner eigenen Weise, nicht alle gleich.« Im »Philippusevangelium« heißt es, daß Christus sich in einer Weise offenbarte, durch die ihn alle Menschen sehen und verstehen könnten. Den Großen erschien er groß, den Kleinen klein, den Unreifen erschien er als junger Mensch, den Reifen als ein Mann der Weisheit. In einem der gnostischen Evangelien heißt es, daß Jakobus, als Jesus ihn und seinen Bruder Johannes aufforderte, ihm zu folgen, Jesus als Knaben sah, während Johannes einen hübschen und fröhlichen jungen Mann erblickte, und Johannes glaubte, daß Jakobus' Augen getrübt und beschädigt seien.

Die Sendung Jesu galt allen Menschen. Er kam zu den verachteten Samaritern, den verhaßten Römern und den ungeliebten Zöllnern. Seine Jünger führten sein Werk fort: Petrus ließ die heidnischen Proselyten (Cornelius und seine Familie) zur Taufe zu, und Philippus der Evangelist die noch verachteteren Eunuchen, eine Klasse, denen das Gesetz die Teilnahme an den vollen Privilegien des jüdischen Glaubens verwehrte.

Für manche war Jesus ein Hochstapler und Scharlatan. Für andere war er ein Prophet, Priester und König. Er war strenger Gesetzgeber und unerbittlicher Richter wie auch der Fürsprecher der Armen und Unterdrückten. Er war der liebende Lehrer und Führer und der rebellische Anführer, der sanfte Prediger und der Reformer, der soziale Gerechtigkeit forderte. Er war der Friedensstifter, der verlangte, auch die andere Wange darzubieten, und ein Radikaler, der erklärte, daß er nicht den Frieden, sondern das Schwert brächte. Er war, wie Don Cupitt meint, »das Vorbild für Eremiten, Bauern, Edelleute, Revolutionäre, Pazifisten, Feudalherren, Soldaten und andere«.

Er bediente sich einer markanten Sprache. Die Bilder, die er gebrauchte, reichen von den Lilien des Feldes bis hin zu den Ausscheidungen im Abort (Mk. 7,15–19). Als alltägliche Geschehnisse vor seiner Wiederkunft nannte Jesus unter anderem: Männer, die auf dem Feld arbeiten, Frauen, die Korn mahlen, und »in jener Nacht werden zwei Männer auf einem Lager sein« (Lk. 17,34).

Seine Haltung zu Liebesbeziehungen wurde oft mißdeutet. Hieronymus erwähnt einen Vers im »Hebräerevangelium«, in dem Jesus zu seinen Jüngern sagt: »Seid nur fröhlich, wenn ihr auf euren Bruder in Liebe blickt«, ein Vers, der bei den Gnostikern vielfach sehr frei interpretiert wurde.

Für manche seiner Gegner war Jesus ein unehelicher Mischling, für andere »ein Fresser und Weinsäufer, ein Freund der Zöllner und Sünder« (Mt. 11,19). Es war bekannt, daß er sich mit Verbrechern und Huren abgab, den Ehebruch verzieh, wenn nicht gar stillschweigend duldete, und Gewalttätern das Paradies verhieß. Für manche gnostischen Sekten war er ein Homosexueller, und andere hielten ihn noch verwerflicherer Praktiken fähig.

Ein Autor unserer Zeit gibt einige weitere Beispiele für die individuellen Interpretationen, der die Christusgestalt in moderner Zeit unterworfen wurde. Er erwähnt den »schrulligen Clown von ›Godspell‹ und den streitbaren Sozialkritiker von ›Jesus Christ Superstar‹ ... den gerissenen Jesus von Schonfield, den mythischen Jesus Allegros, der ein phallisches Symbol ist« (Bruns 1976, S. 9).

In »L'Age d'Or«, einem Film des Spaniers Louis Buñuel erscheint Jesus als »Meisterwüstling«, der den Vorsitz über Marquis des Sades »120 Tage von Sodom« führt (Tyler 1971, S. 19). In dem Film »Teorema« von Pier Paolo Pasolini ist Christus abwechselnd sexuell und göttlich, wobei unter anderem wohl der »Glaube als phallische Phantasie« dargestellt werden soll (Weightman 1973, S. 178).

Vor einigen Jahren wollte ein anderer Filmproduzent, Jens Joergen Thorsen, mit finanzieller Unterstützung der dänischen Regierung einen Film mit dem Titel »Die Liebschaften Jesu Christi« machen, in dem Jesus als »Kriegsherr, Liebesapostel, Erotomane, Säufer, Idealist und Revolutionär« dargestellt und auf einigen Filmmetern in eindeutigen Gruppensexszenen gezeigt werden sollte (Warner 1976, S. 229).

Nach gnostischer Auffassung erfuhr und erlebte Christus alles Böse. Um seine Aufgabe erfüllen zu können, mußte er sich dem Widersacher nicht nur stellen, sondern sich mit ihm identifizieren. Die Versuchungen Jesu werden in der Bibel nur kurz dargestellt (Mt. 4,1). Es werden nur drei Ereignisse symbolisch erwähnt, und wir wissen nicht, welcher Art und welchen Inhalts die Versuchungen genau waren.

Wenn man die Auffassung vertritt, daß der Mensch zärtliche Liebe und gewalttätige Lust, milde Verzeihung und mörderischen Haß empfinden kann, Christus aber nicht, dann würde dies bedeuten, daß die Bandbreite der Erfahrungen und Erlebnisse beim Menschen größer ist als beim Logos. Es könnte aber sein, daß Christus in der Wüste, während der vierzig Tage und vierzig Nächte, über die wenig sonst berichtet wird, ebensosehr in die Sünde inkarniert wurde, wie er inkarnierter Gott war.

Die gnostische Verunglimpfung Christi in diesem Zusammenhang diente nur dem Zweck, die Erniedrigung des Erlösers aufzuzeigen, der nur dadurch das Ausmaß ihrer eigenen Erniedrigung erfassen konnte. In den Worten der heutigen Anhänger der Erweckungslehre erhebt Christus den Menschen »aus der Gosse zu den höchsten Höhen«. Der Gnostiker aber stellt sich hier die Frage, wie Christus den Menschen aus dem Abgrund der Sünde hätte erlösen können, wenn er nicht selbst in den Abgrund hinabgestiegen wäre.

Diese Auffassung führte zu der gnostischen Lehre vom erlösten Erlöser, derzufolge Christus sich als Mensch inkarnierte, um an sich selbst den Prozeß der Reinigung und Erlösung zu vollziehen. Hierzu mußte er ganz den menschlichen Zustand annehmen. Nach dieser Auffassung mußte auch Christus erlöst werden (Foerster 1974, S. 225).

Er wurde in das Erbe Moses' hineingeboren, um die Menschheit von der Knechtschaft des Gesetzes befreien zu können (Röm. 10,4). Gott »ließ ihn Sünde werden« (2. Kor. 5,21), um unsere Erbschaft der Sünde von uns zu nehmen. Er »wurde ein Verfluchter« (Gal. 3,13), um den Fluch des Sündenfalls von uns zu nehmen. Er wurde Mensch, damit wir göttlich werden können. Er durchlitt Tod und Hölle, damit wir erlöst und unsterblich werden können.

Die Jünger

Jesus erwählte zwölf seiner engsten Jünger zu Aposteln, die seine Mission weitertragen und das Evangelium verkünden sollten, doch war die herrschende gnostische Auffassung, daß die Mehrzahl von ihnen nach wie vor unter dem Einfluß jüdischer Auffassungen stand und dem mosaischen Gesetz anhing. In den apokryphen »Petrusakten« sagt Jesus: »Die bei mir sind, haben mich nicht verstanden.«

Der bekannteste Apostel ist Simon Petrus, und selbst er verleugnete Jesus in einem entscheidenden Augenblick dreimal. Thomas, ein anderer Apostel, glaubte ihm nicht, und Judas verriet ihn, wenn er auch nach gnostischer Auffassung eine besondere Aufgabe zu erfüllen hatte. Johannes schrieb eine Biographie Jesu mit ausgeprägt gnostischem Einschlag. Von Matthäus stammt eines der drei synoptischen Evangelien; die Verfasser der beiden übrigen Evangelien, Markus, der Mitarbeiter Petri, und Lukas, Arzt und Verfasser der »Apostelgeschichte«, waren dagegen keine Apostel Christi.

Die Gnostiker leiteten viele ihrer grundlegenden Traditionen von Jüngern her, die außerhalb des Kreises der Zwölf standen: von Jakobus, dem Bruder Jesu, von Maria Magdalena und Salome, von Lazarus, der von den Toten auferstand, von dem geheimen Schüler, dem Rabbi Nikodemus, der Jesus nachts besuchte und später seinen Leichnam einbalsamierte, und von Paulus. Marcion zufolge »erwiesen sich Christi erste Apostel als Versager, doch erwählte er sich nach ihnen Paulus« (Blackman 1948, S. 48).

Johannes

Johannes, der Sohn des Zebedäus und Bruder des Apostels Jakobus (nicht zu verwechseln mit Jakobus dem Gerechten, dem Bruder Jesu), war der Lieblingsjünger und gilt als der

Verfasser des Evangeliums und dreier Briefe im Neuen Testament mit seinem Namen. Seine Lehren werden manchmal »johanninisch« genannt, um sie von den »johannitischen« Lehren Johannes des Täufers zu unterscheiden.

Über ihn wurde gesagt, daß er nicht sterben würde (Joh. 21,23). Nach ältester Tradition soll er mit Johannes dem Göttlichen identisch sein und auf der Insel Patmos in der Verbannung gelebt haben, wo er die Apokalypse (Offenbarung) niederschrieb. Von Patmos ging er nach Ephesus. Hier soll er sich in hohem Alter an der Stelle des berühmten Artemistempels der Epheser, dort, wo die Jungfrau Maria zuletzt gelebt hatte, in ein unterirdisches Grab begeben haben. Hier, heißt es, schläft er immer noch und erwartet die Wiederkunft Christi, und die Erde über seiner Brust hebt sich sanft unter seinem Atem.

Nach Auffassung des Priscillianus war der Bräutigam bei der Hochzeit von Kana kein anderer als Johannes, und der neue Wein, den Christus durch ein Wunder entstehen ließ, war das Symbol für ein neues Leben im Zölibat, für das ihn Jesus ausersehen hatte (Chadwick 1976, S. 105). Vor der Hochzeitsfeier soll Jesus zu Johannes gesagt haben: »Ich brauche dich.« Als Johannes dies hörte, soll ihn plötzlich ein Unwohlsein befallen haben, so daß er die Hochzeit verschieben und schließlich ganz absagen mußte (Bruns 1976, S. 35).

Seit den frühesten Anfängen der jungen Kirche gab es ein Lehrkorpus von Johannes, dem Jesus, wie es hieß, die wahren Geheimnisse des Christentums mitgeteilt hatte. Diese Lehren wiesen ausgeprägt gnostische Züge auf. Das »Apokryphon Johannis« oder die »Geheimschrift des Johannes« erhebt den Anspruch, die »im Schweigen verborgenen Mysterien« zu offenbaren, die Johannes von Jesus empfing. Irenäus erwähnt dieses Buch, von dem eine Version in Nag Hammadi gefunden wurde.

Viele gnostische Schulen behaupteten, daß das kanonische Johannesevangelium ihre eigenen Lehren enthielte, und benutzten es als Hauptquelle für ihre Lehre. Es unterscheidet sich so erheblich von den übrigen Evangelien, daß eine Unterscheidung zwischen den drei »synoptischen« Evangelien von Matthäus, Markus und Lukas und dem Johannesevangelium vorgenommen wird. Es zeigt einen mystischen, und nicht den historischen Jesus, und viele dieser Vorstellungen sind der alexandrinischen Philosophie entlehnt.

Theologen wie Rudolf Bultmann vertreten die Auffassung, daß das Material im Johannesevangelium eine entmythologisierte und christianisierte Version einer vorchristlichen gnostischen Quelle ist.

Epiphanius sagt, daß Leucius, einer von Johannes' Schülern, als Verfasser der »Johannesakten« galt, eines gnostischen Werks, das Clemens von Alexandria bekannt war. Die Kirche versuchte, dieses Werk durch eine »ungefährlichere«, von seiner Unorthodoxie befreite Version zu ersetzen, die als »Prochorusakten« bezeichnet wurde und im zehnten Jahrhundert noch verfügbar war. Einer Tradition zufolge war Prochorus ebenfalls ein Schüler des Johannes und der Schreiber, dem Johannes auf Patmos das Evangelium diktierte.

Thomas

Didymus Judas Thomas, der ungläubige Jünger, soll das Evangelium nach Indien und Zentralasien gebracht haben. Die Namen Thomas (aramäisch) und Didymus (griech.) bedeuten jeweils »Zwilling«.

Thomas soll der Verfasser des »Thomasevangeliums« und des »Buchs des Athleten Thomas« sein. In letzterem Werk sagt Jesus zu Thomas: »Du bist mein Zwilling und wahrer Gefährte. Erkenne dich selbst, und du wirst verstehen, wer du bist.« Hiermit könnte gemeint sein, daß Jesus der Zwillingsbruder, das spirituelle »andere Selbst« eines jeden Menschen ist (Pagels 1979, S. 18).

Das aus dem 4. Jahrhundert stammende koptische »Thomasevangelium« gehört zu den bedeutenden Papyrusfunden von Nag Hammadi aus dem Jahr 1945. Fragmente einer griechischen Version wurden in den neunziger Jahren des vorigen Jahrhunderts entdeckt. Der Text dieses Evangeliums beginnt mit den Worten: »Dies sind die geheimen Worte, die der lebendige Jesus sprach und die der Zwilling Didymus Judas Thomas niederschrieb.« Das Buch, das keine fortlaufende Erzählung bildet und nichts über das Wirken Jesu berichtet, besteht aus 114 *logia* oder Aussprüchen Jesu nach seiner Auferstehung und enthält möglicherweise einiges echtes frühes Material. Es gilt als koptische Übersetzung eines griechischen Originals aus der Zeit um etwa 140 n. Chr.

Zu den eigentümlicheren Versen im »Thomasevangelium« gehört derjenige, in dem Jesus Thomas beiseite nimmt und drei Worte zu ihm sagt. Als Thomas zu seinen Gefährten zurückkehrt, wollen sie wissen, was Jesus zu ihm gesagt hätte, und Thomas gibt zur Antwort: »Wenn ich eines der Worte zu euch sage, die er zu mir sprach, werdet ihr Steine aufheben und nach mir werfen; Feuer wird aus den Steinen kommen und euch verzehren.«

Manche Gnostiker mutmaßten, daß die drei Geheimworte, die Jesus sprach, aus dem geheimnisvollen Bibelvers (Jes. 28,10) stammten, der wie folgt übersetzt wird: »Gebot an Gebot (hebr. *tsav la-tsav*), Satz an Satz (hebr. *kav lakav*), hier ein wenig (hebr. *zeir sham*).« Diese drei hebräischen Sätze werden meist wie folgt transliteriert: Saulasau, Kaulakau, Ziersam.

Hippolytus sagt in seiner »Widerlegung«, daß die Naassener diese Stelle in einer eigentümlichen Weise kommentieren, und daß manche sogar behaupten, daß die ganze Existenz der Welt von diesen drei Worten abhinge: *saulasau* soll das Gesetz Moses' hienieden bezeichnen, *kaulakau* den Stauros oder das Kreuz, das oben ist, und *ziersam* den aufwärts strömenden Jordan.

Judas

Als einer der zwölf ursprünglichen Jünger Jesu und der Schatzmeister der Zwölf hatte Judas wie die anderen von Jesus Auserwählten »teil an unserem Dienste« (Apg. 1,17). Die gnostische Sekte der Judaisten, eines Zweigs der Kainiten, wies ihm einen höheren Platz zu als dem Lieblingsjünger Johannes. Sie sagten, daß Judas als einziger von den Jüngern wahre Gnosis besaß (Layton 1981, S. 804). Er galt als der Urheber der Erlösung des Menschen, das auserwählte Instrument des Sühneopfers und derjenige, der der Menschheit die höchste Wohltat brachte.

Beim Letzten Abendmahl wusch Jesus den Jüngern die Füße, auch Judas. Und nur Judas gab Jesus persönlich einen Brotbissen, den er in eine Schüssel eingetaucht hatte (Joh. 13,26), eine Geste, die man üblicherweise einem Gast gegenüber als Zeichen der Ehrerbietung vollzog. Bei diesem Letzten Abendmahl ermächtigte Jesus Judas, die ihm zugewiesene Aufgabe durchzuführen, indem er sagte: »Was du tun willst, das tue bald« (Joh. 13,27).

Nach gnostischer Deutung »verriet« Judas Jesus, weil er allein wußte, daß Jesus vom wahren Gott gesandt worden war. Der Demiurg und die Mächte der Welt wollten Christi Leiden und Tod verhindern, weil sie die Erlösung der Menschheit verhindern wollten.

Judas half daher, das Mysterium des Verrats zu vollbringen, damit die Pläne des Demiurgen durchkreuzt würden (Bruns 1976, S. 59). Dreißig Silberlinge waren eine bescheidene Summe, für die Judas sich nicht hergegeben hätte, jemanden zu verraten, schon gar nicht seinen Meister. Der Kuß, mit dem er Jesus als den Gesuchten bezeichnete, war überflüssig, weil Jesus allen längst bekannt war, auch den Pharisäern. Alle diese Vorgänge waren jedoch Teil eines großen kosmischen Dramas, das vollzogen werden mußte.

Manche leiten Judas' Nachnamen Iskariot von Karioth her, seinem Heimatort. Andere führen es auf das aramäische Wort für »Falschheit« zurück, weil er ein falscher Mensch war. Wieder andere ziehen das griechische Wort *sikarios* heran, »Mörder«, das auf die *sika*, den kurzen Krummdolch der Zeloten zurückgeht, einer extremistischen jüdischen Sekte, der Judas angehörte. Die Zeloten glaubten, daß das Königreich des Messias gewaltsam geschaffen werden müsse.

Als Judas seine Aufgabe erfüllt hatte, soll er sich erhängt haben. Manche glaubten, daß Judas einem Geheimkult anhing, der möglicherweise unter dem Einfluß der Stoiker entstand, für die es ehrenwert war, seinem Leben durch Selbstmord ein Ende zu setzen oder es durch ein anderes Mitglied der Sekte beenden zu lassen. Weder der Selbstmord noch die Tat desjenigen, der die Tötung auf Verlangen durchführte, war mit einem Stigma behaftet.

Der griechische Ausdruck in der Bibel (Mt. 27,5) für das Ende des Judas geht auf das Wort *apagcho* zurück, was nicht nur »sich erhängen«, sondern auch »würgen« bedeutet. Judas soll in Trance versetzt und dann durch ein spezielles Ritual erwürgt worden sein, wodurch zwar sein Körper starb, er jedoch in vollem psychischem Bewußtsein in den Himmel einging. Außer den Judasiten befürworteten noch einige andere gnostische Sekten den Selbstmord, entweder direkt oder mit Hilfe anderer. – Irenäus erwähnt ein »Judasevangelium«, das jedoch verloren ist.

Lazarus

Ein Mann aus Bethanien, der Bruder von Maria und Martha, dessen Geschichte nur im elften und zwölften Kapitel des Johannesevangeliums wiedergegeben ist. Lazarus gehört zwar nicht zu den Jüngern Jesu, doch erweist sich die Enge ihrer Freundschaft, als Jesus die Nachricht von seiner Erkrankung überbracht wird: »Der, den du liebst, ist krank.«

Laut dem Evangeliumsbericht eilte nun Jesus nicht sofort zu ihm, sondern blieb noch zwei Tage an dem Ort, an dem er gewesen war. Er sagte: »Diese Krankheit ist nicht zum Tode, sondern zur Verherrlichung Gottes.« Als er schließlich nach Bethanien kam, war Lazarus tot, und er erweckte ihn wieder zum Leben.

Die Geschichte von Lazarus und Jesus findet sich in keinem anderen Bericht des Neuen Testaments. Man glaubte aber im Licht gewisser apokrypher Texte intimere Zusammenhänge in ihre Beziehung hineindeuten zu können. Es scheint, daß manche Formen gnostischer Initiation mit homosexuellen Ritualen verknüpft waren. In einem Bericht des Gnostikers Theodotus, den der Kirchenvater Clemens von Alexandria zitiert, lehrte Jesus seine Jünger »zuerst durch Gleichnisse und Erzählungen mit einem verborgenen Sinn, dann durch Parabeln und Rätsel, auf der dritten Stufe aber offen und unverhüllt im Privaten.«

»Unverhüllt« kann schlicht »klar« bedeuten, doch ist auch eine wörtliche Interpretation möglich. Dieser Deutung käme eine Abschrift eines Briefes von Clemens von Alexandria an einen gewissen Theodorus entgegen. Diesen Brief entdeckte Morton Smith von der Columbia University 1958 in der Klosterbibliothek von Mar Saba in der Wüste von Juda, und er berichtete der »American Society of Biblical Literature and Exegesis« über seinen Fund. Das Manuskript erwähnt gewisse Geheimlehren Jesu, die anscheinend einem speziellen Kreis von Anhängern vorbehalten waren, sowie ein geheimes Evangelium von Markus.

Der Brief enthält eine andere Version desjenigen, was vermutlich die Lazarus-Episode war, und läßt an eine besondere Art eines mystischen Rituals denken. Nach dieser Version wandte sich eine Frau, deren Bruder gestorben war, an Jesus um Hilfe. Jesus ging in den Garten, und als er sich dem Grab näherte, drang aus dem Inneren ein lauter Schrei, der deutlich machte, daß der junge Mann nicht tot war. Jesus rollte daraufhin den Stein vom Eingang des Grabes weg, streckte seine Hand aus und half dem jungen Mann heraus. »Und der junge Mann blickte ihn an, liebte ihn und flehte ihn an, bei ihm sein zu dürfen.«

Sie gingen zusammen zum Haus des jungen Mannes, und Jesus unterwies ihn sechs Tage lang. Am letzten Tag blieb der junge Mann die Nacht über bei Jesus. Im Text ist die Rede von »Nackter mit Nacktem«. In der kanonischen Version des Markusevangeliums findet sich eine unerklärliche Textstelle über »einen Jüngling, umhüllt mit einem Linnen auf dem bloßen Leib«, der Jesus nach seiner Gefangennahme gefolgt war, nachdem ihn alle anderen Jünger im Stich gelassen hatten, und der nackt davonlief, als man ihn ergreifen wollte (Mk. 14,52). Diesen schien man mit dem oben erwähnten jungen Mann identifiziert zu haben (siehe Bruce 1974, S. 166).

Die im Text wiedergegebene Begebenheit läßt den Schluß zu, daß Jesus Mittelpunkt eines, wie Smith es ausdrückt, »libertinistischen Zirkels« war und möglicherweise seine auserwählten Anhänger einzeln und nachts mittels gewisser Zeremonien, die auf eine alte Erosmagie zurückgingen, in das Mysterium des Königreiches einweihte (Smith 1974, S. 140). Das Linnentuch, das die einzige Bekleidung des Kandidaten war, wurde weggenommen, und der nackte Körper in einer Form der Wassertaufe untergetaucht. Es wurde gebetet und Hymnen gesungen und bestimmte Manipulationsrituale vollzogen, unterstützt von einer Technik zur Veränderung der normalen Atmung. Der Jünger wurde vom Geist Jesu besessen und in dieser Weise mit ihm vereinigt. Dann erlebte er mit ihm, vielleicht durch Halluzination, die Auffahrt in den Himmel, vom Gesetz des irdischen Plans befreit. Morton Smith meint dazu: »Die Freiheit vom Gesetz kann zum Vollzug der geistigen Vereinigung mittels der körperlichen Vereinigung geführt haben« (Smith 1974, S. 142).

Clemens von Alexandria berichtet, daß die Sekte der Karpokratianer ein geheimes Markusevangelium benutzte, das Markus angeblich in Alexandria verfaßt haben soll, und er fügt hinzu, daß diese Leute »die makellosen und heiligen Worte der Schrift beschmutzten, damit sie zu ihrer gotteslästerlichen und fleischlichen Lehre paßten, und indem sie dies taten, wanderten sie vom schmalen Pfad in den Abgrund der Finsternis«.

Maria Magdalena

Sie ist eine bedeutende Gestalt in der gnostischen und häretischen Literatur. Manche Gelehrte glauben, daß der Name Magdalena die griechische Form des aramäischen Wortes *megadella* ist, was »Friseuse« bedeutet. Frauen dieses Berufsstandes galten bei den Juden als leichtfertig. Andere halten es für wahrscheinlicher, daß sie ihren Namen von der Stadt Magdala am See Genezareth hatte. Sie war eine sehr reiche Frau, und ihr gehörten große Liegenschaften in der Stadt.

Bezüglich der verschiedenen Marien in der Bibel und in den Apokryphen herrscht einige Verwirrung. Manche identifizieren Maria Magdalena mit der ungenannten Frau, »die eine Sünderin war« und die die Füße Jesu mit Öl salbte (Lk. 7,37); andere halten sie für die ebenfalls ungenannte Frau aus Bethanien, die Nardenöl über sein Haupt goß (Mk. 14,3), während wieder andere versuchen, diese beiden anonymen Frauen mit Maria von Bethanien zu identifizieren, die seine Füße salbte (Joh. 12,3). Nach dieser letzten Hypothese wäre Maria Magdalena die Schwester der Martha von Bethanien und des Lazarus.

In frühen und mittelalterlichen Überlieferungen wird Maria Magdalena als schöne und verführerische Frau dargestellt, als Hexe und Hure. Sie bekehrte sich und wurde zu Christus gebracht, der sieben Teufel aus ihr austrieb (Mk. 16,9). Sie wusch die Füße Jesu und salbte sein Haupt mit kostbaren Ölen. In vielen gnostischen Texten ist sie die Begleiterin Jesu und ist bei mehreren wichtigen Anlässen bei ihm. Bei einem Anlaß jedoch ist Maria eigenartigerweise nicht zugegen, und es ist ein Ereignis von besonderer Bedeutung. Vor dem Letzten Abendmahl rief Jesus seine Jünger zusammen und bat sie um das Brot und den Kelch, um sie zu segnen. In diesem Augenblick lachte Maria Magdalena, woraufhin Jesus alle Frauen wegschickte.

Den Gnostikern zufolge liebte Jesus Maria Magdalena mehr als alle seine Jünger, und manche gnostischen Texte deuten eine erotische Beziehung zwischen ihnen an, durch die Maria Madalena geistig geschwängert und vollkommen wird. Dem in Nag Hammadi gefundenen »Philippusevangelium« zufolge küßte Jesus sie oft auf den Mund, ein Umstand, an dem die Jünger so sehr Anstoß nahmen, daß Petrus Jesus bei einer Gelegenheit bat, Maria fortzuschikken. Als die Jünger Jesus fragten: »Warum liebst du sie mehr als uns?« antwortete er: »Warum glaubt ihr, daß ich euch nicht so sehr liebe, wie ich sie liebe?«

Verschiedene Gelehrte haben die Auffassung vertreten, daß Jesus und Maria Magdalena in einer Art spiritueller Ehe miteinander verbunden waren, die die Sekte der Essener zuließ, der Jesus vermutlich angehörte, aber auch, daß sie vor dem Gesetz verheiratet waren (Folliot 1978, S. 39). Sie war die erste, die eine Vision des auferstandenen Christus sah. Den übrigen Jüngern erschien er erst später, und als sie den Jüngern von ihrer Vision erzählte, wollte Petrus ihr nicht glauben.

Der Nag-Hammadi-Text »Dialog des Heilands« rühmt sie, daß sie alle Jünger übertraf und eine Einsicht besaß, die über diejenige der Jünger weit hinausging. Sie ist in der Tat die spirituellste unter den Anhängern Jesu und wird beschrieben als »die Frau, die das Weltall kannte«. Im »Evangelium der Maria« (Magdalena) ist sie die höchste Eingeweihte in die Mysterien Christi, und nach der Auferstehung Jesu bitten sie die Jünger: »Lasse uns diejenigen seiner Worte hören, die du kennst und die wir nicht gehört haben.« Daraufhin enthüllt sie ihnen, was Jesus zu ihr sagte. Leider sind mehrere Seiten des Textes an dieser Stelle so stark beschädigt, daß keine Einzelheiten dieser Lehre erhalten sind. Der Bericht fährt jedoch fort, daß die Jünger sagten, daß die Lehren mit keiner der Lehren zu vergleichen seien, die sie von Jesus vernommen hätten.

Vieles von den mittelalterlichen Überlieferungen über Maria Magdalena findet sich in Werken wie der »Legenda aurea« des Dominikanerpriesters Jacobus de Voragine († 1298), und ihr Kult war jahrhundertelang in Südfrankreich lebendig. Nach dieser Tradition wurde Maria Magdalena mit ihrer Schwester Martha, ihrem Bruder Lazarus, Maria, der Frau des Kleophas, die die Halbschwester der Jungfrau Maria war, Maria, der Mutter von Jakobus und Joses, und Maria Salome in einem ruderlosen Boot an der provenzalischen Küste an Land getrieben, nachdem sie vor Verfolgungen im Heiligen Land fliehen mußten.

In jünger Zeit haben erneut verschiedene Autoren die Möglichkeit bekräftigt, daß Maria Magdalena Jesus' Frau war. Es wurde sogar die Auffassung vertreten, daß der Titel »Nôtre Dame«, »Unsere Liebe Frau«, den viele große französische Kathedralen tragen, sich ebenfalls auf Maria Magdalena bezieht (Baigent 1982, S. 73).

Salome

Wenn es Verwirrung hinsichtlich der verschiedenen Marien in den kanonischen und apokrypen Schriften gibt, so ist die Verwirrung hinsichtlich der Salomes noch größer. In den Texten werden eine ganze Reihe von Frauen mit dem Namen Salome (hebr. *shalom*, »Frieden«) erwähnt.

Eine Salome erscheint in den Kindheitsevangelien als Hebamme oder ist anderweitig bei der Geburt Jesu zugegeben, und sie ist die erste, die in ihm den Christus erkennt. Manchmal wird sie auch als die Schwester der Jungfrau Maria bezeichnet. Traditionell ist Salome der Name der Frau des Zebedäus und Mutter der Apostel Jakobus und

Johannes, doch wird sie in der Bibel nicht mit diesem Namen genannt. Eine andere überlieferte Salome ist die schöne sechzehnjährige Tochter der Herodias (Mk. 6,22) und Stieftochter des Vierfürsten Herodes Antipas. Nach der Bibel prangerte Johannes der Täufer die Ehe des Herodes mit seiner Schwägerin Herodias an, die nach dem mosaischen Gesetz inzestuös war. Herodias verschwor sich daraufhin mit ihrer Tochter, um sich an Johannes dem Täufer zu rächen. Bei einem Palastfest tanzte Salome vor Herodes einen wollüstigen Tanz, der ihm so gut gefiel, daß er ihr versprach, ihr alles zu geben, worum sie ihn bitten würde. Auf Geheiß ihrer Mutter forderte sie das Haupt des Täufers auf einer Schüssel. Johannes wurde prompt enthauptet und ihr das Haupt gebracht. Dem jüdischen Geschichtsschreiber Josephus zufolge heiratete diese Salome später ihren Großonkel Philippus den Vierfürsten, und nach dessen Tod Aristobulus von Kleinarmenien.

Im apokryphen »Ägypterevangelium« erscheint eine gewisse Salome als Jüngerin Jesu. Sie fragt ihn, wie lange der Tod noch herrschen würde, und er sagt ihr: »Solange Frauen gebären, denn ich bin gekommen, das Tun des Weibes zu beenden.« Hierauf antwortete Salome: »Dann habe ich recht getan, nicht zu gebären.« Diesem Text zufolge müßte Salome kinderlos und wohl auch unverheiratet gewesen sein. Gelehrte, die diese gnostische Salome mit der Tochter der Herodias gleichsetzen, vertreten die Ansicht, daß Josephus' Äußerung über ihre beiden Ehen sich möglicherweise auf ein anderes Mitglied der Familie des Herodes bezieht, vielleicht Herodes' gleichnamige eigene Tochter.

In Herodes' Haus herrschten äußerst lose Sitten, und Salome gehörte sowohl von Seiten ihrer Mutter wie ihres Stiefvaters einer verderbten Familie an. Nach einer zu jener Zeit weit verbreiteten Tradition hatte sie wie ihre Mutter ein begehrliches Auge auf Johannes den Täufer geworfen und war zurückgewiesen worden, weshalb sie die Pläne ihrer Mutter, die ihm den Tod geschworen hatte, bereitwilligst unterstützte. Eigenartigerweise wird in der mittelalterlichen Tradition Salome nicht verurteilt, obwohl sie doch das Haupt des Täufers gefordert hatte. Es ist vielmehr ihre Mutter, »die verdammte und ehebrecherische Herodias«, die in den Legenden als Anführerin der Hexen erscheint, und sie ist es auch, die dazu verurteilt wird, bis zum Tag des Gerichts ununterbrochen tanzen zu müssen. Diese Annahmen würden die Theorie von der »Bekehrung« der Salome stützen, derzufolge sie zu einer Anhängerin Jesu wurde. Die Verwirrung wird allerdings durch die Tatsache wieder vermehrt, daß sie manchmal auch als Maria Salome bezeichnet wird.

Die einzige Salome, die in der Bibel tatsächlich erwähnt wird, beobachtet von ferne die Kreuzigung und kommt nach der Grablegung herbei, um den Leichnam zu salben. Beide Male wird sie in Verbindung mit Maria Magdalena erwähnt. Das apokryphe koptische »Buch von der Auferstehung Christi«, das dem Apostel Bartholomäus zugeschrieben wird, zählt die Frauen auf, die zum Grab gingen. Zu ihnen gehörten Maria Madalena, Maria, die Mutter des Jakobus, den Jesus aus der Hand des Satans erlöste, Maria, die ihm diente, ihre Schwester Martha, Johanna (Susanna), die das Ehebett verschmähte, und »Salome, die ihn versuchte«.

Es könnte sein, daß Salome, nachdem sie die Enthauptung Johannes des Täufers erreicht hatte, ihr Spielchen mit Jesus treiben und ihn in irgendeiner Weise versuchen wollte, aber von ihm bekehrt wurde, zu seiner Anhängerin wurde und fortan wie Maria Magdalena bei ihm blieb. Dem »Thomasevangelium« zufolge wurden Salome und Maria Magdalena Jüngerinnen Jesu, als sie ihre menschliche Natur transzendierten und »zu Männern wurden«. Salome empfing gewisse Geheimlehren von Jesus, und sie soll diese einer auserwählten Gruppe mitgeteilt haben. Die Karpokratianer behaupteten, daß einige ihrer Lehren auf Salome zurückgingen.

Im »Thomasevangelium« wird davon berichtet, daß Jesus Salomes Lager teilte, und von Salomes seltsamen Fragen. »Wer seid Ihr«, fragt sie ihn, »daß Ihr Euren Platz auf meinem Lager genommen und von meinem Tisch gegessen habt?« Und Jesus antwortet: »Ich bin derjenige, der von dem Einen ist, und die Dinge, die dem Vater gehören, sind mir übergeben.« Salome hält ihm entgegen: »Aber ich bin Eure Jüngerin.« Und Jesus erwidert: »Wenn der Jünger vereint ist, wird er mit Licht erfüllt sein, doch wenn er getrennt ist, wird er mit Dunkelheit erfüllt sein.«

Paulus

Paulus aus dem Stamme Benjamin, ein Hebräer aus dem Grunde seines Herzens, als Pharisäer geboren und erzogen, ein Schüler Gamaliels und ein herausragender jüdischer Lehrer in Jerusalem, gehörte zu den eifrigsten Christenverfolgern. Etwa im Jahr 35 n. Chr. bekehrte er sich nach einer Vision auf der Straße nach Damaskus, durch die er geblendet wurde, zum Christentum. Danach wurde er zum größten der ersten Missionare, der das Evangelium unermüdlich in Palästina, Syrien, Kleinasien, Mazedonien, Griechenland und Rom verkündete. Er starb 76 n. Chr. in Rom den Märtyrertod.

Paulus zählte nicht zu den Aposteln, und die meisten biographischen Daten, die uns von ihm bekannt sind, einschließlich der Episode seiner Bekehrung verdanken wir Lukas, dem Verfasser eines der vier Evangelien, der ebenfalls kein Jünger (Apostel) war.

Die meisten Paulusbriefe entstanden, bevor die kanonischen Evangelien ihre heutige Form annahmen. Paulus predigte nicht den Jesus der geschichtlichen Evangelien und war offenbar nicht an den Taten und nicht einmal den Worten Jesu in einer Form interessiert, wie sie den Evangelienschreibern bekannt waren. In seinen Briefen ist niemals die Rede von Bethlehem, von Nazareth, von den Eltern Jesu, der jungfräulichen Geburt, von Johannes dem Täufer oder Judas. Er erwähnt die Bergpredigt nicht, das Vaterunser, die Wunder, die Gleichnisse vom Königreich; er sagt nichts über einen Prozeß vor einem römischen Beamten, über die Verleugnung Jesu durch Petrus und über viele andere wichtige Ereignisse im Leben Jesu und im Hinblick auf dessen Tod.

Einmal wurde Paulus in den dritten Himmel erhoben und hatte eine außergewöhnliche Schau, über die er nichts Näheres sagt (2. Kor. 12,4). Im »Panarion« sagt Epiphanius, daß die Gnostiker ein Buch verfertigten, das sie die »Auffahrt des Paulus« nannten und in dem angeblich die unaussprechlichen Dinge verzeichnet sind, die Paulus bei seiner Erhebung in den dritten Himmel gesehen und gehört haben soll. Wenn es ein solches Buch je gab, dann ist es verloren. Vorhanden sind jedoch eine Reihe apokrypher Briefe, Akten und Apokalypsen, die nach Paulus genannt sind.

Das nähere Studium der Apostelgeschichte und der Paulusbriefe zeigt, daß Paulus gelegentlich scharfe Auseinandersetzungen mit seinen Gegnern führte, zu denen auch einige der ursprünglichen Jünger Jesu zählten, die das Christentum an das Judentum anpassen wollten. Einigen Autoritäten zufolge tendierte Paulus stark zu einem esoterischen Christentum, das im Gegensatz zu der ritualistischen Form stand, der die Judaisierer zuneigten. Die Gnostiker glaubten, daß Paulus an der Spitze derjenigen stand, denen sich der auferstandene Christus geoffenbart hatte. Er verkündete die Lehre vom mystischen Christus und sprach wiederholt von »Mysterien« und »Wissen«. Einer von Paulus' persönlichen Schülern soll Theodas gewesen sein, der Lehrer des großen Gnostikers Valentinus. Marcion, ein anderer prominenter Gnostiker, behauptet, daß nur Paulus die wahre Natur der Mission Christi erkannt habe.

Und doch warnt Paulus auch vor »der fälschlich so genannten Erkenntnis« (1. Tim. 6,20), der Gnosis, und in einem berühmten Zitat sagt er ausdrücklich, daß Glauben und Erkenntnis ohne die rechte Herzenseinstellung nichts wert sind: »Und wenn ich Prophetengabe besitze und um alle Geheimnisse weiß und alle Erkenntnis *(gnosis)*, und wenn ich allen Glauben habe, daß ich Berge versetze, doch Liebe *(caritas)* nicht habe, so bin ich nichts« (1. Kor. 13,2).

Wenn Paulus Gnostiker war, dann kann dies doch nur mit einer Einschränkung gelten, denn er predigte nicht Gnosis, sondern Epignosis, nicht Erkenntnis, sondern transzendente Weisheit – »die alle Erkenntnis weit übertreffende Liebe Christi verstehen zu lernen« (Eph. 3,19).

Die Praktiken

Um sich ein richtiges Bild von den Überzeugungen der Gnostiker machen zu können, muß man zunächst wissen, wie sie selbst die Natur der Erkenntnis und des Wissens auffaßten, das letztlich ein geheimes Wissen von göttlichen wie von teuflischen Dingen war. Hieraus ergaben sich ihre Überzeugungen bezüglich des menschlichen Körpers und seines Zusammenhangs mit dem größeren Kosmos. Der praktizierte Gnostizismus umspannte die ganze Bandbreite sakramentaler Übung, von den Exzessen der Askese bis hin zu den Exzessen der Ausschweifung, wobei letztere zu kruden Formen abartiger Rituale herabsank, die den Zorn und die Entrüstung der Kirchenväter herausforderten, von denen wir über diese Praktiken wissen.

Wissen und Erkenntnis

Für die Gnostiker gab es bezüglich der Lehren Christi zwei Überlieferungsstränge: die öffentlichen Aussprüche und die geheimen inneren Lehren. Diese Unterscheidung war nach ihrer Überzeugung durch die Bibel gestützt: Manche Dinge wurden »im Finstern« gesagt und »im Ohr« gehört (Mt. 10,27). Sie konnten von den Dächern verkündet werden, doch würden sie diejenigen nicht verstehen, die nicht auf die Lehre vorbereitet wären.

Im Neuen Testament lesen wir, daß Jesus zu seinen Jüngern sagte: »Euch ist das Geheimnis des Gottesreiches gegeben; denen aber, die draußen sind, wird alles in Gleichnissen zuteil« (Mk. 4,11). Bei anderer Gelegenheit äußerte er: »Noch vieles habe ich Euch zu sagen, doch Ihr könnt es jetzt nicht ertragen« (Joh. 16,12). Auch Paulus bezeichnete die Weisheit Gottes als Geheimnis, das den »Vollkommenen« verkündet wird (1. Kor. 2,6).

Nach der gnostischen Tradition wurden die Dinge, die Jesus zunächst nicht enthüllte, vom auferstandenen Christus geoffenbart, und diese Offenbarungen bilden den Gegenstand bestimmter gnostischer Schriften und bestimmter mündlicher Lehren, die niemals schriftlich niedergelegt wurden. In den Worten eines bei Qumran entdeckten Psalms: »Ich will das Wissen verbergen, ich will die Weisheit zurückhalten, um den Glauben zu erhalten.« Die Tatsache, daß eine Botschaft wahr ist, bedeutet noch nicht, daß man sie zum Allgemeingut machen sollte. Im geheimen Markusevangelium heißt es: »Nicht alles Wahre muß allen Menschen enthüllt werden«.

Der Gnostizismus war im Kern eine Mysterienreligion; die gnostischen Sekten waren Geheimgesellschaften, und die letzten Offenbarungen wurden nur wenigen zuteil. Für alle übrigen waren diese Dinge »siebenfach versiegelt«.

Weil den oberflächlicheren Dingen der Religionsausübung und den äußeren Ritualen des offiziellen Kultus wenig Bedeutung beigemessen wurde, konnten Gnostiker wie Basilides sagen, daß die Apostasie, der Abfall vom Glauben, und die Unterwerfung unter die äußeren Formen eines anderen Glaubens in Zeiten der Verfolgung nichts Schlimmes sei. Der Gnostiker war üblicherweise kein Freund des Martyriums und sah keine Notwendigkeit hierfür. Man sah sich in dieser Auffassung durch die Worte Jesu bestätigt: »Verständige Dich mit Deinem Gegner ohne Zögern« (Mt. 5,25).

Die Natur der Erkenntnis und des Wissens, nach dem der Gnostiker strebt, ist im Gnostizismus von zentraler Bedeutung, weshalb man diesbezüglich völlige Klarheit haben muß. Es gibt Wissen auf sehr verschiedenen Ebenen, weshalb man zunächst eine Unterscheidung zwischen den verschiedenen Wissensarten treffen muß.

Es gibt die praktische Kunstfertigkeit *(episteme)*, die man durch gründliche Beschäftigung erwirbt, wie zum Beispiel die Kunst des Kochens oder des Ackerbaus, und im Gegensatz dazu das theoretische Wissen, das man sich durch Beobachtung erwirbt, wie zum Beispiel Wetterkunde und Astronomie. Es gibt ein abstraktes Wissen *(mathesis)*, das man durch Logik und Vernunft erwirbt, wie die Geometrie. Es gibt subjektive oder »empfundene« Erfahrung *(pathesis)* durch Leiden oder starke Affekte. Eine andere Art von Wissen kann man indirekt durch xenophrenische oder außergewöhnliche Bewußtseinszustände erhalten wie zum Beispiel Träume, Visionen und Trancen. Es gibt die Richtschnur der Ethik, die den Weg zu einem besseren moralischen Leben weist. Es gibt den intellektuellen Weg der Erkenntnis durch Philosophie, und eine bestimmte Art unbeweisbarer Überzeugung, die man durch den Glauben *(pistis)* hat. Dies alles ist aber noch nicht die Erleuchtung, die der Gnostiker sucht.

Christus sagt: »Das Reich Gottes ist in Eurer Mitte« (Lk. 17,21), und die Gnosis ist im Kern eine Suche nach diesem Königreich. Der Glaube ist zwar wichtig, doch ist das gnostische Ideal nicht der Mensch des Glaubens *(pistikos)*, sondern der Mensch des Wissens *(gnostikos)*. Es geht um eine Selbstbewußtheit, die zu innerer Harmonie führt, zu einer Einswerdung im Inneren und zur Vereinigung mit dem Einen.

Friedrich Nietzsche († 1900) schreibt: »Es gab nur einen Christen, und dieser starb am Kreuz.« Dies kann man als paradoxe Variante des paulinischen Ausspruchs auffassen: »Christus lebt in mir« (Gal. 2,20). Für die Gnostiker war das innere Licht von größter Bedeutung. Robert McQueen Grant, eine Autorität auf diesem Gebiet, bezeichnet den Gnostizismus als »leidenschaftliche Subjektivität«. Der Weise Solon von Athen († 588 v. Chr.) sagt: »Erkenne Dich selbst«, und dies war auch das Ziel der Gnostiker, das sie in ihren Werken wiederholt betonten.

Gnosis ist nicht lehrbar, weil man sie nicht verstandesmäßig darlegen kann; sie ist nur intuitiv erfaßbar. Im »Diskurs über das Achte und Neunte«, in dem es über die höhere achte und neunte Ebene der Erkenntnis geht, wird betont, daß ein Lehrer nur das Notwendige vortragen kann, verstehen muß es der Schüler selbst. Der arabische gnostische Lehrer Monoimos (um 180) schreibt: »Nimm Dich selbst als Ausgangspunkt bei jeglichem Suchen nach dem göttlichen Prinzip. Entdecke, was in Dir selbst liegt, und Du wirst alles finden«.

Man muß dabei berücksichtigen, daß für den Gnostiker die geschaffene Welt der göttlichen Seinsebene im äußersten Maß fern ist und daß die höheren Mysterien der Gnosis an nichts in dieser Welt erkannt werden können. Die im Inneren wohnende Seele aber ist nicht von dieser Welt, und nur die Erleuchtung der Gnosis bildet die ursprüngliche Verfassung der Seele. Wenn ein Kandidat zu dieser Einsicht gelangt, ist er für das geheime Ritual der Erlösung *(apolytrosis)* bereit, bei dem er sich formell an den Demiurgen wendet und seine Unabhängigkeit von ihm verkündet, indem er sich jetzt zum »Sohn des präexistenten Vaters« erklärt.

Gnosis ist nicht mit Worten mitteilbar. Sprache ist immer an eine zeitliche Abfolge gebunden und daher ungeeignet, das Geheimnis auszudrücken. Derjenige, der Gnosis empfängt, erinnert sich vielmehr an sie und »weiß, sobald er es vernimmt«. Sie entspringt aus der unmittelbaren Wahrnehmung mit einem verwandelten Bewußtsein. Sie kommt plötzlich, mit einem Schlag, wie wenn eine Augenbinde abgenommen werden würde.

Ziel der Gnosis ist nicht ein moralisches Leben, sondern mystische Erleuchtung und Freiheit von der Knechtschaft der Geschöpflichkeit. Sie ist keine Religion, sondern eine Theosophie in der ursprünglichen Bedeutung des Wortes, eine Gewahrwerdung der überweltlichen Dinge. Sie liefert geheime Einsichten in die göttliche Ordnung der Dinge, aber auch über die Fallstricke des Demiurgen, die in der Schrift klar geoffenbart sind. Sie ist Wissen nicht nur von den »Tiefen Gottes« (1. Kor. 2,10), sondern auch von den »Tiefen Satans« (Offb. 2,24).

Sie geschieht mittels der göttlichenGnade durch die Offenbarung des Erlösers. Wer Gnosis erlangt, heißt es im »Philippusevangelium«, ist »nicht mehr Christ, sondern Christus«.

Der Körper

Der Körper ist die Schöpfung des Demiurgen, der das auf dem himmlischen Vorhang aufscheinende Bild als Vorlage nahm, das sich in verzerrter Form auf den trüben unteren Wassern spiegelte. Im Körper *(soma)* ist die Seele *(psyche)* begraben, und das Licht der Seele, das durch die leibliche Hülle hindurchscheint, verleiht dem Menschenwesen Kraft und Bedeutsamkeit. Die Berührungsfläche zwischen Psyche und Soma soll ein Punkt irgendwo im Kopf sein. Nach naassenischer Auffassung ist dies das in der Bibel (Mk. 4,31) erwähnte Senfkörnlein *(sinapi)*, ein unteilbarer Punkt im Schädelgewölbe, der nur den spirituell Erweckten bekannt ist.

Nach gnostischer Auffassung haben die Sternbilder einen starken Einfluß auf den Körper. Die Tierkreiszeichen sind Symbole der über sie herrschenden Archonten. Weil der Körper Stück für Stück von den Archonten zusammengesetzt wurde, soll jedes Zeichen ein bestimmtes Körperteil beherrschen. Diese Zuordnung von Gliedern wurde Melothesis genannt, und in späteren Zeiten wurden Tierkreismänner gezeichnet, auf denen die entsprechenden Zeichen angegeben waren. Dabei galt folgende Zuordnung: Widder – Kopf; Stier – Hals; Zwillinge – Arme; Krebs – Brust; Löwe – Magen; Jungfrau – Lenden; Waage – Rücken; Skorpion – Sexualorgane; Schütze – Oberschenkel; Steinbock – Knie; Wassermann – Waden; Fische – Füße.

Nach der Schule des Markus hatten die Buchstaben des griechischen Alphabets ebenfalls ihre Entsprechung in der menschlichen Anatomie. Sie waren solcherart zu Zweiergruppen geordnet, daß der erste und der letzte Buchstabe, der zweite und der vorletzte, der dritte und der vorvorletzte usw. wie folgt zusammengefaßt wurden: Alpha und Omega beherrschen den Kopf, Beta und Psi den Hals, Gamma und Chi Schultern und Hände, Delta und Phi die Brust, Epsilon und Ypsilon das Zwerchfell, Zeta und Tau den Bauch, Eta und Sigma die Schamteile, Theta und Rho die Schenkel, Iota und Pi die Knie, Kappa und Omikron die Schienbeine, Lambda und Xi die Knöchel, My und Ny die Füße.

Manche philosophischen Abhandlungen wie zum Beispiel die »Megale Apophasis« allegorisieren biblische, homerische und andere Texte, um Spekulationen über den menschlichen Embryo und das menschliche Gehirn sowie über die dynamische Funktion der menschlichen Physiologie von der Geburt bis zum Tod zu stützen. Die Topographie des Gartens Eden wird auf die Venen, Arterien und Atemwege bezogen. Das Feuer, das Grundlage und Ursprung aller Dinge ist, verwandelt beim Mann Blut in Samen, bei der Frau Blut in Milch.

Den Peraten zufolge besteht eine sympathische Beziehung zwischen den Sternen und bestimmten Zentren oder Nervengeflechten, die sich im Gehirn und den Körperorganen befinden, und die Wechselbeziehungen zwischen ihnen wurden mit Hilfe von Zahlen und geometrischen Figuren dargestellt, insbesondere den Zahlen eins (dargestellt durch den Kreis), drei (Dreieck) und zwölf (Dodekaeder).

So gibt es zwei Dreiecke im Kopf. Das äußere Dreieck verbindet die Oberseite des Gehirns mit dem Vorderlappen (der Vorderseite des Gehirns) und dem Kleinhirn (dem Hinterhaupt). Das innere Dreieck verbindet den dritten Ventrikel, die Zirbeldrüse und den Thalamus. Ein anderes Dreieck wiederum verbindet den Blutkreislauf (dessen Mitte das Herz ist), das Rückenmark (dessen Mitte das verlängerte Mark ist) und den Samen (in den Hoden). Die Gnostiker entwickelten spezielle Verfahren zur »Überschreitung des Jordans« durch Atemübungen, das Aussprechen mystischer Silben und die Zurückhaltung und Umleitung des Samenergusses.

Der Mensch ist ein Spiegelbild des Kosmos, eine kleine Welt, ein Mikrokosmos des Makrokosmos. In ihm liegen die Keime und Symbole aller Dinge. Alles, was anderswo ist, ist auch im Menschen: Himmel und Hölle, Gut und Böse, alle Elemente, Zahlen, Funktionen, Dimensionen.

Nach dem System des Basilides hat der Mensch 365 Körperteile, und jedes Teil unterliegt der Kontrolle eines Geistwesens. Wenn man die Wechselbeziehungen zwischen ihnen versteht, kann man auch alle Glieder und Organe des Körpers kontrollieren, des irdischen wie des archetypischen Menschen, und in dieser Weise zwischen dem Makrokosmos und dem Mikrokosmos des Menschen eine magische Beziehung herstellen.

Die Sakramente

Viele kultische Handlungen der Gnostiker wurden durch Gebrauch und Tradition ritualisiert, so die Taufe, die Eucharistie, Initiations-, Erlösungs- und andere Übergangsriten, das »Brautgemach« und Fürbitten für die Sterbenden und die Toten. Einige von ihnen decken sich mit den Riten der Kirche und dürften die christliche sakramentale Praxis beeinflußt haben, wenn auch strittig ist, in welcher Weise und in welchem Umfang dies der Fall war. Insgesamt aber betrachteten die Gnostiker eine Vielzahl von Sakramenten, insbesondere diejenigen, die einer Priesterhierarchie bedurften, als ein Relikt des Heidentums und einen Rückfall in die jüdische Sitte.

Die Beschneidung war bei den judenchristlichen Gnostikern üblich, während andere darauf verzichteten. Jesus spricht sich in den Evangelien nirgendwo für die Beschneidung aus. Im »Thomasevangelium« antwortet Jesus auf die Frage der Jünger, ob die Beschneidung notwendig sei: »Wenn sie notwendig wäre, dann würde jeder Vater einen beschnittenen Sohn zeugen.« Paulus lehnte die Beschneidung im Grunde ebenfalls ab.

Die meisten Gnostiker ließen sich taufen, und zwar in der Regel nur einmal. Die Taufe galt als Todesritual, weil sie das Ende des alten Lebens bezeichnete; sie war aber auch ein Auferstehungsritual, weil sie eine Wiedergeburt zu einem neuen Leben war. Bei anderen Sekten wie den Mandäern wiederum wurde die Taufe häufig vollzogen. Andere Gnostiker dagegen lehnten die Taufe überhaupt ab, weil sie sie für eine von Jahwe geschaffene jüdische Praxis hielten. Der Prophet Elisäus verordnete sie dem aramäischen Feldherrn Naaman zur Reinigung, der durch siebenmaliges Waschen im Jordan von seinem Aussatz geheilt wurde (2. Kön. 5,10). Es gab auch heidnische Vorbilder. In Analogie zum mithrasischen Neophyten, der durch das Blut des Stiers gereinigt wurde, wurde der Christ durch das Blut des Lammes reingewaschen.

Auch gemeinsame Mahlzeiten von sakramentalem Charakter waren in vielen vorchristlichen Gemeinschaften bekannt, wie zum Beispiel bei den Anhängern des Dionysius- und des Mithras-Kults. Die Griechen pflegten ein geselliges Mahl *(eranos)*, zu dem jeder der Gäste einen Beitrag leistete.

Die Christen leiten die Eucharistie vom Letzten Abendmahl her, bei dem Jesus das Brot brach und mit seinen Jüngern Wein trank und sie ermahnte, dies zu seinem Gedächtnis zu tun. Die früheste Form eines solchen Gedächtnismahls war das Liebesmahl *(agape)*, das vor allem eine Gelegenheit für die Gläubigen war, zusammenzukommen und miteinander zu essen, wobei die Reichen für die Armen bezahlten. Paulus bezeichnete es als das Mahl des Herrn. Es war ein Anlaß der Erinnerung und des Dankes, wenig mehr.

Die Gnostiker faßten die Anweisung Christi als Aufforderung an seine Anhänger auf, bei allen Mahlzeiten seiner zu gedenken, was sich in früher Zeit in Form eines Dankgebets *(eucharistia)* bei Tisch ausdrückte. Im Vaterunser heißt es: »Unser tägliches Brot gib uns heute«. Das Wort für

»täglich« *(epiousios)* kann auch »übersubstantiell« bedeuten (James 1924, S. 4), wodurch jedes Mahl zu einer Art Sakrament wird. In den apokryphen Evangelien ist an vielen Stellen davon die Rede, daß die frühen Christen »ein gemeinsames Mahl einnahmen und den Herrn priesen«, so daß jede Mahlzeit eine Eucharistie war.

Die meisten Gnostiker betrachteten den Gedanken des täglichen oder wöchentlichen »Genusses des Leibes« als einen heidnischen Aberglauben. Für sie war dies eine ständige Wiederholung der »Opferung und des Leidens Jesu«, der dadurch unaufhörlich die Passion erdulden muß und gekreuzigt, zerrissen und »mit jedem Essen zu Tisch gebracht« wird. Sie waren der Auffassung, daß die Eucharistie als Sakrament wie die Taufe unwiederholbar war. Sie durfte nur einmal im Leben empfangen werden.

Die Gnostiker lehnten auch die zunehmende Verlagerung des Ritus ins Übernatürliche ab. Im 4. Jahrhundert war der Tisch des Herrn zum Arkanum geworden, das nur hinter einem Vorhang vollzogen wurde. Chrysostomos bezeichnet es als »einen Ort des Schreckens und Schauderns«. Im 8. Jahrhundert glaubte man, daß Brot und Wein in magischer Weise in den »heiligen Leib« und »das heilige Blut« Christi verwandelt wurden (Transsubstantiation), eine Auffassung, die acht Jahrhunderte später zum kirchlichen Dogma erklärt wurde. Zudem verweigerte die römische Kirche den Laien den Kelch (»das Blut«).

Es galt weiterhin, daß diese Substanzen nach dem Verzehr nicht dem normalen Verdauungs- und Ausscheidungsprozeß unterlagen. Im 9. Jahrhundert wurde die Auffassung, daß diese Stoffe wie andere eßbare Substanzen verdaut und ausgeschieden würden, als die Häresie des Sterkoranismus (lat. *stercus*, »Kot«) verurteilt.

Die Gnostiker kannten auch ein Todesritual, durch das die Erfahrungen der Seele nach dem Tod vorweggenommen werden sollten. Man nimmt an, daß es sich um eine Astralprojektion oder außerkörperliche Erfahrung während eines xenophrenischen oder ekstatischen Zustandes handelte, der durch Nachtwachen, Fasten, Singen und möglicherweise Hypnose herbeigeführt wurde. Unter dem Einfluß der heidnischen Mysterien lehrten manche Sekten den Kandidaten die geheimen Namen der Archonten, die die Schwellen der verschiedenen kosmischen Sphären hüten, und die Zeichen, Siegel, Handgriffe und Losungen, die es ihm ermöglichen sollten, diese Schwellen zu überschreiten. Einzelheiten hierüber sind in Büchern wie »Die Herrscher der Städte bis zum Äther« erhalten, in denen auch die Namen der Archonten enthalten sind, die über die verschiedenen Sphären herrschen. Der alexandrinische Philosoph Celsus († 185), der ebenso gegen die Christen wie gegen die Gnostiker schrieb, machte sich über die Torheiten dieser Rituale lustig und goß ätzenden Spott über diejenigen aus, die die Namen der Hüter der Schwelle auswendig lernten, als ob es ihnen irgend etwas nützen würde.

Viele gnostische Sakramente wurden mit magischen Formeln und geheimen Gesten vollzogen und waren stark von einer Zahlen-, Buchstaben- und Zeichensymbolik inspiriert. Die Tatsache, daß im Semitischen wie im Griechischen Zahlen durch Buchstaben dargestellt wurden, begünstigte die Entwicklung eines numerologischen Systems, in dem die Zusammenhänge zwischen Buchstaben und Zahlen ausgearbeitet wurden. Wie schon erwähnt, wurden der Hebdomas (Sieben), der Ogdoas (Acht), der Dekade (Zehn) und der Dodekade (Zwölf) besondere Eigenschaften zugesprochen. Auch die pythagoreischen und platonischen Auffassungen bezüglich der höheren Symbolik geometrischer Figuren und Körper wurden ausgebaut. Irenäus sagt über die Gnostiker: »Sie erfinden wunderbare und unaussprechliche Mysterien, sobald sie in den Schriften etwas finden, das durch Zahlen ausgedrückt ist und sich ihren spekulativen Erfindungen eingliedern oder anpassen läßt.«

Vertraut waren die Gnostiker auch mit den angeblichen okkulten Eigenschaften des Klangs und der verborgenen

Potenz heiliger Namen, hermetischer Formeln und magischer Anrufungen. Einige der von ihnen benutzten Vokalisationen stammten aus sehr alten Quellen, die in den inneren Heiligtümern der großen Religionen und Mysterienkulte der Antike im geheimen weitergegeben wurden. Bei anderen handelte es sich um die verborgenen Namen Gottes, des Logos, der Äonen und Archonten und um geheime Losungen und Mysterientitel, die in verschiedenen gnostischen Werken erwähnt sind, unter anderem in den »Büchern des Ieu« (oder Ieou), die nach einem Äon benannt sind, und »Allogenes«, was »Fremdling« bedeutet, womit manchmal Christus, manchmal der spirituell fortgeschrittene Mensch, der der Welt entsagt, gemeint ist.

Der wichtigste aller Klänge war ihrer Auffassung nach das Phonem, die kleinste aussprechbare Lauteinheit, meist eine einzelne Silbe. Die von den Gnostikern übernommenen griechischen Phoneme waren die sieben Vokallaute des griechischen Alphabets: a (alpha), e (epsilon), e (eta), i (iota), o (omicron), y (ypsilon) und o (omega). Bei der Intonation dieser Vokale konnte man ihre Reihenfolge, Tonhöhe, Betonung und Länge variieren und den Stimmumfang verändern, wodurch jeweils besondere magische Differenzierungen entstanden.

Hieraus entwickelte sich allmählich die Praxis, jeden Vokal in einer Aufeinanderfolge ansteigender und fallender Noten in einem einzigen Atemzug *(pneuma)* zu singen; dies war der Ursprung der Neume des Gregorianischen Gesangs.

Weitere Wirkungen konnten dadurch erzielt werden, daß man die Vokale mit bestimmten Konsonanten kombinierte, insbesondere solchen, die einen summenden und brummenden Klang ergaben: Seesa, Seso, Sosa, Ossi, Omasu, Nosama, Amenas, Araras. Aneinanderreihung, langes Aushalten und oftmaliges Wiederholen solcher Klänge führten zu einer Erregung des Gehirns und zu ekstatischen und Trancezuständen.

Diese archaischen Silben wurden soweit möglich in unveränderter Form benutzt, auch wenn man ihre Bedeutung, sofern sie eine solche überhaupt hatten, nicht mehr kannte. Dies entsprach dem geheiligten Prinzip, das in einer theosophischen Sammlung aus dem 3. Jahrhundert zum Ausdruck kommt, den Chaldäischen Orakeln: »Ändert nichts an den barbarischen Namen *(onomata barbara)*, die der Anrufung dienen, denn dies sind Bezeichnungen göttlicher Dinge, die ihre Kraft aus der Verehrung der Menschenscharen gewinnen, und ihre Macht ist unaussprechlich.«

Ein weiterer wesentlicher Bestandteil der gnostischen Rituale waren die geheimen Gesten, Handzeichen und Losungsgriffe, die die verschiedenen Sekten benutzten. Die Phibioniten zum Beispiel erkannten einander daran, daß sie einander beim Händeschütteln an der Handfläche kitzelten. Es gab aber auch geheime Segens- und Begrüßungsgesten und einen besonderen Auferstehungshandschlag, bei dem der Kandidat an der Hand gehalten und wie im Mithras-Ritus von den Toten auferweckt wurde. Einige dieser Handzeichen gingen von der gnostischen Praxis auf die Kirche und bestimmte Geheimgesellschaften über, wo sie noch heute praktiziert werden.

Ein anderes Ritual war die feierliche Prozession und der Tanz der Eingeweihten bei ganz besonderen Anlässen. Christus soll eine seiner bedeutendsten Lehren mit Tanz und Gesang mitgeteilt haben. In den »Johannesakten«, einem gnostischen Text, der noch vor Nag Hammadi entdeckt wurde, wird berichtet, wie Jesus vor seiner Gefangennahme im Garten Gethsemane seine Jünger aufforderte, einander die Hände zu reichen und einen Kreis um ihn zu bilden. Dann stimmte er einen mystischen Gesang an, auf den seine Jünger mit »Amen« antworten mußten. Es scheint, daß die Gnostiker mehrere Versionen dieses Gesangs kannten.

Kommen wir schließlich zur gnostischen sakramentalen Kunst. Manche Gelehrte haben den gnostischen illustrierten Papyri, Wand- und Grabmalereien und den bemalten Schalen und Gemmen, die anthropomorphe und zoomorphe Riesen, hahnenköpfige, schlangenfüßige und fischschwänzige Geschöpfe zeigen, große Aufmerksamkeit geschenkt. Die Gnostiker selbst maßen jedoch diesen Darstellungen wenig Bedeutung bei.

Generell betrachteten sie jegliche Form von Kunst als einen heidnischen Versuch, materielle Spuren zu hinterlassen, die die Zeit überdauern sollten. Sie waren der Ansicht, daß die Kunst wie die Geschichte die Ziehmutter der Zeit ist und lehnten es ab, der Kunst in ihrem Weltbild einen bevorzugten Platz einzuräumen. Im Rahmen des christlichen Evangeliums konnte jeder, der es wollte, Spekulationen treiben und seinen Auffassungen in jeder ihm genehmen literarischen oder darstellenden Form Ausdruck verleihen. Dem, was dabei entstand, wurde jedoch wenig Wert beigemessen; es wurde kein Anspruch auf Wahrhaftigkeit, Vollständigkeit und Endgültigkeit erhoben, und Dauerhaftigkeit wurde nicht angestrebt.

Das gesprochene Wort war ihnen wichtiger als das geschriebene. Wenn etwas niedergelegt werden mußte, schrieben sie vorzugsweise auf Schiefertafeln, weil man das auf Schiefertafeln Geschriebene wieder auslöschen konnte. Wer es ganz richtig machen und zu den Vollkommenen zählen wollte, schrieb in den Sand. Das einzige Mal, daß Jesus etwas schrieb, schrieb er auf die Erde (Joh. 8,6). Und niemand weiß, welches Geheimnis er auf die Erde gezeichnet hat.

Askese

Nach gnostischer Auffassung war die ganze Palette gesellschaftlicher, ethischer und moralischer Gebote die Domäne des Demiurgen, des Herrschers der Welt, der die Gesetze erließ, nach denen die Welt regiert wird. Diese auferlegten Gesetze sind für die obere Welt Gottvaters ohne Bedeutung.

Der Gnostiker zeigte seine Verachtung für die Gebote des Demiurgen, indem er eine Art Gegendasein führte, wofür es zwei Möglichkeiten gab: Verweigerung in der Askese, durch die er die Genüsse der Welt ausschlug, oder die bewußte Ausschweifung, der absichtliche Mißbrauch der Möglichkeiten der Welt.

Freiwilliger Verzicht oder Entsagung schaden den Interessen des Demiurgen, dessen Pläne durchkreuzt werden, wenn wir das zurückweisen, was er zu dem Zweck geschaffen hat, um uns an sich zu ketten. Die Geschenke des Gottes dieser Welt und seiner Statthalter wie Mammon und Venus und seine irdischen Vertreter wie Caesar und seine Magistrate können nicht akzeptiert werden, ohne sich in die Welt zu verstricken, und müssen daher abgelehnt werden. Wir müssen, wie Marcion sagt, uns des Gebrauchs der weltlichen Dinge so weit wie möglich enthalten.

Entsagung bringt aber nicht nur die Ablehnung des Demiurgen zum Ausdruck, sondern hat durch die Kräftigung der Standhaftigkeit und Entschlossenheit noch viele weitere positive Nebenwirkungen.

Die gnostische Praxis der Askese wurde aus einer Vielzahl von Gründen geübt. Hinter den meisten Formen stand die gnostische Vorstellung, daß Vergnügen und auch schon Behagen böse waren. Askese stählt den Willen. Entsagung, Leid und Schmerz schwächen das Fleisch und stärken den Geist und müssen aus diesem Grund angestrebt und ertragen werden. Einige entschlossen sich zu einem Leben in Entbehrung, um übernatürliche Kräfte zu wecken. Man wußte seit langem, daß Schlafentzug, Nachtwachen und Fasten, Durst und Hunger, Hitze und Kälte, Geißelung und Selbstkasteiung, durch die der Körper bis zur Erschöpfung und zum Zusammenbruch heroischen Strapazen unterworfen wird, Zustände großer seelischer Klarheit und spiritueller Exaltation auslösen können.

Manche versagten sich den Genuß, weil sie ihn für sündhaft hielten, weil er ein erniedrigendes Zugeständnis an die menschliche Schwachheit war, weil er flüchtiger Natur war und keinen bleibenden Gewinn mit sich brachte. Es galt auch allgemein die Überzeugung, daß die körperlichen Gelüste übermächtig werden und den Menschen beherrschen würden, wenn man den Körper nicht unter Kontrolle hätte. Ein Einsiedler, der sich in die Wüste zurückgezogen hatte, sagte über seine Entbehrungen: »Ich töte den Körper, weil er mich tötet«. Der Asket Sarapion rühmte sich gegenüber einem anderen Asketen in seiner Gruppe: »Ich bin toter als du!«

Weil der Begriff der Askese ursprünglich die disziplinierte Entsagung der Athleten bezeichnete, die sich auf die Wettkämpfe vorbereiteten, wurden solche religiösen Asketen auch als die »Athleten Gottes« bezeichnet. Selbst diejenigen Gnostiker, die nicht die extremen Formen anstrebten, bemühten sich nach Kräften, die simplistischen und quietistischen Beschränkungen des Einsiedlerlebens zu beachten, was zum Beispiel Dinge wie Schweigen, Fasten und sexuelle Beherrschung betraf.

Die strengen Asketen jedoch waren rigoros in ihrer Disziplin. Sie verließen Haus und Familie, gaben ihr Vermögen weg, lebten fern aller menschlichen Behausungen und widmeten sich ganz dem Gebet und der Konzentration. Wenn sie sich irgendwo niedergelassen hatten, erlegten sie sich »Stabilität« auf, das heißt sie blieben immer am selben Ort und wanderten niemals umher. Einige wenige wie die *Zönobiten* lebten in der Gemeinschaft, die meisten aber als *Eremiten* alleine. Im »Thomasevangelium« sagt Jesus: »Selig sind die Einsamen, denn sie werden das Königreich erlangen.«

Ihre Praktiken nahmen teilweise bizarre Formen an. Manche, wie die *Troglodyten* lebten in Höhlen; die *Hypogeten* lebten in unterirdischen Gräbern, die *Dendriten* auf Bäumen. Ein Eremit namens Maron verbrachte elf Jahre in einem hohlen Baumstamm; ein anderer, Eusebius der *Phrearit*, ließ sich am Grunde eines ausgetrockneten Brunnens nieder. Die *Styliten* kauerten auf Säulen; der berühmteste dieser Säulenheiligen war Simon von Antiochia († 459). Die *Ammonositen* gruben sich wie Krebse in den Sand ein, während die *Petriten* sich unzugängliche Nischen in Felswände schlugen.

Die *Adamiten* lebten urtümlich und gingen nackt, um den Zustand Adams und Evas vor dem Sündenfall nachzuahmen. Die *Sakkophoren* trugen nur Sackleinen oder alte und zerlumpte Kleider. Die *Catenati* beluden sich so schwer mit Ketten, daß sie auf allen vieren kriechen mußten. Manche schliefen auf geflochtenen Schilfmatten, oder sie schliefen niemals normal im Liegen oder legten sich überhaupt niemals nieder. Die *Flagellanten* schlugen sich mit Knotenschnüren und Nesseln. Alle ertrugen sie klaglos die sengende Hitze des Sommers und die strenge Kälte des Winters.

Die Kost dieser Einsiedler war extrem kärglich. Manche lebten von grober Nahrung, die in wenig ansprechender Weise zubereitet wurde. Macarius der Jüngere verzehrte des öfteren »alte Schuhe, die in einem Haufen Palmblätter erweicht wurden«. Johannes von Ägypten ernährte sich wie ein Vogel von Samen und Wasser. Andere lebten von Wurzeln, Blättern und Gras, weil sie glaubten, daß sie ihre verlorene Gleichheit mit Gott wiedergewinnen würden, wenn sie dem Beispiel Nebukadnezars in seinem Wahnsinn (Dan. 4,33) folgen würden.

Es war allgemeine Auffassung, daß es möglich ist, den Körper mit unglaublich geringen Nahrungsmengen zu erhalten, und daß man das hartnäckige Bedürfnis, zu essen und zu trinken, dem die Natur alle lebendigen Geschöpfe unterworfen hat, unbedingt zurückdrängen müsse. Man glaubte, daß vegetarische Speisen den Lebensfunken enthielten und daß dieser Funke erhalten bliebe, wenn man diese Speisen roh verzehrte, und daß man in dieser Weise im Körper einen Vorrat an Lebenskraft aufbauen könne.

Viele gnostische Sekten verzichteten auch auf Fisch, Geflügel und Eier. Diese Produkte galten als tote Stoffe, in denen der Funke erloschen war und deren Genuß innere Verschmutzung verursachte. Da jedoch alles Essen und Trinken den Körper verunreinigte und schädigte, unterwarf sich der Asket zusätzlich zu der üblichen knappen Ernährung langen Fastenzeiten, damit dasjenige, was bereits in den Körper gelangt war, restlos ausgeschieden werden könnte und der Körper dadurch wieder rein würde.

Wein betrachtete man oft mit Ekel und Abscheu. Severus, ein Schüler Marcions, meinte, daß sich der Satan nach seiner Vertreibung aus dem Himmel mit der Erde wie mit einer Frau paarte und daß aus seinem Samen die Rebe entsprang. Trauben sind wie giftige Gichtknoten. Der Wein ist die Ursache vieler großer Übel; er verwirrt den Geist, ruft Wonne und Illusion hervor und fördert die feurigen Eigenschaften der Raserei, des Zorns und der Leidenschaft.

Die Askese wurde als Mittel zur Stärkung des Geistes seit frühester Zeit von vielen Gemeinschaften im Nahen Osten der Antike befürwortet und praktiziert, wie zum Beispiel von den ägyptischen Hierophanten in der Wüste von Siwa, den Rechabiten Altisraels, die in der Wildnis in Zelten lebten, und den Eremiten am Oberlauf des Euphrats. Die unmittelbare Inspiration zur gnostischen Askese dürfte von der Institution der *katoche* ausgegangen sein, der Hingabe an die ägyptisch-griechische Gottheit Serapis, deren großer Tempel in Alexandria stand.

Die berühmtesten Gebiete, in denen christliche und gnostische Asketiker beiderlei Geschlechts sich kasteiten und die Abtötung des Fleisches praktizierten, waren die Thebais, das Gebiet um Theben in Oberägypten, die Nitrische Wüste westlich des Nildeltas und die Wüstengebiete Syriens und des Libanon. In diesen öden Gegenden hausten die Eremiten, versagten sich die einfachsten Genüsse des Fleisches und sahen sich den Angriffen der ungeheuerlichsten halluzinatorischen Versuchungen ausgesetzt, die in manchen Fällen zu Erotomanie führten.

Antonius der Große († 356) war vielleicht unter den uns bekannten Heiligen der am schlimmsten von Versuchungen gepeinigte. Zahllose Schriftsteller und bildende Künstler haben sich bis in unsere Zeit eingehendst und phantasievoll mit den lüsternen Bedrängnissen des heiligen Antonius befaßt, die bis heute nichts von ihrer Faszination eingebüßt haben.

Aber auch Eremitinnen wurden von erotischen Phantasien geplagt. Maria die Ägypterin (um 400), einst eine sehr schöne und einem Leben in Freuden ergebene Frau, zog sich nach ihrer Bekehrung zu einer gnostischen Form des Christentums in die Wüste zurück und wurde häufig von »rasenden, hartnäckigen und grotesken Gelüsten« gequält, wobei sie von virilen Männern, phallischen Dämonen und obszönen Tiergestalten in Versuchung geführt wurde. Diese einst schöne Frau soll später ein kaum mehr menschliches Aussehen gehabt haben; ihr Körper war von der Sonne geschwärzt, ihre Haut hart und derb vom scharfen, sengenden Wind.

Andere Einsiedlerinnen beschrieben alptraumhafte Visionen von fliegenden Phalli, die sich am Fußende des Bettes niederließen, langsam anschwollen, sich aufrichteten und pulsierten und dann alle Bewegungen des Geschlechtsverkehrs ausführten. Manche bekamen Köpfe und begannen zu sprechen, wobei sie ihnen die unsäglichsten Wonnen verhießen. Männliche und weibliche Schamteile schwebten in der Luft und vollführten vor ihnen den Geschlechtsakt.

Hieronymus († 420) berichtete von den Anfechtungen, denen er während einer Zeit der Askese ausgesetzt war: »Wenn ich in der Wüste unter den Skorpionen und wilden Tieren lebte, wähnte ich mich oft inmitten der Freuden Roms unter Scharen junger Frauen. Meine Haut war trokken und meine Gestalt hager vom Fasten und von den Bußübungen, und mein Leib glich einem Leichnam, und doch war mein Geist vom Sehnen der Begierde entzündet, und das Feuer der Lust brannte in meinem Fleisch.«

Das letzte Ziel aller Formen von Askese ist es, einen geistigen Zustand des Gleichmuts zu erlangen, der Gleichgültigkeit *(apatheia)* und der Unerschütterlichkeit *(ataraxia)*, eine leidenschaftslose Geistesverfassung, die das hohe Ziel der Stoiker der Antike wie auch der Gnostiker war. Sie beinhaltet eine Haltung philosophischer Gelassenheit in allen Lebenslagen, in Schmerz und Wonne, Glück und Unglück, Freude und Leid, Erfolg und Mißerfolg. Der wahre Philosoph jauchzt weder im Glück, noch wird er vom Unglück zerschmettert.

Reichtum, gesellschaftliches Ansehen, Erfolg, Ruhm und Ehren sind die Lockmittel der Schicksalsmacht *(heimarmene)*. Sie sind wie der Wunsch nach Nachkommenschaft ein irdischen Begehren, ein Anspruch auf Zukünftiges, das so flüchtig ist wie der Morgentau. Der Gnostiker bevorzugt die Anonymität, erträgt aber auch Situationen, in denen er sich Haß und Beschimpfungen zuzieht.

So hüllte sich der Einsiedler Macarius der Große (um 290), den ein Dorfmädchen fälschlich bezichtigte, sie geschwängert zu haben, in Schweigen und wurde von den erzürnten Dorfbewohnern beinahe umgebracht. Als sich später die Wahrheit herausstellte und die Dorfbewohner sich bei ihm entschuldigten und seine Heiligkeit priesen, blieb er ebenfalls stumm. Ihre Verehrung berührte ihn so wenig wie ihre Feindseligkeit.

Kastration

Die drastischste Form der religiösen Askese war die Unfruchtbarmachung oder die Entfernung der Organe, die dem Geschlechtsverkehr und der Fortpflanzung dienten. Eine solche Maßnahme war meist an einem göttlichen Vorbild orientiert und dadurch sanktioniert.

Viele Götter aus der antiken Mythologie verloren in dieser Weise ihre Männlichkeit. Der ägyptische Sonnengott Re entmannte sich selbst. Osiris wurde nach seinem Tod von

Seth kastriert; nachdem ihn seine Gemahlin wieder zum Leben erweckt hatte, bildete sie für ihn einen künstlichen Phallus. Seth selbst wurde von Horus kastriert, dem Sohn von Isis und Osiris. Der phönizische Gott Eschmun verschnitt sich selbst, nachdem ihm die erotischen Nachstellungen der Göttin Astrone lästig wurden. Im griechischen Mythos schnitt Kronos (Saturn) die Genitalien seines Vaters Uranos ab und wurde selbst wiederum von seinem Sohn Zeus (Jupiter) kastriert.

In vielen Teilen des antiken Vorderasiens lebten die Priester der Großen Göttin zölibatär, da diese Gottheit als Hüterin der Fruchtbarkeit sich der zurückgehaltenen Energie ihrer Diener bediente, um den Erntesegen für ihre Anhänger sicherzustellen. Männer und Frauen waren einem unumstößlichen Zölibat verpflichtet. Aus diesem Gedanken entwickelte sich die rituelle Kastration von Männern, wobei das männliche Glied in einem Weiheakt der Göttin geopfert wurde.

Nach der Sage vertraute Kybele dem phrygischen Hirten Attis gegen das Versprechen des Zölibats die Obhut über ihren Tempel an; Attis wurde Eunuch, wie es später dann auch alle Kybele-Priester waren. Sowohl der Hohepriester *(archigallus)* als auch die niedrigeren Priester *(galloi)* der Kybele entmannten sich in einem wilden korybantischen Ritus öffentlich selbst und warfen die abgeschnittenen Genitalien auf ihren Altar. Die Priester der Artemis (Diana) von Ephesus erlitten vom obersten Hierophanten *(megavuzus)* bis hin zu den Akolyten dasselbe Schicksal der Entmannung. Die Diener der Göttin zu Lagina mußten ihre Männlichkeit ebenfalls opfern.

Nach dem Eingriff trugen alle der Großen Göttin geweihten Priester Frauengewänder. Der obligatorische Zölibat des römisch-katholischen Klerus, eine symbolische Kastration, und die langen »weiblichen« Gewänder der Geistlichkeit gelten als Relikte der Weihe an die Große Göttin, an deren Stelle die Jungfrau Maria trat.

Anders als das heidnische Vorbild lehnte die Kirche die tatsächliche Kastration ihrer Priester ab, und bis zum ausgehenden Mittelalter konnte sogar kein Papst auf den Heiligen Stuhl gewählt werden, der keine Hoden hatte, und das Vorhandensein dieser Organe wurde zuerst von einem Kardinal geprüft, der eine manuelle Untersuchung vornahm (A. Smith, 1968, S. 77).

Die Meinungen der Gnostiker bezüglich der Kastration waren geteilt, insbesondere hinsichtlich des Christusworts: »Es gibt Ehelose, die um des Himmelreiches willen sich der Ehe enthalten« (Mt. 19,12). Dies wurde von manchen so aufgefaßt, daß diejenigen, die sich dem Dienst Gottes weihten, ehelos bleiben sollten, von anderen aber als Aufforderung zur Entmannung. Jesus, hieß es, war geschlechtslos, und die Kastration war ein Merkmal des Christentums.

Manchmal kastrierten sich einzelne und Gruppen, um die sexuelle Begierde zu unterdrücken und dadurch von der Sünde der fleischlichen Lust frei zu werden. Leontius von Antiochia (um 240) ließ sich aus diesem Grund entmannen und fand viele Verehrer und Nachahmer. Der bekannteste der frühchristlichen Kastraten ist natürlich der große Theologe Origines († 254), der als der gelehrteste der frühen Kirchenväter anerkannt ist.

Ein Schüler Origines', der Araber Valerius (um 250), gründete die Kastratensekte der Valerianer, die vermutlich mit der von Augustinus erwähnten Sekte der Valesii identisch ist. Origines' Beispiel fand noch weitere Nachahmer, insbesondere den heiligen Hilarion († 350), der in der palästinensischen Wüste zwischen Gaza und Ägypten einen Mönchsorden gründete.

Im Jahr 325 erließ das Konzil von Nicäa eine Verordnung gegen die Kastration, während das Byzantinische Reich anscheinend die Kastration derjenigen billigte, die den Eingriff wünschten. Kastraten wie Eutropius († 370), lateinischer Geschichtsschreiber und Sekretär von Kaiser Konstantin, und Narses († 573), der große Staatsmann und

Feldherr des Kaisers Justinian, stiegen zu den höchsten Würden des Reichs auf.

Einige christliche Kastratensekten wurden unter den späteren byzantinischen Herrschern verfolgt und zerstreut und entwickelten sich zu den geistigen Vorläufern der Skopzen, die Ende des 11. Jahrhunderts in Rußland auftauchten.

Zölibat

Die Gnostiker der asketischen Richtungen blieben oft unverheiratet und enthielten sich des geschlechtlichen Umgangs. Paulus trat vehement für den Zölibat ein, und die Gnostiker zitierten ihn oft als Gewährsmann. Die Abeliten, afrikanische gnostische Häretiker, hielten sich von Frauen fern, weil Abel, den sie verehrten, jungfräulich starb.

Viele der Kirchenväter traten ebenfalls für den Zölibat ein, wiewohl die frühe Kirche ihn nicht für ihre Priester forderte. Die späteren Versuche der Kirche, widerstrebenden Kandidaten den Zölibat aufzuzwingen, führten zu skandalösen Zuständen im mönchischen Leben. Viele Klöster und Konvente wurden zu Brutstätten des Lasters und der moralischen Verderbnis.

Manche gnostischen Schulen hielten den Geschlechtsverkehr für schändliches Tun. Er führte zum Verlust des kostbaren Samens des Mannes. Durch ihn entstanden neue Menschen, wodurch das Leid unaufhörlich fortgesetzt und der Bestand des Königreichs des Bösen fortgeführt wurde. Die Wonne, die mit der geschlechtlichen Vereinigung und dem Höhepunkt verbunden war, berührte die empfindlichsten Bereiche des Menschen. Die sinnliche Lust *(epithymia)* war die furchtbarste der Erfindungen Satans, denn mit der Peitsche des geschlechtlichen Verlangens hatte er eine wunderbare Waffe ersonnen, um Anhänger für seine Herrschaft der Finsternis zu gewinnen.

Die geschlechtliche Begierde ist das Reich Saklas' (hebr. *sacal*, »Narr«), des Archonten der Unzucht, der Saklas heißt, weil er den Menschen in einen Zustand des Schwachsinns versetzt. In der »Pistis Sophia« heißt er Parhedron Typhon, der mächtige Herrscher, dem 32 Dämonen unterstehen, deren Aufgabe es ist, Männer und Frauen zu erregen und sie zu Begierde, Ehebruch und fortwährender Unzucht *(synousia)* anzustacheln.

In dieser Haltung äußert sich eine starke Sexophobie und Misogynie. Man betrachtete Frauen mit Furcht, Abneigung, Mißtrauen und Argwohn, und geschlechtlicher Umgang mit ihnen galt als tierisch. Halb Mensch, halb Tier waren Frauen natürliche Betrügerinnen, falsch, eigensinnig und eitel. Während des monatlichen Ausflusses ihrer »kraftlosen weiblichen Frucht« war ihre Berührung schädlich, ihr Atem unrein, ihr Körper unheilig. In dem bei Nag Hammadi aufgefundenen »Buch des Athleten Thomas« findet sich die Warnung: »Wehe euch, die ihr Intimität mit Frauen und befleckten Verkehr mit ihnen sucht«. Im »Dialog des Heilands« ebenfalls ein Nag-Hammadi-Fund, weist Jesus die gläubigen Jünger an, »an dem Ort zu beten, an dem keine Frauen sind ... und die Ränke der Weiblichkeit zu vereiteln«.

Frauen sind gefährlich, so die gängige Auffassung, wegen ihrer Schönheit, die im Mann die rasende Qual tierischer Leidenschaft erzeugt. Ihre Augen wollen verlocken, ihre Füße zu Fehltritten verleiten, ihre süßen Worte betrügen. Ihr bezauberndes Antlitz, ihre weichen Brüste, ihre runden Gesäßbacken, ihre verführerischen Bewegungen sind eine Einladung zu wollüstigen Wonnen. Sie ist die Verkörperung der Versuchung, die die Männer in ihr Verderben stürzt. Der Weg zur Hölle wird über die Vagina beschritten, denn der Schoß ist der Höllenschlund.

Frauen sind ihrem Wesen nach unrein, ein Fallstrick der Natur, ein Werkzeug des Teufels, das Satan einsetzt, um die Seelen der Männer zu besitzen. Am besten hält man sich von ihnen fern; wo ihre Gesellschaft unvermeidlich ist, sollte man sie in Unterdrückung halten. Der Teufel hat den Frauen so viel Macht gegeben, daß es recht und billig ist, daß die Männer ihnen wenig geben, damit das Gleichgewicht wieder hergestellt wird.

Die einzige Hoffnung für Frauen besteht darin, daß sie zu Männern werden. Anderenfalls sind sie unfähig zur Erlösung. Im »Thomasevangelium« fordert Petrus: »Maria (Magdalena) möge sich aus unserer Mitte entfernen, weil Frauen des Lebens nicht würdig sind.« Jesus antwortet ihm: »Siehe, ich werde sie geleiten, und ich werde sie zu einem Mann machen, damit auch sie ein lebender Geist und euch Männern ähnlich werde. Denn jede Frau, die sich zum Manne macht, wird in das Himmelreich eingehen.«

Enkratismus

Die gnostische Liebeslehre scheint von Platons »Gastmahl« inspiriert zu sein. Unter »platonischer Liebe« *(eros)* versteht man gemeinhin, wenn auch etwas ungenau, Liebe zwischen den Geschlechtern ohne alle sexuelle Leidenschaft. Platonische Liebe kann aber durchaus auch eine sexuelle Verbindung sein; in ihrer höchsten Form ist sie allerdings eine Beziehung zwischen dem Sterblichen und dem Göttlichen. Eine solche Liebe läßt den Betreffenden, gegebenenfalls auch mittels einer zwischenmenschlichen Beziehung, nach der Vereinigung mit den ewigen Prinzipien der Schönheit, Wahrheit und Güte streben, wodurch die Seele »schwanger« wird.

Die Urchristen praktizierten eine andere Art geistiger Verbindung. Sie pflegten und kräftigten ihre Liebe *(agape)* und Gemeinschaft durch Zusammenkünfte, bei denen sie beteten, über geistige Dinge sprachen, die Briefe der »Heiligen« (Christen) an anderen Orten lasen, Hymnen sangen, woran sich eine Mahlzeit anschloß, die ein wohlhabender Gastgeber für die armen und bedürftigen Christen bereitstellte. Dies war nach Auffassung einiger Gelehrter eine Frühform der Eucharistie. Diese Zusammenkünfte wurden als Agape oder Liebesmahl bezeichnet.

Nach der Agape hatten die männlichen und weiblichen »Heiligen« das Vorrecht, einander als Ausdruck der christlichen Liebe mit einem keuschen Kuß zu grüßen. Dieser Gruß, heiliger Kuß (Röm. 16,16), Kuß der Liebe (1. Petr. 5,14) oder seraphischer Kuß genannt, wurde ohne unreine Gedanken im Herzen gegeben.

Hieraus entwickelte sich der Brauch der *agapetai*, der »Geliebten«, wobei Paare keusch in einer »spirituellen Ehe« zusammenlebten, eine Praxis, die der christliche Schriftsteller Hermas (um 130) in seinem berühmten Werk »Der Hirt« rühmte. Dies galt als eine Form »spiritueller Liebe«, ein Zusammenleben von Mann und Frau in enger Gemeinschaft, in wahrem spirituellem Verständnis, aber ohne körperliche Intimität.

Dies wurde manchmal als Paulinische Ehe bezeichnet, weil Paulus eine »Gemahlin« hatte, die mit ihm lebte und ihn auf seinen Reisen begleitete. Als er deswegen kritisiert wurde, antwortete er: »Haben wir nicht das Recht, eine Schwester, eine Frau, mitzuführen, wie auch die übrigen Apostel?« (1. Kor. 9,5).

Clemens von Alexandria († 215) schrieb, daß Paulus keine Frau auf seine Reisen mitgenommen hätte, wenn sie nicht seine Ehefrau gewesen wäre. Für ihn ist Paulus neben Petrus und Philippus einer der drei verheirateten Apostel. Für Clemens selbst war die völlige Enthaltsamkeit das Ideal für alle Ehepaare, und er glaubte, daß Paulus eine solche Beziehung hatte. Tatsächlich sagt Paulus, daß ein Mann gut daran tut, »seine Jungfräulichkeit zu bewahren« (1. Kor. 7,37). Im 5. Jahrhundert soll der Wüstenvater Amoun von Nitria die Hochzeitsnacht damit zugebracht haben, seiner Braut eben diesen paulinischen Text auszulegen. Er lebte brüderlich mit ihr viele Jahre zusammen, bis sie gemeinsam beschlossen, getrennt als Eremiten zu leben.

Der karthagische Theologe Tertullian († 230) erörterte die Mißbräuche, die durch solche Beziehungen entstehen konnten, wiewohl er Paulus zugute hielt, daß seine Begleiterin lediglich die notwendigen Aufgaben erledigte, auf die sich Frauen am besten verstehen, nämlich Kochen, Flicken und Waschen, und daß sie für Paulus eher eine Schwester im Geiste als eine Ehefrau war. Zugleich verurteilte er alle jene Gemeinschaften, »deren Liebe *(caritas)* sich in der Weise äußert, daß die Männer mit ihren Schwestern im Geiste schlafen.«

Der Kirchenvater Irenäus schreibt über die Leute, die ihre Umgebung damit beeindrucken, daß sie mit einer Frau in schwesterlicher Gemeinschaft zusammenleben, bis die »Schwester« vom »Bruder« schwanger wird und der falsche Schein zusammenbricht. Hieronymus äußert denselben Verdacht bezüglich derjenigen, die einen Raum miteinander teilten und manchmal im selben Bett schliefen und erwarteten, daß niemand das vermutete, was zu vermuten nahelag.

Chrysostomus erwähnt ein anderes eigentümliches Element dieser Art von Beziehungen: »Unsere Väter kannten nur zwei Arten intimer Beziehungen, Ehe und Unzucht. Jetzt gibt es eine dritte Art. Männer nehmen junge Mädchen in ihre Häuser auf und achten strengstens darauf, daß sie Jungfrauen bleiben. Die Gefühle, die durch eine solche Situation erregt werden, müssen außerordentlich heftig sein, werden aber unter Kontrolle gehalten. Daß die Wonnen einer solchen Art von Liebe brennender und leidenschaftlicher sein können als die eheliche Vereinigung, mag zunächst überraschend und unglaublich erscheinen, doch ist es möglich.«

Bereits gegen Ende des ersten nachchristlichen Jahrhunderts wurden gnostische Lehren zur Rechtfertigung dieser Aspekte frühchristlicher Praxis verkündet. Der bedeutendste Vertreter dieser Richtung war Saturninus († 150), der den Enkratismus vertrat, die sexuelle Enthaltsamkeit zum Zweck der Kräftigung der spirituellen Fähigkeiten und zur Erlangung ekstatischer Zustände und der Gnosis. Hieraus entwickelte sich bald eine Art sexualisierter Askese, wobei geschlechtlicher Umgang mit dem anderen Geschlecht erlaubt war, jedoch ohne Erfüllung. Die Absicht hinter dem Enkratismus war es, sich Versuchungen zu unterwerfen, die großen Genuß verhießen, und sich den daraus entstehenden Proben zu stellen, ohne es zum Höhepunkt kommen zu lassen. Man muß dem Demiurgen trotzen. Die Gier nach den Genüssen des Fleisches ist ein Zeichen dafür, daß der Mensch vom Satan beherrscht wird, und sie muß daher um jeden Preis überwunden werden. Die heroische Methode bestand darin, sich mutig in die Arena der Sexualität zu werfen, Brust an Brust mit dem Feind zu ringen und den Kampf siegreich zu bestehen. Ein Mann konnte sich also der Prüfung stellen, indem er die ganze Erregung des engen Kontakts mit einer Frau auskostete, jedoch ohne sie zu berühren, oder indem er die Spannung noch weiter steigerte, indem er sie berührte und streichelte, ohne in sie einzudringen, und schließlich, indem er in sie eindrang, aber sich die Erlösung des Orgasmus versagte.

Die Bestätigung für diesen Standpunkt fand man in bestimmten Textstellen der apokryphen Worte Jesu. So heißt es zum Beispiel: »Ein Mann, der nicht versucht wird, ist nicht erprobt und wird das Königreich nicht erlangen.«

Die Geschlechtlichkeit war die Lockspeise des Teufels, und die Widerstandskraft des Gnostikers mußte im Feuerofen der Versuchung erprobt werden. Er mußte die Tortur ertragen, um den Triumph auszukosten, der den Standhaften belohnt.

Die Überschreitung des Jordans

Der Jordan entspringt in den Hügeln am Berg Hermon, fließt nach Süden zum See Genezareth und beendet seinen Lauf im Toten Meer. Der Name Jordan ist verwandt mit demjenigen Jareds, einem Vorfahren Noahs; die gemeinsame Wurzel ist das hebräische *yarad*, »Abstieg«.

In einigen apokryphen Büchern heißt es, daß die Sünde des sexuellen Exzesses das Hauptmerkmal der Zeit Jareds war, in dessen Tagen es Riesen (hebr. *nefilim*) in der Erde (1. Mose 6,4) gab. Diese Riesen gelüstete es nach den Töchtern der Menschen, und sie hatten geschlechtlichen Umgang mit ihnen.

In Analogie dazu wurde der Jordan zum Symbol der Lust und erwarb eine besondere Bedeutung in den Lehren bestimmter enkratischer Sekten. Wie sein Name sagt, ist der Abstieg der natürliche Gang des Wassers des Jordan, und wenn er seinen natürlichen Lauf nimmt, drückt er das Wesen des sexuellen Genusses aus, die Begierde nach fleischlicher Verbindung (Jonas 1963, S. 307) und den Abstieg in die Geschlechtlichkeit.

Nach gnostischer Auffassung kann man aber den Fluß nach oben strömen lassen. Wenn das abwärts fließende Wasser für die Verausgabung der männlichen Energie, die Ausstoßung des Samens und die Erzeugung von Menschen steht, dann bezeichnet die Aufstauung oder das Aufwärtsströmen des Flusses die Zurückhaltung des Samens beim Verkehr oder die Erzeugung von Göttlichkeit.

Mit einem Beispiel aus den Tagen der Jüdischen Gefangenschaft weisen die Gnostiker darauf hin, daß die Kinder Israels Ägypten nicht verlassen konnten, solange das Rote Meer abwärts strömte. Als aber das Wasser zurückwich (2. Mose 14,21), konnten sie das Land verlassen. Ebenso konnten die Kinder Israels während der Eroberung Kanaans den Jordan nicht überschreiten, solange er abwärts strömte. Als ihn aber Josua (Präfiguration Jesu) aufhielt und aufwärts strömen ließ, so daß sich das Wasser aufstaute (Jos. 3,16), konnten sie hinübergelangen (Foerster 1974, S. 270).

Die Macht Moses' und Josuas beruhte auf ihrer Enthaltsamkeit. Zu bestimmten entscheidenden Zeiten ist es daher unbedingt wichtig, das Strömen des Flusses aufzuhalten, und der männliche Samen darf auch nicht unabsichtlich vergossen werden, weil dies unerwartete Folgen haben könnte. Epiphanius zufolge erzählen die Gnostiker, daß Elias, als er in den Himmel erhoben wurde, von einem weiblichen Dämon festgehalten wurde, der zu ihm sagte: »Wohin gehst du? Ich habe Kinder von dir.« Als er antwortete: »Wie ist dies möglich? Ich habe in Reinheit gelebt«, antwortete der Succubus: »Als während deiner Träume Samen aus Dir ausfloß, fing ich ihn auf und gebar dir Söhne.« Zur Bekräftigung dieser Erzählung zitieren sie die Bibel (Jud. 8).

Das dritte der drei geheimen Worte, die Jesus dem Thomas gegenüber wiederholte, soll »ziersam« *(zëesa)* gelautet haben, was »dort ein wenig« heißt und nach einem eigentümlichen Kommentar der Naassener den aufwärts strömenden Jordan bezeichnet (Bruce 1974, S. 118).

Nach gnostischer Auffassung war die Taufe Johannes des Täufers die gewöhnliche oder abwärts strömende Taufe, und Johannes selbst war der »Archon der Menge«. Daher hielt es Johannes auch für unangemessen, daß Jesus in dieser Weise getauft werden sollte (siehe Layton 1980, S. 11). Nach seiner Taufe »stieg Jesus sogleich aus dem Wasser herauf« (Mt. 3,16), was nach gnostischer Deutung das Ende der fleischlichen Zeugung und die Zurückhaltung der Kraft bedeutet.

Manche gnostischen Sekten wie die Peraten besaßen ein geheimes Ritual, bei dem sie den Auszug aus Ägypten durch das Rote Meer und die Wüste und über den Jordan nachvollzogen. Sie lehrten, daß derjenige, der diesen Fluß überschritt, wenn das Wasser nach unten strömte, leibliche Nachkommen hätte, während derjenige, der das Wasser aufwärts strömen lassen konnte, göttliche Nachkommen bekommen würde (Mead 1960, S. 186).

Der quintessentielle Funke des männlichen Samens entspringt in der geistigen Welt und wird, wie die Gnostiker sagen, in den Gehirnkammern widergespiegelt und verdichtet. Dann wird er über den ganzen Körper verteilt und schließlich zu den Fortpflanzungsorganen geleitet. Die Zurückhaltung des Samens galt als wichtig, um dem Mann das wiederzugeben, was verteilt wurde, und sie erfolgte am besten durch den Coitus reservatus, die Technik der Zurückhaltung der Ejakulation während des Verkehrs, wodurch der Samenfunke erhalten blieb.

Auch hier verweist der Text wiederum auf die Bibel, in der derjenige verurteilt wird, »der einen Samenerguß hat« (3. Mose 15,32). Auch im Neuen Testament ist von der Sündenfreiheit desjenigen die Rede, dessen »Samen (Sperma) in ihm bleibt« (1. Joh. 3,9), denn durch den Samen wird er erneuert.

Diese Praxis ähnelt demjenigen, was manche mittelalterlichen Sekten das Aufwärtssteigen der Samenflüssigkeit (Walker 1977, S. 1) während der Kohabitation nannten.

Frauen

Die Misogynie, die manche asketischen Gruppierungen prägte, war kein grundsätzliches Merkmal des Gnostizismus. In vielen gnostischen Sekten genossen Frauen hohes Ansehen. Sie konnten wichtige Ämter bekleiden, und ihre Namen wurden nicht ausgeschlossen, wenn um die höchsten Stellungen gelost wurde.

Hierbei galt die Auffassung, daß Frauen mehr als nur administratives Talent besaßen. Man glaubte, daß sie von der Natur mit der Gabe ausgestattet wären, tiefe Geheimnisse zu empfangen, zu verstehen und auszulegen. Den Gnostikern zufolge gab Satan Eva, nachdem er sie verführt hatte, eine Offenbarung, die zum Teil im »Evangelium der Eva« enthalten war. Das Werk ist heute bis auf Fragmente in den Schriften des Epiphanius verloren.

Jakobus der Gerechte, der Bruder Jesu – nicht der Apostel –, soll einer Frau namens Mariamne oder Maria gewisse Geheimlehren weitergegeben haben, auf die die Naassener ihre hermetische Tradition zurückführen. Auch die Karpokratianer behaupteten, ihre Lehren von Maria, Salome und Martha empfangen zu haben. Die Jüngerin Helena spielte in der Laufbahn des Simon Magus eine bedeutende Rolle,

Priscilla und Maximilla im Leben des Montanus, Lucilla im Leben des Häretikers Donatus und Procula im Leben des Priscillian.

Besonders wurden an Frauen ihre psychischen und hellsichtigen Fähigkeiten und ihre Kraft als Medium geschätzt. In den Sekten des Marcion und des Karpokrates spielten solche Frauen die Rolle von »Prophetinnen«, was nicht notwendigerweise bedeutet, daß sie die Zukunft vorhersagen konnten. Sie waren vielmehr Seherinnen, die angeblich göttlich inspiriert waren und mit übernatürlicher Kraft erfüllt werden konnten, so daß sie fähig waren, Träume und Zeichen zu deuten.

Die Praxis führte unausweichlich zu Mißbrauch. Markus wurde vorgeworfen, viele seiner jungen »Prophetinnen« verführt zu haben. Irenäus schreibt, daß er sein irregeleitetes Opfer durch verschiedene Andeutungen glauben machte, daß sie die Gabe der Prophezeiung hätte. Von falschem Stolz erfüllt und von der Erwartung erregt, von ihrer Gabe Gebrauch machen zu können, ließ sie sich zu orakelhaften Aussprüchen hinreißen. Mit pochendem Herzen gab sie irgendeinen lächerlichen Unsinn von sich, der ihr in den Sinn kam. Von ihrer Eitelkeit angestachelt, hielt sie sich dann kühn für eine wahre Sibylle. Voller Dankbarkeit gegenüber Markus war sie bereit, sich in jeglicher Weise mit ihm zu verbinden, und gewährte ihm willig Intimitäten. In der Absicht, den Körper seiner Opfer zu schänden, verabreichte Markus ihnen Liebestränke und Aphrodisiaka und hauchte sie an, so daß sie in erotische Konvulsionen gerieten und sich ihm in jeder gewünschten Weise hingaben. Irenäus sagt, daß viele Frauen nach ihrer Rückkehr in den Schoß der Kirche bekannt haben, daß sie von einer heftigen Leidenschaft ergriffen und von ihm körperlich mißbraucht worden waren.

Die männlichen Jünger des Markus täuschten und verführten nach dem Vorbild ihres Anführers ebenfalls viele Anhängerinnen.

Nachkommenschaft

Die Haltung der Gnostiker gegenüber der Erzeugung von Nachkommen ergibt sich aus ihrer Seelenlehre. Die Seele ist ein Teilchen göttlichen Lichts, das, wenn ein Kind gezeugt wird, in die Gefangenschaft verderbten Fleisches gerät, statt im geistigen Reich in Freiheit zu bleiben.

Der Köder ist das Weib. Ohne daß sie es weiß, schreit ihr Schoß danach, gefüllt zu werden, und dies ist wie ein Ruf aus dem Grab nach einem neuen Opfer. Die Empfängnis ist kein Leben, sondern der Abstieg in den Tod für eine unglückliche Seele. Für die Gnostiker trug eine Schwangere einen Teufel in sich.

Die menschliche Fortpflanzung ist vom Satan eingerichtet und ist ein Mittel der Archonten, Seelen einzufangen und sie im satanischen Reich der Finsternis zu versklaven. Die Fortpflanzung sichert den unendlichen Fortbestand der Welt und verlängert Generation um Generation die Gefangenschaft des Lichts. Dies behindert das Erlösungswerk, das erst vollendet werden kann, wenn jede einzelne Seele aus ihrem erzwungenen Schlaf erweckt und befreit wird (Jonas 1963, S. 228).

Eines der *logia* oder Worte, die Jesus zugeschrieben werden, geht auf die Frage der Salome zurück, wie lange der Tod noch herrschen würde. Jesus antwortete hierauf: »Solange Frauen Kinder gebären. Ich bin gekommen, um das Wirken der Frauen ungeschehen zu machen.« Das Gebot »Seid fruchtbar und mehret euch« (1. Mose 1,28) ist das Geheiß des Gottes der Juden und kein Auftrag des Höchsten Gottes. Hemmungslos Nachkommen zu erzeugen, wie es die unbedarften Heidenvölker tun und wie es die Kirche empfiehlt, heißt, das Werk der bösen Gottheit zu verrichten, die über diese Welt herrscht.

Wenn Misogynie in der gnostischen Lebensphilosophie Platz fand, dann hauptsächlich deshalb, weil Frauen potentiell Mütter waren und fleischlicher Umgang mit ihnen zur Erzeugung von Nachkommenschaft führen konnte. Wenn die Vagina der Weg zur Hölle war, dann deshalb, weil sie zum Mutterschoß führte, in den Abgrund, in dem das Licht neuer Seelen gefangen ist. Onanie, Homosexualität, Sodomie, Sex mit Minderjährigen waren immer noch besser als Verkehr mit Frauen, weil diese Formen von Sexualität nicht zur Gefangensetzung weiterer Seelen führten.

Androgynie

Die grundlegende Philosophie der meisten gnostischen Schulen basierte auf dem Gedanken der Androgynie (*aner, andros,* »Mann«; *gyne*, »Frau«). Damit ist der Zustand gemeint, in dem die Merkmale der beiden Geschlechter in demselben Menschen vorhanden sind. In manchen Religionen symbolisiert Androgynie Ganzheit und Einheit und ist ein Zeichen von Spiritualität und heiliger Macht.

In vielen alten Mythologien ist von mannweiblichen Gottheiten die Rede. Der alttestamentliche pluralische Name Elohim für Gott beinhaltet eine mannweibliche Dualität. In manchen gnostischen Systemen ist das höchste Wesen androgyn. Simon Magus nannte den Urgeist Arsenothelys, »männlich-weiblich«. In hermetischen Schriften wie »Asclepius« und »Poimandres« ist von der zweigeschlechtlichen Natur Gottes die Rede. Andere Texte bezeichnen das höchste Wesen als Mutter-Vater (Metropator).

Platon erzählt in seinem »Gastmahl«, daß die Menschen ursprünglich Zwitterwesen waren, die Zeus wegen ihres Fevelmuts spaltete. Der vollkommene Mensch ist derjenige, der in sich die Elemente beider Geschlechter vereint. Manchmal wird die Jungfrau als Typus einer solchen Vollkommenheit betrachtet, denn die Jungfrau gilt als androgyn. Nach der Volksethymologie bedeutet Jungfrau *(virgo)* »Mann-Frau«, weil es sich von »Mann« (lat. *vir*) und »Frau« (griech. *gyne*) herleitet.

Im Gnostizismus war der Anthropos oder Urmensch wie die anderen Äonen ein Hermaphrodit. Seine Erschaffung läßt diesen Schluß zu: »Als Mann und Frau erschuf er sie« (1. Moses 1,27), eine Textstelle, die sich nur auf Adam bezieht. Die Geschlechtlichkeit erhob ihr Haupt, als Männer und Frauen getrennt wurden. Das apokryphe »Philippusevangelium« betrachtete die Trennung der Geschlechter als die Ursache des Todes. In diesem Evangelium ist zu lesen: »Als Eva in Adam war, gab es keinen Tod. Aber als sie von ihm getrennt wurde, trat der Tod auf.«

Das Kind ist wie die Jungfrau ein Vorbild des androgynen Zustands. Im »Thomasevangelium« sagt Jesus: »Kinder sind von der Art derjenigen, die in das Königreich gelangen. Wenn ihr wie kleine Kinder eure Kleider ohne Scham ablegt, wenn ihr die Zwei Eins werden laßt, wenn ihr Mann und Weib zu einer einzigen Einheit macht, dann werdet ihr in das Königreich eingehen.« In der Fülle der Zeiten wird die Menschheit wieder androgyn werden.

Ein anderes apokryphes Wort spricht Jesus im »Ägypterevangelium« aus, als ihn Salome fragt, wann das Ende der Welt käme: »Wenn ihr das Gewand der Scham ablegt, wenn die Zwei Eins werden und der Mann mit der Frau weder männlich noch weiblich ist.«

Christus ist das Urbild der mannweiblichen Einheit, der vollkommene Androgyn. Nach der Bibel werden die Menschen durch den Glauben an Christus Kinder, wobei alle widerstreitenden Unterscheidungen überwunden werden, und »es gilt nicht mehr Mann und Frau, denn alle seid ihr eins in Jesus Christus« (Gal. 3,28). Nicht den Klugen werden Offenbarungen zuteil, sondern den Kindern (Mt. 11,25).

Nach gnostischer Auffassung muß die in der Geschlechtlichkeit begründete Disharmonie in einer *coincidentia oppositorum* oder »Vereinigung der Gegensätze« aufgehoben werden. Ein solcher Zustand wird in regelmäßigen Abständen im Sakrament des Brautgemachs eingeübt, bei dem der ursprüngliche androgyne Zustand erfahren wird. Bei diesem Sakrament werden die getrennten Elemente der beiden Geschlechter transzendiert, die Trennung von Mann und Frau hört auf, und sie erlangen Ganzheit und Einheit. Dies ist nur möglich durch eine Vereinigung in jungfräulicher Unschuld, ohne Gegensatz, Widerstreit, Besitznahme, Genuß oder persönliche Befriedigung.

Nach einer noch gewagteren Interpretation sind die wesentlichen männlichen und weiblichen Elemente bereits in jedem Menschen vorhanden, und jeder Mensch ist schon ein Androgyn. Jeder, sagen die Gnostiker, kann diese beiden Gegensätze in sich in einer Art mystischer *coincidentia oppositorum* vereinen. Der Weise Silvanus erklärt in seinen »Lehren«, daß der zweigeschlechtliche Zustand für die Menschheit das beste ist. Der irdische Leib, das sarkische Element, das die Grundlage aller sich behauptenden Fleischlichkeit ist, muß aber zurückgedrängt werden; der männliche *nous* und die weibliche *psyche* müssen im Vorgriff auf den endgültigen seligen Zustand der Ganzheit zum Ausgleich gebracht werden.

Ein solcher Ausgleich der Geschlechter ist Bestandteil einer größeren Aussöhnung zwischen gegensätzlichen Polaritäten, die in Texten wie dem »Thomasevangelium«, dem »Ägypterevangelium« und dem »Martyrium des Philippus« eine viel umfassendere Anwendung findet, wobei der Makrokosmos oder die göttliche Welt oben und der Mikrokosmos (der Mensch) unten zur Einheit gebracht werden. »Der Herr sprach in einem Geheimnis: ›Wenn ihr nicht die Zwei Eins werden laßt, das Männliche wie das Weibliche, das Innere wie das Äußere, das Linke wie das Rechte, das Vordere wie das Hintere und das Obere wie das Untere, werdet ihr das Königreich nicht erleben‹.« Dies erinnert an das berühmte zweite Prinzip in dem hermetischen Text der »Tabula smaragdina«: »Was oben ist, ist gleich dem, was unten ist, und was unten ist, ist gleich dem, was oben ist – fähig, die Wunder des Einen auszuführen.«

Das Brautgemach

Die Äonen oder ersten Emanationen des Höchsten Wesens dachte man sich oft als Paarwesen, wobei jedes Paar *(syzygia)* aus komplementären Hälften eines zusammengesetzten Ganzen bestand und als Einheit wirkte. Ihre Verbindung war zunächst ungeschlechtlich, unschuldig und rein.

Zu diesen Paaren zählten: Vater *(pater)* und Vorsehung *(pronoia)*, Geist *(nous)* und Wahrheit *(aletheia)*, Erlöser *(toter)* und Weisheit *(sophia)*, Wort *(logos)* und Macht *(dynamis)*, Abgrund *(bythos)* und Schweigen *(sige)*, Christus *(christos)* und Kirche *(ekklesia)*, Mensch *(anthropos)* und Glaube *(pistis)*, Gnade *(eleos)* und Erwägung *(enthymesis)*.

Auf einer bestimmten Stufe des Emanationsprozesses nahmen die Verbindungen geschlechtlichen Charakter an. Das Auftreten der Sexualität ist eines der Urrätsel, zu dem es viele gnostische Spekulationen gibt. Das Geheimnis dieses Ereignisses liegt tief in den Anfängen der Zeit verborgen, doch wird es am Ende enthüllt werden. In der »Pistis Sophia« heißt es, daß bei der Auflösung der Welt bestimmte Menschen Einblick in verschiedene Mysterien erhalten werden, unter anderem in »das Geheimnis, warum der geschlechtliche Verkehr entstanden ist, und in das Geheimnis des Ehebruchs, der Unzucht, der Enthaltsamkeit und der Reinheit«.

Die geschlechtliche Differenzierung führte zur Trennung desjenigen, was einst eine Einheit gewesen war. Die gnostischen Fragmente, die unter dem Titel »Bücher des Erlösers« zusammengefaßt sind, berichten, wie sich die Äonen von den Mysterien des Lichts abwandten, sich für das Mysterium des Geschlechtsverkehrs oder der sexuellen Vereinigung entschieden und Archonten und andere niedrigere Wesen zu erzeugen begannen. Manche Gnostiker waren auch der Auffassung, daß die Äonen als androgyne Wesen aus der göttlichen Einheit emanierten und sich dann als Archonten zu geschlechtlichen Paaren spalteten.

Die Valentinianer sahen in der biblischen Textstelle, in der von den beiden unzüchtigen Schwestern Oholah und Oholibah die Rede ist, von denen der Herr sagte: »Sie wurden mein Eigentum« (Hes. 23,4), eine sexuelle Bedeutung und einen Hinweis auf die Frauen Jahwes selbst. Einigen Texten zufolge soll der Satan die unterscheidenden Funktionen der Geschlechtlichkeit erfunden und den niedrigeren Äonen gelehrt haben. Auch die Sophia soll für die Schaffung dieses Mysteriums mitverantwortlich gewesen sein, auch wenn sie sich später davon abwandte.

Jedenfalls bildeten die Äonen Paare, aus welchen Gründen und in welcher Weise auch immer. Danach wurde den Syzygien eine sexuelle Bedeutung zugewiesen. Im gnostischen System erzeugen die sich vereinigenden Paare weitere Äonen, diese wiederum weitere Äonen und so weiter, in immer neuen Generationen. Dies sind die »endlosen Geschlechtsregister«, die Paulus verurteilt (1. Tim. 1,4).

Von einem der wichtigsten gnostischen Rituale überhaupt, dem sogenannten Brautgemachritual, ist in verschiedenen gnostischen Texten die Rede. Es beinhaltete die feierliche Wiederholung der Vereinigung der männlichen und weiblichen Äonen. Die Valentinianer hielten es für die Pflicht der Auserwählten, wachsam zu sein und stets für das Hochzeitsfest gerüstet zu sein (Mt. 25,13). Sie mußten die Vereinigung der Äonen in der Syzygie entsprechend dem Grundsatz nachahmen, daß der hienieden rituell vollzogene Geschlechtsakt die oben sich paarenden Äonen kräftigen und stärken würde.

Dieses mystische Ritual fand im Brautgemach statt, für das es verschiedene Namen gab *(nymphon, thalamos, pastas)*. Durch diese Handlung sollte die ursprüngliche männlich-weibliche Einheit, die Androgynie wiederhergestellt werden. Die Neuschaffung des ursprünglichen göttlichen androgynen Zustands kehrt den Prozeß um, durch den der

Tod in die Welt gekommen ist, und verleiht den Ausführenden Weisheit, Erleuchtung und Unsterblichkeit.

Im »Philippusevangelium«, einer Sammlung valentinianischer Aussprüche, heißt es: »Wenn jemand ein Sohn des Brautgemachs wird, wird er das Licht empfangen. Wenn jemand es an diesem Ort nicht empfängt, wird er es auch an keinem anderen Ort empfangen.«

Das Brautgemach selbst war ein innerer Schrein, in dem die Gemeinde bei der Theogamie oder göttlichen Hochzeit zugegen war, die die irdischen Vertreter des Erlösers *(soter)* und der Weisheit *(sophia)* mimisch vollzogen, woraufhin sich die Gläubigen mit ihren »Gegenstücken« auf der Ebene der Engel vereinigten, den weiblichen Mitgliedern der Sekte.

Auch die Markosianer bereiteten für diejenigen, die geweiht wurden, ein Brautgemach und führten ein ähnliches Ritual mit Anrufungen aus. Der Frau wurde gesagt: »Schmücke dich in deiner Kammer wie eine Braut, die ihren Bräutigam erwartet. Nimm an seine Gunst, und empfange von ihm den Samen des Lichts. Und siehe, Gnade wird über dich kommen.« Die Markosianer behaupteten, daß es sich hierbei um eine spirituelle Hochzeit nach dem Bildnis der Vermählung in den Höhen handelte. Dies war die mystische Vereinigung Christi mit der Kirche (Eph. 5,32).

Das Ritual des Brautgemachs galt als Generalprobe für den Zeitpunkt, zu dem sich die Auserwählten als die Kinder des Brautgemachs (Mt. 9,15) zum messianischen Festmahl und zur Hochzeit des Lammes rüsten würden, um dann zu feiern und zu tanzen. Den Naassenern zufolge werden alle spirituellen Wesen im Haus Gottes einschließlich der weiblichen zu Bräutigamen werden, denn der jungfräuliche Geist mache die Frauen zu Männern. Nach dem Hochzeitsfest werden die Auserwählten selbst Engel zu Gatten erhalten, denn die Auserwählten haben himmlische Partner. Von seiner Gemahlin begleitet, wird sich jeder in ein eigenes Brautgemach zurückziehen und ewig mit ihr im himmlischen *beulah* vereint sein.

Für den Gnostiker war das Brautgemach ein *temenos*, ein heiliger Bezirk. Es symbolisierte den Ort der Versöhnung. Das beständige Thema der Gnostiker war die Dualität, deren Paradigma der Gegensatz von Gut und Böse im Geist des Menschen ist, der wiederum den dem Kosmos zugrundeliegenden Dualismus widerspiegelt. Diese Dualität mußte aufgelöst werden.

Die Gnostiker waren gehalten, Luzifer – was auch immer sie ihm gegenüber empfanden – niemals mit Verachtung zu behandeln, weil auch er den göttlichen Funken in sich trägt. Es galt die gnostische Formel: *Daemon est Deus inversus*, »der Teufel ist die Kehrseite Gottes«. Einer modernen Interpretation zufolge ist Luzifer niemand anders als der Heilige Geist (siehe Griffiths 1966, S. 142). Der Morgenstern bezeichnet Christus ebenso wie den Teufel (Jung 1992, S. 109). In der gnostischen Theologie ist Satanel (Satan) der ältere Bruder Jesuels (Jesu). Der Baum der Erkenntnis ist der Baum des Lebens. Die Schlange steht für den Erlöser.

Wie Jesus auf Erden wandelte, so ist Satan der Wanderer und Ausgestoßene. Wie Jesus muß auch er erlöst werden, und er wird auch, wie Origenes sagt, erlöst werden. Der Wiederkunft *(parousia)* Christi wird die Ankunft seines entfremdeten Bruders, des Antichrists vorausgehen, was zu einer letzten Auseinandersetzung führt. Christus wird siegreich sein, und die beiden Brüder werden sich versöhnen. Die verlorene Einheit wird wiederhergestellt werden, und alles wird wieder so sein, wie es am Anfang war.

Der Gleichklang aller Gegensätze wird im göttlichen Geist erneuert werden. Die Extreme werden in Gott zusammenfallen. Dies ist die Botschaft des Brautgemachs.

Libertinismus

Die strenge Philosophie des Asketen stand in scharfem Kontrast zu derjenigen des Libertinisten, wiewohl beide Gnostiker waren und beide letztlich dasselbe Ziel hatten.

Ihre Einstellungen zum Körper, zur Sexualität, zur Ehe und zu vielen anderen Dingen unterschieden sich jedoch ganz erheblich. Insgesamt gesehen waren die Gnostiker in einem unaufhörlichen »Pendeln zwischen Extremen« *(enantiodromia)* begriffen, zwischen den Exzessen des Kastraten und den Exzessen des Wüstlings.

Der Asket glaubt, daß Liebe zum Körper *(philosomatia)* ein verabscheuungswürdiges Übel ist und daß derjenige, der seinen Körper liebt und nach dem Fleisch giert, im erotischen Wahn lebt, in Finsternis wandelt und die Geißel des Todes spürt. Der Libertinist dagegen kümmert sich intensiv um seinen Körper, pflegt ihn Tag und Nacht, wäscht und salbt sich, tut sich gütlich an kräftigenden Speisen, um seinen Körper stark zu machen, damit er sich der Unzucht hingeben und ihre Früchte jederzeit genießen kann.

Ähnliche Unterschiede bestanden in ihrer Einstellung gegenüber der Ehe. Für Marcion, einen Verfechter des Zölibats, war die Ehe »Schmutz und Obszönität«. Sie war eine teuflische Einrichtung, die das Siegel des Antichrists und das Mal Satans an sich trug. Sie diente keinem anderen Zweck als der Heiligung des sexuellen Genusses und der Aufwertung des Koitus zu einem heiligen Ritual. Der wahre Gnostiker, wenn er denn verheiratet ist, sollte mit seinem Weib in vollkommener Keuschheit leben. In den »Paulusakten« heißt es: »Selig sind diejenigen, die ihre Frauen besitzen, wie wenn sie sie nicht hätten.« Diejenigen, die den Drang verspüren und sich nicht beherrschen können, mögen sich jeder willigen Frau bedienen.

Aber auch der Libertinist lehnte die Ehe ab, weil sie familiäre Bindungen und Verpflichtungen mit sich bringt. Weiterhin kann die Ehe leicht zu einer obsessiven Leidenschaft für die eigene Frau führen, so daß der übermäßig verliebte Gatte darauf besteht, seine Frau allein zu besitzen, statt sie allen Brüdern zur Verfügung zu stellen. Vor allen Dingen aber führt die Ehe zur Erzeugung weiterer Menschen. Konkubinat und Prostitution waren der Ehe vorzuziehen, weil sie nicht von Dauer waren und in der Regel nicht zu Nachkommenschaft führten.

Im Gegensatz zur Verpflichtung des Asketen, sich desjenigen zu enthalten, was der Demiurg an Vergnügungen anzubieten hat, glaubte der Libertinist, daß man das Gesetz *(nomos)* des Demiurgen zur Kenntnis nehmen und dann durch bewußte Überschreitung oder Pervertierung untergraben müsse. Diese Gesetzesfeindlichkeit war gemeinsames Merkmal verschiedener gnostischer Sekten, die für das eintraten, was man Amoralismus, Immoralismus oder moralischen Nihilismus genannt hat. Sie verehrten diejenigen biblischen Gestalten, die von der herkömmlichen Moral verurteilt wurden, wie zum Beispiel Kain und Judas.

Die antinomische Alternative stand allerdings nur denjenigen offen, die auf einer ausreichenden Erkenntnisstufe standen. Es war gefährlich, aus Unkenntnis oder Gleichgültigkeit, aus den falschen Motiven oder auch nur aus Leichtfertigkeit oder mutwilliger Halsstarrigkeit gegen das Gesetz zu verstoßen. Der Gnostiker hatte die schwerwiegenden Folgen dessen sorgfältig zu bedenken, was Jesus zu dem sagte, der ein einfaches Gebot (das vierte) brach, ein Gebot, das Jesus selbst gebrochen hatte: »Wenn du wirklich weißt, was du tust, bist du gesegnet. Wenn du es nicht weißt, bist du verflucht und ein Gesetzesbrecher« (James 1924, S. 33).

Die gnostische Feindlichkeit gegenüber dem Gesetz verlangt aktives Wirken in der Welt, jedoch nur, um den Intentionen des Gesetzes zuwider zu handeln und um dem Demiurgen zu trotzen. Positive Moralität ist »legalistisch« und bekräftigt die Zugehörigkeit des Menschen zu einem vom Demiurgen errichteten System. Der Libertinist durchkreuzt damit die Pläne der finsteren Mächte und wirkt in paradoxer Weise am Heilsplan mit.

Der Libertinist glaubt an das uneingeschränkte Recht, die eigenen Bedürfnisse befriedigen zu dürfen, insbesondere diejenigen, die gemeinhin als sündhaft gelten. Wie Christus sagt: »Streitet nicht mit dem Bösen« (Mt. 5,39). Manche

Gnostiker hingen der Lehre des Pekkatismus an (lat. *peccatum*, »Sünde«), der Vorstellung, daß man sündigen solle. Der Demiurg, sagten sie, hat einen Vorrat an Sünden, aber nur in beschränkter Vielfalt, und man müsse von unerlaubter Fleischeslust und anderen gesetzwidrigen Aktivitäten in jeglicher Form »Gebrauch machen«, um diesen Vorrat aufzubrauchen und zu erschöpfen.

Das Böse haftet allerdings immer nur am Körper, nicht am Pneuma. Der wahre Gnostiker ist Pneumiker und steht daher nicht unter dem Joch des moralischen Gesetzes Satans. Er ist »von Natur erlöst«, und sein göttlicher Geist wird von jeglichem »Bösen«, das er begeht, unbefleckt bleiben. Aus diesem Grund, schreibt Irenäus, praktizieren die »Vollkommenen« unter den Gnostikern ohne alle Furcht und Scham alles, was die Religion verbietet.

Sie essen Opfergaben für Götzenbilder, was Christen verboten ist. Sie halten sich nicht vom mörderischen Schauspiel des Kampfes mit Tieren und des Zweikampfs bis auf den Tod fern, der Gott und den Menschen ein Greuel ist. Sie nehmen Getränke zu sich, die ihre Lust steigern. Um die Nacktheit Adams vor dem Sündenfall nachzuahmen, entledigen sie sich während der Rituale ihrer Kleider. Nach ihren Schlemmereien und Trinkgelagen werden die Lichter gelöscht, und Männer und Frauen ergötzen sich wahllos aneinander.

Die Fleischeslust, beteuern sie, gehört zur Natur, und man muß der Natur zurückgeben, was ihr zusteht. Deshalb, fährt Irenäus in seiner Darstellung ihrer Lehren fort, geben sie nicht nur dem Geist, was des Geistes ist, sondern auch dem Fleisch, was des Fleisches ist, und frönen hemmungslos ihren niedrigsten Begierden. Sie sagen, daß die sexuelle Aktivität, eine der Einrichtungen der Gesellschaft, die institutionalisiert wurden, aus diesem Grund heftig attackiert werden muß. Sie praktizieren das Geheimnis der Konjugation, weil sie sagen, daß niemand in dieser Welt die Wahrheit erlangen wird, der nicht eine Frau besessen hat.

Epiphanius sagt, daß diejenigen unter den Phibioniten, die nach Vollkommenheit streben, Geschlechtsverkehr im Namen ihrer 365 erfundenen Archonten ausüben und dabei sprechen, als ob sie jeweils zu einem anderen von ihnen beten würden: »Dir, o Archon (nennt ihn) bringe ich mein Opfer dar.« Dies ist der sogenannte »Aufstieg«, den sie durch 365 Geschlechtsakte vollziehen müssen, woraufhin sie den »Abstieg« durch 365 Sündenfälle vollziehen. Wenn sie insgesamt 730 unmoralische Vereinigungen erreicht haben, erklären sie: »Ich bin Christus« (Förster 1974, S. 322).

Sie vermeiden es peinlichst, Kinder zu zeugen. Voller Abscheu berichtet Epiphanius, »welche weiteren Scheußlichkeiten diese Menschen zu begehen wagen«, wenn durch einen unglücklichen Zufall doch eine Frau schwanger wird. Sie treiben die ungeborene Leibesfrucht, die Frühgeburt, ab, holen sie aus dem Mutterleib, zerstampfen sie in einem Mörser mit der Keule, geben Honig, Pfeffer, Myrrhe und andere Spezereien dazu,um sich nicht zu erbrechen, setzen sich zusammen und nehmen mit den Fingern ein Stück von dem zerstoßenen Kind. Dadurch, glauben sie, haben sie die Verfehlung ihres Bruders gesammelt und die vollkommene Messe vollzogen (Campbell 1968, S. 166).

Sie begehen Ehebruch, um das Gebot gegen den Ehebruch zunichte zu machen. Sie begehen unnatürliche Akte abscheulicher Natur und empfehlen, daß dies ihre Gesinnungsgenossen zum Zeichen ihrer Verachtung des Demiurgen ebenfalls tun sollen. Die Sexualität dürfe nicht auf gesellschaftlich akzeptable Formen beschränkt bleiben, sondern müsse frei in allen ihren Spielarten erprobt werden. Simon Magus trat für wahllosen Sex ein und sagte: »Aller Boden ist nur Boden, und es spielt keine Rolle, wo ein Mann sät, sofern er nur sät.«

Epiphanius bemerkt, daß manche Männer »für andere Männer entflammt sind und miteinander Verkehr haben«, eine Praxis, die auch den Zorn Paulus' erregte (Röm. 1,27). Die männlichen Mitglieder der gnostischen Sekte der Levitici pflegten grundsätzlich keinen geschlechtlichen Umgang mit Frauen, sondern nur mit anderen Männern. Andere gingen ihren analen Präferenzen nach und bedienten sich der »unaussprechlichen Gefäße« beider Geschlechter. Bei Epiphanius heißt es: »Als Jungfrauen bezeichnen sie diejenigen Frauen, die, sooft sie auch kopulierten, noch nie einen natürlichen Geschlechtsverkehr hatten.«

Die Mitglieder anderer Gruppen verbanden sich nicht mit Frauen, sondern »befleckten sich mit ihren eigenen Händen«, was sie mit einer perversen Interpretation der Worte Paulus' gegenüber den Presbytern von Ephesus rechtfertigten: »Ihr wißt es selbst, für meinen Unterhalt dienten diese Hände« (Apg. 20,34). Andere befürworteten die Fellatio, weil dies ihrer Ansicht nach die Schlange mit ihrem Schwanz im Maul *(ouroboros)* symbolisierte. Es gab auch Gnostiker, die für den Inzest zwischen Geschwistern oder nahen Verwandten eintraten.

Verkehr mit Kindern war erlaubt, weil hieraus keine Nachkommen entstanden, ebenso mit Jungfrauen. In beiden Fällen wurden angeblich die Unwissenden und Unschuldigen in Praktiken initiiert, die für ihre gnostische Befreiung notwendig waren.

Sie praktizierten alle nur erdenklichen Widerlichkeiten mit der Samenflüssigkeit des Mannes und dem monatlichen Blutfluß der Frau. Sie nahmen beides mit Drogen zu sich, um zur Ekstase zu gelangen. »Im Zustande ekstatischer Raserei stellen sie sich nackt hin, nehmen den Samen in ihre Hände, beschmieren den ganzen Körper damit und beten, daß sie hierdurch völlige Offenheit gegenüber der Anwesenheit Gottes erlangen mögen« (Lacarrière 1977, S. 89).

Borborismus

Die wichtigsten Sekten der Borboriten werden später behandelt werden. Epiphanius zufolge beruhten ihre Lehren auf dem Gedanken, daß der göttliche Lichtfunke nicht nur in Männern und Frauen, sondern auch in allem Lebenden vorhanden ist, in Gemüse, Pflanzen, Obst, Getreide, Fischen, Schlangen und Tieren jeglicher Art. Die Borboriten betrachteten es als ihre Aufgabe, diese zerstreuten Seelenbruchstücke zu sammeln und sie als Sakrament zu sich zu nehmen, weil sie die Pflanzen- oder Tierseele in dieser Weise in ihre eigene Seele aufnahmen. Sie glaubten, daß der Gnostiker den Pflanzen und Tieren damit Gutes tat, denn indem er ihre geistige Substanz sammelte, würde er sie zuletzt mit sich selbst der himmlischen Welt übergeben.

Die Rechtfertigung für ihre eigentümlichen Überzeugungen und Praktiken bezogen die Borboriten aus ihren eigenen erfundenen Evangelien sowie aus biblischen Texten, die sie wie andere extreme gnostische Sekten in ihrer eigenen perversen Art willkürlich interpretierten.

Im gnostischen »Evangelium der Eva«, von dem sich Fragmente bei Epiphanius finden, wird berichtet, wie die Stimme eines mächtigen Wesens ausrief: »Ich bin in allen Dingen zerstreut, und indem du mich sammelst, sammelst du dich selbst«. Die Borboriten bezogen dies nicht nur auf den Seelenstoff in Pflanzen und Tieren, sondern auch in Samen und Menstruationsblut.

Ihrer Überzeugung nach war mit dem in Männern und Frauen verborgenen Lebenssamen ein tiefes Mysterium verbunden. Das Fleisch des Menschen gehörte den Archonten; es ging beim Tod zugrunde und wurde nicht wiedererweckt. Die Kraft aber, die dem Lebenssamen innewohnte, enthielt den unvergänglichen Seelenfunken. Samen und Menses mußten daher als Sakrament verzehrt werden, denn diese Substanzen enthielten das reine Licht.

Die Bibel fordert: »Trink Wasser nur aus eigener Zisterne und was aus deinem eigenen Brunnen quillt« (Spr. 5,15). In dem bei Nag Hammadi aufgefundenen »Thomasevangelium« findet sich folgender Ausspruch Jesu: »Wenn du hervorbringst, was in dir ist, wird dich dasjenige erretten, was du hervorbringst. Wenn du dasjenige, was in dir ist, nicht hervorbringst, wird dich dasjenige zerstören, was du nicht hervorbringst.» Diese Textstellen wurden auf die männlichen und weiblichen Flüssigkeiten bezogen, und die Borboriten hielten daher ihre Mitglieder an, ihre eigene Substanz zu verzehren.

Sie beriefen sich dabei auch auf weitere versteckte Hinweise. So sagten sie, daß das Blut des Lammes (2. Mose 12,7), mit dem die Häuser der Kinder Israels bestrichen wurden, damit der Todesengel an ihnen vorüberginge, in Wirklichkeit Menstruationsblut war. Auch die Purpurschnur, die Rahab an ihrem Fenster befestigte, damit sie und ihre Familie bei dem Massaker von Jericho verschont würden (Jos. 2,18), bezog sich auf ein Tuch, das mit dem Blut der weiblichen Periode befleckt war. Dieselbe Bedeutung unterlegte man der Textstelle im Neuen Testament (Offb. 22,2) über den »Baum des Lebens, der zwölfmal Früchte trägt, jeden Monat gibt er seine Frucht«. Bei ihren Feiern fingen die Borboriten das Blut der Unreinheit einer Frau auf und kommunizierten es mit den Worten: »Das ist der Leib des Christus« (Lacarrière 1977, S. 88).

Auch für ihre Auffassungen vom Samen legten sie sich groteske Begründungen zurecht. So lasen sie die Bibel (Ps. 1,3) wie folgt: »Ihr gleicht dem Baum (dem männlichen Glied), gepflanzt an strömendem Wasser (Hoden), der seine Früchte (Samen) trägt zur rechten Zeit (Ejakulation) und dessen Laub nicht welkt (weil er ihn nicht vergeudet oder in die Vagina gelangen läßt).«

Wenn beim Verkehr dennoch Samen in den Mutterschoß gelangt und die Frau ein Kind empfängt, gehen die Lichtsubstanzen von Mann und Frau in ein neues Wesen über, das wie alle Sterblichen das Joch des Fleisches tragen muß. Damit dies nicht geschieht, sollte der Mann seinen Samen nach dem Vorbild Onans (1. Mose 38,9) stets außerhalb der Frau vergießen und diese Tat dem Archonten der Pest, »die im Dunkel schleicht« (Ps. 91,6), weihen, der über solche Ausscheidungen herrscht. Dies geschah, um den verhaßten

Zyklus der Fortpflanzung zu unterbrechen, aber auch, um das Material für ihr Sakrament zu beschaffen. Sie benutzten den Erguß von Masturbation, Analverkehr oder natürlichem Verkehr, der ihrer Auffassung nach aus dem »Horn der Erlösung« strömte, wofür sie verschiedene Andeutungen in der Bibel zu finden glaubten.

Epiphanius beschreibt das Ritual des von den Phibioniten praktizierten Samenverzehrs. In dem Augenblick, in dem der Mann seinen Samen ergießt, zieht sich die Frau von ihrem Partner zurück und fängt den ausgestoßenen Samen in ihrer Handfläche auf. Sie richtet sich nackt auf, wirft ihren Kopf zurück und bringt Gott, als ob sie beten würde, das schändliche Produkt ihrer Unmoral als Opfergabe dar. Dann spricht sie: »Dies ist der Leib des Christus«, und verzehrt es (Campbell 1968, S. 160).

Augustinus spricht in seinem Bericht über das manichäische (gnostische) System von Bekenntnissen einiger Frauen aus Karthago bezüglich der schändlichen Praktiken ihres Kults. Prüfungen bestätigten später, daß »unter das kopulierende Paar gemahlener Schrot gestreut wurde, um den Samen aufzufangen, damit er vermischt und verzehrt werden könne« (Allegro 1979, S. 130).

Bezüglich dessen, was Jesus selbst über diese Dinge dachte, gibt es zwei gegensätzliche gnostische Auffassungen. Am Ende der »Pistis Sophia« fragt der Jünger Thomas Jesus: »Wir haben gehört, daß es Leute gibt, die den männlichen Samen und die weibliche Menses nehmen, einen Haferbrei daraus bereiten, ihn verzehren und sagen: ›Wir glauben an Esau und Jakob‹. Ist dies recht oder nicht?« Und Jesus antwortet zornig, daß diese Sünde abscheulicher ist als alle anderen.

Als aber Salome im »Ägypterevangelium« bemerkt, daß sie recht daran tut, nicht zu gebären, antwortet ihr Jesus: »Jegliches Kraut verzehre, aber das der Bitternis (des Todes) sollst du nicht verzehren.« Dies bedeutet den Borboriten zufolge, daß die Frau Samen zu sich nehmen soll, der nicht produktiv ist, mit anderen Worten, ihn anderswo als im Mutterschoß empfangen.

Gemäß dem von Epiphanius zitierten gnostischen Fragment aus den »Großen Fragen der Maria« (Magdalena) soll Christus wiederum Maria (Magdalena) auf einen Berg geführt haben, um ihr eine Offenbarung zu geben. Dort brachte er ein Weib aus seiner Seite hervor, mit dem er sich geschlechtlich zu vereinigen begann: *seminis sui defluxum assumpsisset* (»diese hätte den Fluß seines Samens in sich aufgenommen« Jung 1992, S. 216), womit er ihr zu verstehen gab, was wir tun müßten, damit wir leben. Maria erlitt einen solchen Schock, daß sie zur Erde fiel. Jesus hob sie auf und tadelte sie wegen ihrer Ungläubigkeit.

Im Anschluß an dieses Zitat schreibt Jung, es sei begreiflich, daß dieser krude Symbolismus nicht nur das moderne Gefühl verletze, sondern auch die frühen Christen schokkiert habe. Diesem ganzen Symbolismus kann eine visionäre Erfahrung zugrunde gelegen haben, die von bestimmten gnostischen Lehrern mißverstanden oder pervertiert wurde.

Epiphanius erwähnt auch einen weiteren Bericht aus den gnostischen Texten, demzufolge das Gebot Jesu an seine Jünger »eßt mein Fleisch und trinkt mein Blut« (Joh. 6,54) sich angeblich auf dieselbe Obszönität bezog. Zutiefst verwirrt, riefen die Jünger aus: »Wer kann dies hören?« (Joh. 6,60), oder, nach einer anderen Übersetzung: »Dies ist mehr, als wir vertragen können!« Jesus, der wußte, daß sie darüber murrten, sprach zu ihnen: »Daran nehmt ihr Anstoß? Wenn ihr nun den Menschensohn dahin aufsteigen seht, wo er vordem war?« (Joh. 6,62). Dies wurde interpretiert als »wenn ihr den ausgestoßenen Samen zu seinem Ursprung zurückkehren seht« (Allegro 1979, S. 132).

Viele Jünger waren so abgestoßen, daß sie sich, wie es in der Bibel mit einem beinahe bedauernden Ton heißt, »zurückzogen und nicht mehr mit ihm gingen« (Joh. 6,66; siehe auch Förster 1974, S. 321).

Die Sekten

Die Gnostiker tolerierten, wie schon gesagt, im allgemeinen eine Vielfalt von Meinungen und ermunterten zu selbständigem Denken. Dies führte in vielen Fällen zu ausgefallenen Spekulationen in religiösen und gesellschaftlichen Dingen und zu einem Wildwuchs an Sekten. Ihre Auffassungen verteidigten sie heftig gegen den immer stärker werdenden Druck der christlichen Orthodoxie. Irenäus schreibt, daß die Gnostiker »wie die Pilze aus dem Boden schießen und wie die Hydren kämpfen«.

Ein anderer Kirchenvater meint, daß es genau 80 gnostische Sekten gab, entsprechend den »80 Nebenfrauen« in der Bibel (Hld. 6,8). Von den meisten von ihnen kennt man wenig mehr als den Namen. Wir wissen nicht einmal, ob diese Namen ihre eigenen waren oder ihnen von ihren Gegnern beigelegt wurden. Auch ist nicht immer klar, welchen Überzeugungen sie genau anhingen.

Im folgenden wird ein kurzer Abriß der Grundüberzeugungen einiger der wichtigeren gnostischen Sekten gegeben, soweit die heutige Wissenschaft hierüber Bescheid weiß.

Die Judäo-Gnostiker

Unter den gnostischen Sekten des 1. Jahrhunderts gab es einige mit einem ausgeprägt jüdischen Hintergrund, die eine Reihe von jüdischen Glaubensvorstellungen beibehalten hatten. Dies betrifft vor allem die Ebioniten und Elchasaiten in Palästina und Syrien. Die Wissenschaft sieht eine Verbindung zwischen diesen beiden Sekten und den Iessäi (Judenchristen), Nazarenern, Sabianern, Mandäern und anderen frühen judenchristlichen Gemeinschaften.

Beide Sekten lehnten das jüdische Opfergesetz ab, anerkannten aber die Thora, das mosaische Gesetz, behielten die

Praxis der Beschneidung bei und hielten den jüdischen Sabbat ein. Beiden galt Paulus als Abtrünniger vom Gesetz Jahwes, doch unterschieden sich ihre Auffassungen über Jesus.

Einige frühe Autoren erwähnen einen gewissen Ebion als den Begründer der Sekte der Ebioniten, doch ist seine historische Existenz nirgends belegt, weshalb die Gelehrten heute ihren Namen auf das hebräische *ebjonim* zurückführen, »die Armen«, weil sie ein Leben in Armut führten. In der dreizehnten Häresie seines »Panarion« sagt Epiphanius, daß den Ebioniten zufolge »zwei von Gott gezeugt wurden; der eine war Christus, der andere der Teufel«. Sie glaubten, daß Jesus der menschliche Sohn von Josef und Maria war und daß der Gottesgeist (Christus) bei der Taufe auf ihn herabkam, wodurch er zum größten der Propheten und dem verheißenen Messias wurde, aber nicht zum Sohn Gottes. Unsicher ist, ob das sogenannte »Evangelium der Ebioniten« der Sekte zuzuordnen ist.

Die Elchasaiten sind nach einem 96 Meilen großen Engelwesen namens Elchasai benannt, das ihrem Begründer eine im »Buch des Elchasai« niedergelegte besondere Offenbarung gegeben haben soll. Sie glaubten, daß Jesus der Messias und eine Reinkarnation Adams war und hingen hinsichtlich seiner Kreuzigung einer doketischen Auffassung an. Weitere Reinkarnationen Jesu wurden für möglich gehalten, weshalb das Christentum nicht als die endgültige Offenbarung gelten konnte. Sie praktizierten reinigende Waschungen und glaubten an die erlösende Kraft wiederholter Taufen. Sie sollen Mani von Ekbatana beeinflußt haben.

Nazarener

Eine nach Nazareth, einer Stadt in Galiläa, benannte Sekte. Diese Stadt ist dem Neuen Testament zufolge der Ort, an dem Jesus aufwuchs und nach dem seine ersten Anhänger Nazarener (Apg. 24,5) genannt wurden.

Diese Herleitung gilt heute als unbegründet. Zunächst einmal werden Religionen oder Sekten normalerweise nicht nach Orten benannt. Zudem wird eine Stadt dieses Namens weder im Alten Testament noch in der rabbinischen Literatur erwähnt, noch ist in irgendeinem anderen Dokument vor der christlichen Ära von diesem Ort die Rede. Er taucht auch in keinem der Paulusbriefe auf.

Der jüdische Historiker Josephus († 101 n. Chr.), der Gouverneur von Galiläa war und die Gegend gut kannte, hinterließ ein ausführliches Verzeichnis aller Orte der Provinz, ohne jemals Nazareth zu erwähnen. Die heutige Stadt dieses Namens ist mit Sicherheit nur bis zum 3. Jahrhundert n. Chr., als die Pilgerfahrten einsetzten, zurückverfolgbar.

Der Name Nazarener und alle verwandten Bezeichnungen wie Nazariten, Naziriten, Nazoräer, Nazaräer gehen auf das hebräische Wort *nazar* zurück, das einen »Getrennten« oder »Geweihten« bezeichnet. Im alten Israel bezog sich der Ausdruck auf diejenigen, die Gott geweiht waren und bestimmte Verbote einhielten (4. Mose 6,2). Sie enthielten sich unter anderem des Weins, rituell unreiner Speisen, der Berührung von Toten und schoren sich in der Regel das Haar nicht. Samson, Samuel und möglicherweise Johannes der Täufer waren Nazarener in diesem Sinn. Man hat auch die Auffassung vertreten, daß auch Jesus Nazarener war, vielleicht der Anführer der Sekte der Nazarener, die zu seiner Zeit möglicherweise den Essenern angegliedert war. Die Juden bezeichneten die ersten Anhänger Jesu mit diesem Namen.

Die heutige Stadt Nazareth scheint aufgrund der engen gedanklichen Verbindung der Nazarener, vor allem Jesu, mit diesem Teil Galiläa in unmittelbar nachchristlicher Zeit entstanden zu sein. Als Kaiser Konstantin im 4. Jahrhundert ein Kompendium der heiligen Orte in Auftrag gab, an denen Christus weilte, hatte sich die damalige Stadt Nazareth als das Nazareth der Evangelien etabliert.

Die Bezeichnung »Nazarener« wurde auch auf manche jüdisch-gnostischen Sekten in Syrien angewandt, die das mosaische Gesetz beachteten, wiewohl sie im übrigen Christen waren. Sie benutzten angeblich eine aramäische Version des Evangeliums, das sogenannte »Nazarenerevangelium«. Nach dem 5. Jahrhundert werden sie nicht mehr erwähnt.

Zu den frühen, als »Nazoräer« bezeichneten Sekten gehören auch die Mandäer. Im Koran und in muslimischen theologischen Schriften werden Christen als »Nasara« bezeichnet.

Nikolaiten

Die Nikolaiten sind eine gnostische Sekte, als deren Gründer fälschlich Nikolaus, der »Proselyt aus Antiochien« (Apg. 6,5), galt. Es handelt sich in Wirklichkeit um eine vorchristliche Sekte, die nach dem Auftreten Christi gnostische, möglicherweise ophitische Ableger bildete. Sie trat für gemeinsamen Besitz der Frauen, freie Sexualität und Rückkehr zum heidnischen Kultus ein.

Im Neuen Testament findet sich ein Hinweis auf die »Lehre der Nikolaiten, die ich verabscheue« (Offb. 2,15). Der vorangehende Vers spricht von der »Lehre Balaams«, die eine Falle *(skandalon)* für die Kinder Israels war. Das Wort, das als »Falle« übersetzt wurde, bedeutet auch etwas, das durch seine Anstößigkeit einen Skandal hervorruft.

Der Name »Nikolaus« ist die griechische Entsprechung des hebräischen »Balaam«; beide Namen bedeuten »Menschenerobérer«. Zu den Dingen, derentwegen die Nikolaiten vom Bann der frühen Kirche getroffen wurden, gehörten der Genuß von Speisen, die Götzenbildern geopfert worden waren, und zügellose Unzucht; die nicht erwähnten Sünden waren Analverkehr und Sodomie. Im zweiten Petrusbrief lesen wir, daß Balaam »für seine Schandtat Zurechtweisung erfuhr: Das stumme Lasttier redete mit Menschenstimme und gebot dem Wahnsinn des Propheten Einhalt« (2,16).

Der Sohar, der wichtigste Text der Kabbala, berichtet, daß Balaam »sich zur Nacht in tierischem Verkehr mit seiner Eselin besudelte« (Sperling und Simon, 1934, II, S. 11). Die Kinder Israels erschlugen Balaam in seinem dreiunddreißigsten Jahr,und seine Gebeine verwandelten sich in Schlangen. Der Sohar fügt hinzu: »Wenn du mehr wissen willst, frage seine Eselin« (ebd. S. 72).

Simon Magus (15. v. Chr.–53 n. Chr.)

Der in Samaria geborene und in Alexandria erzogene Sohn eines jüdischen Zauberers war einer der Patriarchen der gnostischen Häresie. Er wurde Schüler eines ebenfalls aus Samaria stammenden arabischen Mystagogen namens Dositheus, der ein Anhänger von Johannes dem Täufer gewesen war. Zu den Funden von Nag Hammadi gehört auch ein kurzer Text mit dem Titel »Offenbarung des Dositheus« (auch »Die drei Stelen des Seth« genannt), der aber nicht als sein Werk gilt, wiewohl es seinen Namen trägt. Dositheus gab sich als der Messias aus; er behauptete, daß sein Geist ewig sei und daß auch seine Anhänger durch die Taufe, die er ihnen spendete, unsterblich werden würden. Er hatte dreißig Schüler, neunundzwanzig Männer und eine Frau namens Helena. Er anerkannte Simon Magus als einen fortgeschrittenen Geist, und nach seinem Tod ging die Führung der Dositheaner an Simon über.

Simon Magus war ein weitgereister Mann. Auf der Suche nach magischem Wissen besuchte er Persien, Arabien, Ägypten und andere Länder. Überall begleitete ihn eine Zauberin namens Helena, die manchmal mit der Schülerin des Dositheus gleichgesetzt wird, während Justinus der Märtyrer sie als eine griechische Prostituierte bezeichnete, eine Sklavin aus einem Bordell in Tyrus.

Simon behauptete, daß Helena die Inkarnation der trojanischen Helena war und daß die berühmte Schönheit niemals von Paris entführt wurde. Was Paris nach Troja mitgenommen hatte, war nur ein *eidolon*, eine künstliche Nachbildung, und wegen dieser Puppe führten die Griechen und die Trojaner Krieg miteinander. Helena war, wie Simon sagte, die irdische Verkörperung des Äons Pronoia, des »ersten Gedankens«; sie war auch Selene, der Mond, die göttliche Gemahlin, eine Manifestation der Sophia oder göttlichen Weisheit, der der Ehrentitel *Kyria*, »Herrin«, zustand.

Für sich selbst nahm er in Anspruch, die »große Kraft Gottes« (Apg. 8,10) zu sein, und er gab sich den Titel »Sonne der Seelen«. Seine Anhänger nannten ihn den Magier, und er gebrauchte vielfach auch den Beinamen »Faustus«, der »Begünstigte«. Durch diese Tatsache sowie durch seine Begleiterin Helena könnte er eines der Vorbilder für die mittelalterliche Faustsage gewesen sein (Grant 1966, S. 70).

Man sagte ihm viele Wundertaten nach. Er heilte die Kranken, ließ Tote auferstehen, ging durch Feuer, flog durch die Luft, verwandelte Steine in Brot, ließ reichlich gedeckte Tische erscheinen und Bäume außerhalb der Zeit Frucht tragen, machte sich unsichtbar, verwandelte sich selbst und andere, machte Statuen lebendig und befahl den Dämonen.

Er rühmte sich: »Einst schuf ich eine Knabenseele durch meine Macht, indem ich Luft in Wasser, Wasser in Blut und Fleisch verwandelte und so ein neues Geschöpf schuf. Diesen unbefleckten Knaben brachte ich gewaltsam zu Tode und rief ihn mit meinen unaussprechlichen Beschwörungen an, damit er mich bei meinen magischen Operationen unterstütze.«

Clemens von Alexandria berichtet, daß Simon der »Stehende« genannt wurde, womit gemeint war, daß er nicht der Zerstörung anheimfallen würde. Andere waren der Auffassung, daß er wegen der von ihm veranstalteten phallischen Riten diesen Beinamen bekam. Die Macht für seine Wunder beschaffte er sich angeblich mittels erotischer Magie mit

Helena. Epiphanius zufolge benutzte er für seine Zauberkünste Sperma und Menstruationsblut.

Für Simon war das Feuer das Grundprinzip aller Dinge. Aus diesem Urfeuer gingen sechs Äonen in männlicher und weiblicher Paarbildung hervor: Geist und Verstand (Himmel und Erde), Stimme und Name (Sonne und Mond), Vernunft und Denken (Luft und Wasser). Er lehrte, daß die höchste Gottheit die Welt nicht geschaffen hat und nicht einmal etwas von ihr weiß. Die Schöpfung ist das Werk einer niedrigeren Wesenheit, des Demiurgen. Die Seele des Menschen stammt vom höchsten Wesen, das über dem Schöpfer steht. Jesus wurde nicht wirklich, sondern nur scheinbar gekreuzigt. Viele dieser Ideen Simons wurden zu Grundprinzipien des späteren Gnostizismus.

Im Neuen Testament wird berichtet, daß Simon sich taufen ließ, weil er begierig war, zu erfahren, wie Philippus der Evangelist seine Wunder wirkte. Mit noch größerem Erstaunen sah er, wie den Menschen durch Handauflegen sogar die Gabe des Heiligen Geistes zuteil wurde. Er begehrte auch diese Macht für sich und bot Petrus Geld dafür (daher das Wort *Simonie*), wurde aber entrüstet abgewiesen (Apg. 8,19).

In der Sage, wie sie sich teils in den apokryphen »Taten des Petrus und Paulus« und teils bei Origenes findet, wird berichtet, wie Simon nach Rom ging, als Petrus sich dort aufhielt, und von diesem aufgefordert wurde, vor dem römischen Kaiser eine Probe seiner Künste zu geben. Vor aller Augen erhob sich Simon vom Erdboden und blieb in der Luft schweben. Petrus (nach manchen Berichten war Paulus bei ihm) betete auf den Knien und schwächte dadurch die Macht der Dämonen, die die Zauberei bewirkten. Simon stürzte daraufhin plötzlich krachend auf den Palastboden nieder und brach sich den Oberschenkel. Da er aber immer noch unbedingt seine höheren Fähigkeiten unter Beweis stellen wollte, ließ er sich später drei Tage lebendig begraben, wodurch er zu Tode kam, denn er konnte nicht, wiedererweckt werden. Papst Paul I. († 767) soll am Ort der Niederlage Simons eine Kirche errichtet haben.

Über die wahre Identität des Simon Magus herrscht nach wie vor Unklarheit. Manche Autoritäten bezweifeln, daß der Simon des Neuen Testaments und Simon der Erzketzer und Zauberer ein und dieselbe Person sind. Simon Magus wird manchmal auch mit Simon von Gitta (um 100 n. Chr.) verwechselt, ebenfalls ein Samariter und Verfasser der »Megale Apophasis«, eines semignostischen Texts. Lange Zeit glaubte man auch, daß eine dem Semo gewidmete Bildsäule, die man auf einer Tiberinsel fand, zu Ehren des Simon Magus errichtet worden sei, während sie in Wahrheit dem Sabinergott Semo geweiht war.

Simons bedeutendster Schüler war MENANDER (35–117 n. Chr.), ebenfalls ein Samariter, der in Antiochia lehrte. Ihm zufolge erlangt man die Erlösung nicht durch den bloßen Glauben, sondern durch die Praxis transzendenter Magie. Er erfand ein Taufritual in Form eines »Unsterblichkeitsbades«, bei dem ein sichtbares Feuer in das Wasser abstieg. Dies sollte den Körper verjüngen, das ewige Leben gewähren und von Alter und Tod befreien. Zwei der Schüler des Menander, Saturninus und Basilides (siehe S. 189ff.), wurden selbst wieder Sektenführer.

Saturninus (90–150), der Begründer des syrischen Gnostizismus, lehrte ebenfalls in Antiochia. Ihm zufolge gibt es neben dem unbekannten Vatergott sieben Schöpferengel unter Jahwe und mehrere böse Hierarchien unter dem Satan. Jahwe ist der Demiurg, der die Schöpfung der Welt überwachte und Adam und Eva erschuf. Weil Eva dem Rat Satans folgte und sich von ihm verführen ließ, kam der Geschlechtsverkehr in die Welt und mit ihm die Sünde. Die Lehre des Saturninus ist weltfeindlich und frauenfeindlich. Er lehnte Fleischnahrung und Wein ab und war ein maßgeblicher Vertreter des Enkratismus, der sexuellen Enthaltsamkeit zum Zweck der Erlangung spiritueller Macht. Der Logos (Christus) ist der Erlöser, der gekommen ist, die Tugendhaften zu erretten und die Bösen zu vernichten. Die Guten hängen dem Enkratismus an und werden erlöst, während die Bösen und Ausschweifenden verdammt werden.

Kerinthos (um 100 n. Chr.)

Dieser judenchristliche Gnostiker erwarb seine Bildung in seiner Geburtsstadt Alexandria und lehrte dort und in Kleinasien. Er verachtete diejenigen Judenchristen, die der Beschneidung und dem Sabbat anhingen.

Wie die meisten Gnostiker vertrat er die Auffassung, daß der höchste Vater unerkannt sei und die Welt aus formlosem Stoff nicht von diesem höchsten Wesen, sondern von einem Archonten geschaffen worden sei, dem Demiurgen, der selbst nichts vom höchsten Wesen wußte. Jesus war laut Kerinthos ein gewöhnlicher Mensch, der Sohn von Joseph und Maria. Die Christuskraft kam bei der Taufe auf den Körper des Jesus herab und verließ ihn wieder vor der Kreuzigung. Weil das Christuswesen nicht leiden kann, litt nur der Mensch Jesus.

Der Kirchenhistoriker Eusebius von Cäsarea († 340) überliefert, daß Kerinthos zufolge Christus nach Jerusalem zurückkehren und tausend Jahre auf Erden herrschen wird. Diese Zeit wird eine Zeit der Vergnügungen, Festmähler, Hochzeiten, der endlosen Unzucht und anderer sinnlicher Genüsse sein.

Nach Polykarp († 155) empörten die Lehren des Kerinthos den alten Apostel Johannes so sehr, daß er sich weigerte, mit diesem »dem Feind der Wahrheit« im öffentlichen Bad zu bleiben, weil er fürchtete, daß das Dach auf sie herabstürzen würde. Nach der Meinung des Irenäus schrieb Johannes sein Evangelium als Gegenschrift zu Kerinthos.

Einer der Schüler des Kerinthos war Karpokrates, ebenfalls aus Alexandria. Einige Autoritäten halten es für wahrscheinlich, daß das Christustum zuerst in gnostischer Form nach Ägypten kam, und Lehrer wie Kerinthos und Karpokrates hatten maßgeblichen Anteil an der Stärkung der gnostischen Elemente in der neuen Religion.

Karpokrates (78–138)

Karpokrates war ein alexandrinischer Gnostiker und Schüler des Kerinthos. Vom Isiskult beeinflußt, übernahm er die Paraphernalien der ägyptischen Mysterienreligionen mit einem reich ausgestalteten Initiationsritual, das Losungsworte, mystische Zeichen, Handgriffe, geheime Symbole und Phoneme umfaßte. Die Taufe spielte in seinem System ebenfalls eine wichtige Rolle. Manche der Karpokratianer brachten sich zum Zeichen ihrer Mitgliedschaft in der Sekte hinter dem rechten Ohrläppchen ein Brandmal *(sphragis)* bei. Zwar wird von manchen Gelehrten die Auffassung vertreten, daß es einen Karpokrates niemals gab und sein Name nur eine verderbte Form von Harpokrates sei, des griechischen Namens für den ägyptischen Gott Horus, des Sohns der Isis, doch ist nach Lage der Dinge kaum daran zu zweifeln, daß er tatsächlich gelebt und gelehrt hat.

Er hatte eine Gefährtin namens Alexandria und einen Sohn namens Epiphanes, »der Berühmte«, der eine Abhandlung »Über die Gerechtigkeit« schrieb. Bei seinem Tod im Alter von 17 Jahren wurde Epiphanes in den Rang eines Äons erhoben und genoß göttliche Verehrung seitens der Mitglieder der Sekte. Man errichtete und weihte ihm einen Tempel und ein Museum. Die karpokratianische Lehre wird Vater und Sohn zu gleichen Teilen zugeschrieben.

Die Sekte verehrte nicht nur die bedeutendsten ägyptischen Gottheiten, sondern auch die griechischen Philosophen, unter anderem Pythagoras, Platon und Aristoteles, deren Bildnisse sie bei gelegentlichen Umzügen mit sich führten. Sie verehrten Jesus und schrieben ihm göttliche Eigenschaften zu, glaubten aber, daß er in natürlicher Weise gezeugt worden sei. Sie sollen Bilder und Gemälde von Jesus besessen haben, die auf ein persönlich von Pilatus in

Auftrag gegebenes Bildnis zurückgingen. Diese Bilder waren Gegenstand besonderer Verehrung und wurden ebenfalls bei Umzügen mitgeführt.

Karpokrates behauptete, im Besitz gewisser Geheimlehren zu sein, die Jesus seinen Aposteln mitgeteilt hatte und die nur den Würdigen und Gläubigen enthüllt wurden. Er benutzte auch ein geheimes, angeblich von Markus verfaßtes Evangelium, das erotische Rituale enthielt. Er lehnte den Gott des Alten Testaments und seine Gesetze ab und verwarf die mosaischen Verbote, zu stehlen und das Weib und das Gut des Nächsten zu begehren, als lächerlich, denn im anfänglichen und natürlichen Zustand der Menschheit gab es weder Eigentum noch Monogamie.

Die Begriffe »mein« und »dein« wurden vom Gesetz eingeführt, um in Privatbesitz umzuwandeln, was für alle gedacht war, und um den Menschen den ihnen zustehenden gemeinsamen Genuß der Früchte der Erde und den freien Umgang zwischen den Geschlechtern zu verwehren. Das Gesetz nimmt dem Menschen die sexuelle Freiheit, die keinem Tier versagt ist. Die Karpokratianer besaßen alles gemeinsam, ihren Besitz und ihre Frauen.

Fortpflanzung war verboten, doch wurde zu Sex und Sünde aufgefordert, und die Samenflüssigkeit wurde vergöttlicht. Karpokrates lehrte, daß Gott der menschlichen Brust den Stachel der Begierde zu einem besonderen Zweck eingepflanzt habe, um ihn nämlich zur Unzucht zu zwingen. Indem man also sündigte, konnte das göttliche Licht der Gnade Gottes wirksam werden, eine Tatsache, die Gott überaus erfreut. Die Sünde wurde damit zu einem Weg zur Erlösung. Die gemeinsamen Rituale der Karpokratianer gingen mit einem Festmahl mit üppigen Speisen und Wein zu Ende; danach wurden die Lichter gelöscht, und die ganze Gesellschaft widmete sich enthusiastisch ihrem eigentümlichen Streben nach Gottes Gnade, »wobei sie sich wahllos miteinander und in jeder beliebigen Weise vereinigten«, wie Clemens von Alexandria sagt.

Die Unterscheidung zwischen Gut und Böse existiert nur im Denken des Menschen, und man muß alles erfahren, ob Gut oder Böse. Karpokrates vertrat die Lehre der Seelenwanderung, die ihm zufolge erst dann aufhört, wenn die einzelne Seele durch ihre vielen Inkarnationen jegliche Erfahrungen durchgemacht hat, gute und böse, angenehme und schmerzliche, ruhmreiche und erbärmliche, und so das Leben in all seiner Vielfalt verkostet hat, ohne eine Tat ungetan zu lassen. Jede Tat hat einen Engel als Aufseher und muß unter Anrufung und im Namen dieses Engels ausgeführt werden, damit alle Handlungen in gebührender Weise vollzogen und aufgezeichnet werden können.

Zu den Jüngern des Karpokrates gehörte auch die Lehrerin MARCELLINA (um 145), die nach Rom reiste, um dort Konvertiten seine Lehre darzulegen. Ein anderer Jünger war PRODICUS (um 180) von Alexandria, ein Perser, der Anhänger bis nach Karthago gewann. Die karpokratianischen Vorschriften bezüglich der Gemeinschaft an Frauen und Gütern erweiterte er um die Nacktheit und die Notwendigkeit, zu dem einfachen Zustand von Adam und Eva vor dem Sündenfall zurückzukehren. Er lehrte auch, daß es nutzlos ist, von Gott etwas zu erflehen. Clemens von Alexandria bemerkt in seinen »Stromateis«, daß die Lehren der Sekte des Prodicus die eigentümliche Vorschrift enthalten, daß man nicht beten darf.

Basilides (85–145)

Basilides behauptete, Schüler eines gewissen Glaukias gewesen zu sein, der »Dolmetscher Petri« war, und führte damit seine Lehre auf die Apostel zurück. Zu seinen übrigen Lehrern soll der Magier Menander von Antiochia gehört haben. Basilides begründete seine eigene Schule in Alexandria.

Er war ein sehr fruchtbarer Schriftsteller und verfaßte ein Psalmenbuch, mehrere Oden, einen Bibelkommentar (die

»Exegetica«) in vierundzwanzig Bänden und ein kurzes Evangelium, doch sind nur Bruchstücke seines Werks erhalten. Er war gut mit den hebräischen Schriften vertraut und kannte einige der Paulusbriefe.

Die basilidianische Kosmologie stellt sich etwa wie folgt dar: Aus dem höchsten ungeborenen Vater, der »nichtseienden« und ganz und gar transzendenten Gottheit, gingen einige Emanationen hervor, nämlich Geist, Logos, Besonnenheit, Weisheit und Macht, die den ersten Himmel bildeten. Diese brachten in einer Aufeinanderfolge von Emanationen die Engel, Archonten und anderen Wesen der himmlischen Heerscharen hervor, wodurch insgesamt 365 Himmel entstanden. Der oberste der niedrigsten Ränge in der Hierarchie von Emanationen war Jahwe, der die Welt schuf und die Völker über die Erde verteilte. Sein bevorzugtes Volk waren die Juden, denen er half, die anderen Völker zu unterwerfen. Dies war der Anfang des Unfriedens. Das mosaische Gesetz kam vom Gott der Juden, und die Prophezeiungen des Alten Testaments von den anderen Weltherrschern, die vom jüdischen Gott inspiriert waren.

Der höchste Gott sandte dann seinen erstgeborenen Sohn, den Logos-Aspekt des Nous (Christus), um diejenigen, die an ihn glaubten, von der Knechtschaft des Schöpfers und seiner Archonten zu befreien. Christus inkarnierte sich als Jesus und wirkte viele Wunder. Bei der Kreuzigung ging die Gestalt Jesu auf Simon von Kyrene über (Mk. 15,21), der an seiner Statt litt.

Basilides vertrat die Auffassung, daß nicht alle Sünden vergeben werden, die ein Mensch begeht, sondern nur diejenigen, die unfreiwillig oder unwissentlich begangen wurden. Die übrigen Sünden müssen durch Leiden abgebüßt werden. Die Auserwählten werden in den höchsten Himmel aufsteigen, die übrigen Menschen in diejenigen Himmel, die ihrem Tun und Bemühen auf der Erde angemessen sind. Seine Anhänger betrachtete er als die Auserwählten und als »Menschen« im Gegensatz zu denjenigen, die die

Lehre nicht kannten und die nicht besser waren als Schweine und Hunde, also diejenigen, von denen Jesus sagt: »Werft nicht eure Perlen vor die Säue« (Mt. 7,6).

Basilides legte großen Wert auf Geheimhaltung und beschränkte seine Lehre auf eine Gruppe auserwählter Jünger. Denjenigen, die zu ihm kamen, um sich unterweisen zu lassen, erlegte er eine lange Schweigeperiode auf, wie es früher in den pythagoreischen Schulen üblich war. Er war ein Meister der Numerologie und magischen Phoneme und maß der Zahl 365 besondere Bedeutung bei, ebenso dem Äonen Abraxas, dessen Buchstaben zusammen die Zahl 365 ergeben. Er selbst praktizierte einen strengen Enkratismus und führte ein asketisches Leben, auch wenn Irenäus ihn und seine Anhänger des Götzendienstes, der Zauberei und des Libertinismus beschuldigte.

Valentinus (siehe S. 198ff.) könnte einer seiner Schüler gewesen sein. ISIDOROS, der Sohn des Basilides, war ebenfalls ein bedeutender Vertreter des Kults und schrieb gnostische Werke, deren Schwerpunkt die Ethik und die allegorische Exegese waren. Die Basilidianer hatten zahlreiche Anhänger in Ägypten und Südeuropa. Im 5. Jahrhundert erlosch die Sekte jedoch.

Marcion (90–165)

Der Bischofssohn Marcion war ein reicher Reeder aus Sinope am Hellespont. Er kam 140 n. Chr. nach Rom und erwarb in der Kirche hohes Ansehen, bis er in den Bann der Lehre eines Gnostikers namens Cerdo gerict und 144 n. Chr. exkommuniziert wurde, angeblich wegen unmoralischen Verhaltens.

CERDO († 143), ein syrischer Gnostiker, war zunächst Simonier (Anhänger des Simon Magus) und gründete dann seine eigene Schule. Er lehrte, daß Gottvater gnädig und gut ist. Dieser ist das Höchste Wesen, war aber unbekannt, bis er von Jesus den Menschen bekanntgemacht wurde. Der im

Gesetz und von den Propheten des Alten Testaments verkündete Gott war der Schöpfer der Welt und dem höchsten Wesen untergeordnet. Er war ein Gott der Gerechtigkeit, der Gehorsam forderte. Cerdo glaubte, daß nur die Seele, nicht aber der Körper wiederauferstehen würde.

Aus diesen Grundelementen entwickelte Marcion seine eigene Theologie. Auch bei ihm ist der Schöpfer und Herrscher der Welt der jüdische Gott, der gerechte, eifersüchtige und zornmütige Jahwe, der im Alten Testament geoffenbart ist. Gottvater war am Schöpfungswerk nicht beteiligt. Die biblischen Hinweise auf eine in der Welt wirksame göttliche Vorsehung bezogen sich auf Jahwes Interesse am materiellen Wohlergehen der Geschöpfe in der von ihm geschaffenen Welt und insbesondere auf die Fürsorge für sein auserwähltes Volk.

Einst wird der jüdische Messias, der Sohn Jahwes, kommen und sein irdisches Königreich errichten, wie es die Propheten vorhergesagt haben, doch hat dies nichts mit der schon von Christus gebrachten Erlösung zu tun, die rein geistiger Natur ist. Die geschaffene Welt des jüdischen Glaubens bleibt sich selbst überlassen und wird am Ende zerstört. Satan und seine Günstlinge sind eigene Gestalten im Reich Jahwes.

Gottvater ist die höchste Gottheit, das Absolute Andere, fern der Welt; für ihn sind die Menschen völlige Fremdlinge. Er ist ein guter Gott, der sich aber nicht um die Welt kümmert und nicht einmal etwas vom Vorhandensein der Menschen weiß. Nur der Logos, sein Sohn, kennt die Not der Menschheit, und seinem Mitgefühl ist es zu verdanken, daß der Vater sich für die Welt zu interessieren begann und beschloß, etwas für die Menschen zu tun. Er sandte daher seinen Sohn aus, um die Menschen aus der Knechtschaft der materiellen Welt und von der Herrschaft des Gottes dieser Welt, des Demiurgen, zu befreien.

Die Erlösung hängt vom Glauben an Jesus Christus den Erlöser ab, den Abgesandten des höchsten Gottes. Glauben heißt, sich der Gnade des gütigen fremden Gottes anzuvertrauen. Adolf Harnack († 1930) drückt dies wie folgt aus: »Marcion zufolge erlöste uns Christus von der Welt und ihrem Gott, um uns zu Kindern eines neuen und fremden Gottes zu machen.«

Die Seele, nicht der Leib ist Gegenstand des Heilsauftrages Christi. Der Mensch kann nur durch die Gnade erlöst werden, nicht durch Werke oder Gesetzestreue. Marcion beseitigte aus der christlichen Botschaft die Notwendigkeit von Furcht und Zittern. Das Christentum war ein Evangelium der Liebe, nicht des Gesetzes.

Indem er auf die Fallstricke des Glaubens an Jahwe verwies, drückte Marcion aus, daß Christus in die Hölle abstieg, um Kain, Korah, Dathan, Abiram, Esau, die Sodomiten und alle Völker zu erlösen, die den Gott der Juden nicht anerkannten. Abel, Henoch, Noah, Abraham und die Patriarchen und Propheten, die dem Schöpfergott dienten, mußten zurückbleiben: Durch vielfältige entsprechende Erfahrungen belehrt, daß ihr Gott sie gern auf die Probe stellte, hielten sie auch Christi Mission für eine solche Versuchung und weigerten sich, an ihn zu glauben.

Marcion lehnte das Alte Testament ab, weil es nur für die Juden von Bedeutung sei. Er verwarf aber auch das Neue Testament mit Ausnahme einer Version des Lukasevangeliums sowie – mit einigen Abänderungen – zehn der Paulusbriefe. Aus diesen strich er wiederum alle Textstellen mit Aussagen wie »damit es erfüllt werde«, die, wie er sagte, den ganz falschen Schluß nahelegten, daß Christus gekommen sei, um die Prophezeiungen des Alten Testaments zu erfüllen. Die Weihnachtsgeschichte mit ihren Bezügen auf David entfernte er ebenfalls.

Er sagte, daß Lukas die verläßlichste Biographie Jesu geliefert und daß Paulus richtig zwischen Gesetz und Gnade unterschieden hätte. Paulus hätte als einziger Anhänger Jesu die wahre Natur der Heilsmission Christi verstanden. Marcion hing einer doketischen Christusauffassung an, indem er lehrte, der Logos und Sohn Gottes konnte nicht verderbtes Fleisch angenommen haben und hatte daher nur einen Scheinkörper.

Bei Marcion wurde der Glaube, nicht die Gnosis, zum Werkzeug der Erlösung. Das Heil, sagte er, steht allen Menschen offen, und es sind hierfür keine Geheimnisse, geheimen Offenbarungen oder Wissen von magischen Ritualen notwendig. Von außen auferlegtes moralisches Verhalten war bedeutungslos. Die Erlösten sind »Gläubige«, nicht »Wissende« oder »Befolgende«. Liebe und Barmherzigkeit entspringen spontan dem Herzen derer, die an Jesus Christus glauben. Hierin liegt der Grund, warum Gelehrte wie Harnack Marcion nicht zu den echten Gnostikern rechnen und auf den im Kern christlichen Charakter vieler seiner Überzeugungen verweisen.

Marcion räumte Frauen eine hervorragende Rolle in seiner Kirche ein und betraute Frauen und Laien mit vielen geistlichen Ämtern. Er riet von der Ehe ab und verbot sie nach der Taufe, weil sie für ihn eine Erfindung des bösen alttestamentlichen Gottes war. Die Marcioniten enthielten sich tierischer Nahrung und des Weins und benutzten für die Eucharistie statt des Weins Wasser.

Insgesamt gesehen hatte Marcion erheblichen Einfluß auf die sich entwickelnde christliche Kirche. Auf ihn gehen die Bezeichnungen »Altes Testament« und »Neues Testament« zurück. Durch das Studium dieser Schriften zwang er die Kirche, sich dem Problem der Erstellung eines Kanons zu stellen, und von ihm selbst stammt der erste neutestamentliche Kanon. Die von ihm vorgeschlagenen Verbesserungen des Neuen Testaments bildeten die früheste Textkritik der Bibel. Er verfaßte selbst Psalmen, die er den davidischen vorzog, und gehörte damit zu den Pionieren der christlichen Hymnologie.

Er berief eine der ersten Kirchensynoden ein (Blackman 1948, S. 1) und war der erste »Protestant«. Der deutsche Theologe Ernst Barnikol vertritt die Auffassung, daß die erste christliche Kirche im eigentlichen Sinn des Wortes die marcionitische Kirche war.

Einer der Schüler Marcions war APELLES (um 180), der großes Vertrauen in die Hellsichtigkeit einer gewissen Philumene hatte und einen Teil seiner Lehren auf die von ihr empfangenen Inspirationen stützte, weshalb es zum Bruch mit Marcion kam. Er lehrte vier große Wesen: einen höchsten und guten Gott, einen Schöpfergott, einen Feuergott, der aus dem Dornbusch zu Moses sprach, und den Teufel oder Bösen. Dem höchsten Gott dienen Engel, die manchmal zur Aufsässigkeit neigten. Christus, lehrte Apelles, kam vom höchsten Gott, nahm wirkliches Fleisch an, starb im Fleisch, erstand von den Toten, gab sein Fleisch der Materie zurück und fuhr zum Vater auf. Alle, die wahrhaft an Christus glaubten, werden letztlich erlöst werden, gleichgültig, welcher Religion sie anhängen.

Ein weiterer Schüler Marcions war SEVERUS († 183). In seiner Lehre war von einem namenlosen höchsten Himmel die Rede, über den ein guter Gott herrschte, und einem untergeordneten Schöpfer namens Ialdabaoth, dem Herrn einer Heerschar ihm wiederum nachgeordneter Mächte, die über die materielle Welt herrschten. Severus' Lehre ist vor allem deshalb bekannt, weil ihr zufolge die Ehe das Werk der bösen Mächte wirkt und der Wein ein Erzeugnis des Satans ist.

Der Philosoph NUMENIUS aus Apamea (150–209), Pythagoreer, Platoniker und Vertreter der chaldäischen astrologischen Lehren war ebenfalls von Marcion beeinflußt. Ihm zufolge ist die Materie böse, weil in der Welt, die sich Gott mit dem Demiurgen teilt, ein grundlegender Dualismus herrscht. Er soll großen Einfluß auf den neuplatonischen Philosophen Plotin gehabt haben, dem sogar der Vorwurf gemacht wurde, Plagiator des Numenius zu sein.

Die Sekte der Marcioniten breitete sich rasch aus und gründete Gemeinden in Italien und im ganzen Römischen Reich, unter anderem in Ägypten, Palästina, Arabien, Syrien, Kleinasien und Persien. Sie hatte bis zum 8. Jahrhundert Bestand; danach wurde sie allmählich von den Manichäern aufgesogen.

Montanus (110–172)

Der in Ardabau unweit vom Berg Ida im kleinasiatischen Phrygien geborene Montanus war Heidenchrist. Hieronymus sagt, er wäre Kastrat gewesen, wofür der Umstand spricht, daß er einst Priester der Kybele, der großen Göttin Phrygiens war.

Er fiel gelegentlich spontan in Trance, sprach in Zungen und gab inspirierte Prophezeiungen. Er gab sich als der Paraklet aus, der Geist der Wahrheit und die Inkarnation des Heiligen Geistes. Er begründete in Phrygien, einem Gebiet, das in heidnischer Zeit wegen seiner sinnlichen und orgiastischen Kulte berüchtigt war, eine ekstatische und enthusiastische Sekte. Die Kirche prangerte ihn als den Führer der später wegen ihres phrygischen Ursprungs so genannten kataphrygischen Häresie an. Er ermunterte seine Anhänger zu ekstatischen Zuständen und zur, wie er es nannte, Besessenheit vom Heiligen Geist, wodurch sie, wie man glaubte, »das Dritte Testament« empfingen. Ein montanistischer Vers lautet: »Seht, der Mensch ist eine Leier, und ich spiele als Plektron auf ihm.«

Zwar lehnten manche Montanisten den Gnostizismus entschieden ab, doch wurden sie meist den Gnostikern zugerechnet, und sie können als repräsentativ für den asketischen Zweig der gnostischen Bewegung gelten. Sie lehnten den Bürokratismus der Kirche ab, lebten puritanisch, zölibatär und hielten strenge Speisevorschriften ein. Sie waren Adventisten und prophezeiten die unmittelbar bevorstehende Wiederkunft Christi und die Errichtung des Neuen Jerusalem in Pepuza, einen winzigen Ort im Herzen Phrygiens. Sie glaubten an die Taufe für die Toten, für die sich stellvertretend Freunde und Verwandte der Gläubigen taufen lassen konnten, um diese nach ihrem Tod in die Gemeinschaft der Erlösten aufnehmen zu können, eine Praxis, die Paulus schon einhundert Jahre davor angeprangert hatte (1. Kor. 15,29). Im Gegensatz zu den meisten anderen gnostischen Sekten verboten sie die Apostasie, den Abfall vom Glauben oder die Flucht in Zeiten der Verfolgung.

Die Montanisten lehnten die Ehe radikal ab und traten sogar für die Auflösung bereits bestehender Ehen ein. Schwangerschaft war für sie etwas Unziemliches, und eine zweite Ehe galt als ehebrecherisch. Trotz alledem wurden sie beargwöhnt und verleumdet, hauptsächlich deshalb, weil sich so viele Frauen zu ihnen hingezogen fühlten und weil es in ihren Riten heilige Tänze gab, die von Jungfrauen aufgeführt wurden.

Viele Frauen verließen ihre Männer, um sich den Montanisten anzuschließen, und Montanus erwählte ausschließlich Frauen zu seinen obersten Kultdienerinnen und Prophetinnen. Einige der letzteren versenkten sich in Trance und gerieten in Ekstase, wobei sie glaubten, von Gott besessen zu sein. Die berühmtesten seiner Konvertitinnen waren MAXIMILLA und PRISCA (oder Priscilla), zwei reiche Frauen aus vornehmem Geschlecht. Der Montanismus bekam in dem großen afrikanischen Theologen Tertullian einen bedeutenden Bundesgenossen, der sich 207 n. Chr. der Sekte anschloß und bis zu seinem Tod Montanist blieb.

Im 6. Jahrhundert schlug die Kirche gegenüber der Sekte eine schärfere Gangart an. 550 n. Chr. ließ der Bischof von Ephesus die Leichen von Montanus und seinen höchsten Prophetinnen exhumieren und verbrennen. Ein Jahrzehnt später verbarrikadierten sich die Montanisten während einer Verfolgung durch den byzantinischen Kaiser in ihren Kirchen und zündeten sie an, weil sie lieber sterben als ihren Glauben aufgeben wollten. Im 8. Jahrhundert verschwand die Sekte nach einem weiteren solchen Blutbad von der Bühne der Geschichte.

Valentinus (110–175)

Valentinus war ein ägyptischer Dichter und Lehrer in Alexandria und der einflußreichste der Gnostiker. Er reiste von Ägypten nach Rom (135–160), um dort zu lehren, hegte Hoffnungen, Bischof von Rom zu werden, und fiel von der Kirche ab, nachdem ihm ein Bischofsamt versagt wurde.

Er behauptete, die paulinischen Geheimlehren von Theodas empfangen zu haben, einem der Schüler Paulus'. Valentinus war möglicherweise ein Schüler von Basilides. Er war ein profunder Kenner der griechischen Philosophie und des christlichen Schrifttums seiner Zeit. Ihm schreibt man das poetische »Evangelium der Wahrheit« zu, das in koptischer Übersetzung in Nag Hammadi aufgefunden wurde und das Irenäus als »Evangelium Veritatis« erwähnt. Er verfaßte auch einige Psalmen.

Valentinus selbst soll ein untadeliges Leben geführt haben, jedoch wurden seine Lehren sehr frei interpretiert. Daher entwickelte sich die Sekte zu einer der ausschweifendsten aller gnostischen Sekten, wodurch Valentinus sich die Feindschaft vieler Kirchenväter zuzog. Clemens von Alexandria, Irenäus, Tertullian und Hippolytus schrieben alle gegen ihn.

Hieronymus, ein brillanter und eloquenter Mann von immenser persönlicher Ausstrahlung sagt über ihn: »Niemand kann eine einflußreiche Häresie hervorbringen, wenn er nicht von Natur aus über einen hervorragenden Intellekt verfügt und von Gott mit Gaben versehen ist. Ein solcher Mann war Valentinus.«

Nach der valentinianischen Kosmologie ließ die Herrlichkeit des Vaters eine Ogdoas oder achtfache Emanation hervorgehen, nämlich Gedanke, Gnade, Schweigen, Geist, Wahrheit, Mensch, Kirche und Sophia (wobei es unterschiedliche Aufzählungen gibt), aus der wiederum fünfzehn Paare oder dreißig Äonen hervorgingen, Engelwesen, die das Pleroma oder die Fülle des oberen Reichs bildeten. Die Äonenpaare entfalteten eine lebhafte sexuelle Aktivität, und die Valentinianer waren angehalten, es ihnen nachzutun. Eine wichtige valentinianische Feier begann am Vorabend des 5. Februar, des Tags der römischen Luperkalien; die Mitglieder des Kults waren bei der göttlichen Hochzeit zugegen, die im Brautgemach ihres Heiligtums vollzogen wurde und die sie anschließend nachahmten.

Für die Valentinianer war die Welt dualistisch aufgebaut. Gott und Satan trennt eine dualistische Kluft; dualistisch ist die Natur, dualistisch ist der Mensch. Die Vereinigung dieser widerstreitenden Gegensätze ist der Weg zur Erlösung. Die dreifache Unterscheidung des Valentinus zwischen dem noetischen Menschen, in dem der Geist, dem psychischen Menschen, in dem die Seele, und dem hylischen Menschen, in dem die fleischlichen Neigungen vorherrschen, gelangte im Gnostizismus zu wesentlicher Bedeutung.

Als ihm zum erstenmal Gnosis widerfuhr, sagt Valentinus, hatte er die Vision eines neugeborenen Kindes, das zu ihm sprach: »Ich bin der Logos.« Er fügt hinzu, daß ein Mensch, der einmal Gnosis empfangen hat, nicht mehr sündigen kann, was einige seiner Anhänger als Freibrief zur Ausschweifung auffaßten.

Die valentinianische Schule breitete sich rasch aus, und da sie zur selbständigen Spekulation anregte, entstanden zahlreiche Versionen und Erweiterungen der valentinischen Lehre. Irenäus spottet: »Keiner von ihnen gilt als vollkommen, wenn er nicht in hochtrabenden Phrasen eine andere Meinung darlegt.« Tertullian zufolge »wuchern die Spekulationen der Valentinianer sogar noch heftiger als diejenigen der Gnostiker.«

Die wichtigsten Schüler oder Nachfolger des Valentinus waren Theodotus, Ptolemäus, Herakleon, Secundus, Marcus, Theotimus, Axionicus, Florinus und Bardesanes.

THEODOTUS (um 140–170) lehrte in Kleinasien. Clemens von Alexandrias wichtige Sammlung griechischer Auszüge aus den Schriften des Theodotus, betitelt »Excerpta ex Theodoto«, ist in Wirklichkeit eine Sammlung von Aussprüchen verschiedener Valentinianer. In einem häufig wiedergegebenen Zitat beschreibt Theodotus den wahren Gnostiker als jemanden, der verstehen kann, »wer wir waren, was wir geworden sind, wo wir waren, in was wir geworfen wurden, wohin wir eilen, woraus wir erlöst werden, was die Geburt und was die Wiedergeburt ist.«

Ptolemäus (um 180) lehrte in Rom und schuf einen Valentinianismus italienischer Prägung. In seinem »Brief an Flora«, der bei Epiphanius erhalten ist, gibt er einer Dame Auskünfte über die Sekte und erläutert die Bedeutung des mosaischen Gesetzes. Ptolemäus glaubte, daß Christus eine Seele und einen psychischen Leib besaß, so daß nicht nur der spirituelle, sondern auch der verstandesbetonte Mensch erlöst werden könnte.

Herakleon (140–200) schrieb den ersten und stark allegorischen Kommentar zum Johannesevangelium, in dessen Prolog er die Emanation der Äonen beschreibt. Er interpretierte das Johannesevangelium als valentinianisches Buch.

Markus († 175), ein Ägypter, lehrte in Kleinasien und Gallien, betrieb intensiv Ritualismus, Magie und Numerologie und versuchte, das hebräische Zahlensystem an das griechische Alphabet anzupassen. Irenäus schreibt, daß Markus »ein Meister der magischen Täuschung« war, und wirft ihm Scharlatanerie und Ausschweifung und die Verführung seiner »Prophetinnen« vor. Seine Anhänger werden als Markosianer bezeichnet.

Bardesanes (154–222), auch Bardaison oder Ibn Daisan genannt, lebte am Hof von Abgar VIII. dem Großen in Edessa, wo syrische, iranische und hellenistische Kulturströmungen zusammenflossen. Er ist der Urheber einer syrischen Hymnologie. Der berühmte »Perlenhymnus« in den »Thomasakten« stammt aus seinem Kreis, wenn nicht von Bardesanes selbst. Man hat ihn »den letzten Gnostiker« genannt, doch lebte der Gnostizismus nach ihm noch lange weiter. Seine Kosmologie war emanationistisch, seine Christologie doketisch. Wegen seines Glaubens an die Macht der Sterne wurde er als Fatalist kritisiert. Bardesanes' Werk und dasjenige seines Sohnes Harmonius waren von großem Einfluß auf die Manichäer.

Der Valentinianismus war eine sehr bedeutende Strömung und breitete sich von Ägypten ostwärts nach Syrien, Kleinasien und Mesopotamien und westwärts nach Rom, Spanien und Gallien aus. Die Kirche versuchte immer wieder, die valentinianische Häresie und die damit verbundenen ausschweifenden Praktiken zu unterbinden. Sie ging sogar so weit, einen fiktiven christlichen Märtyrer namens Valentinus von Persien zu erfinden, der angeblich am 14. Februar des Jahres 270 mit Keulen erschlagen und anschließend enthauptet wurde. Valentinus ist inzwischen aus dem offiziellen Heiligenkalender gestrichen, doch wird der Valentinstag in vielen westlichen Ländern noch heute mit dem Versenden anonymer Liebesbotschaften begangen, in England »Valentines« genannt.

Mehrere mittelalterliche Kulte waren von den Valentinianern inspiriert, und Praktiken, die an diese Sekte erinnerten, hielten sich in Südfrankreich bis zum 12. Jahrhundert (Rutherford 1861, S. 195). Die heutige Wiederbelebung des Gnostizismus in Südfrankreich, insbesondere in Lyon, sowie in verschiedenen anderen Teilen der westlichen Welt wurzelt weitgehend im Valentinianismus.

Kainiten

Kunde von der sogenannten Sekte der Kainiten finden wir bei Irenäus, Tertullian und Epiphanius, die kainitische Anleihen in den Lehren vieler Gnostiker wie zum Beispiel Marcion und Valentinus feststellten.

Wie andere Gnostiker wandten sich die Kainiten gegen das mosaische Gesetz, gegen Jahwe und die Ansprüche des auserwählten Volkes. Sie vertraten die Auffassung, daß gerade diejenigen Gestalten der Bibel Wissen vom wahren Gott erlangt hätten, die als Böse dargestellt werden. In Wirklichkeit hätten diese Männer und Frauen ihre Mission von einer höheren Macht hergeleitet; sie wären Träger einer noetischen Botschaft gewesen und aus diesem Grund vom Gott dieser Welt verfolgt worden. Jahwes Lieblinge wie Abel, Isaak, Jakob, Moses und andere bildeten die unerleuchtete Mehrheit.

Die Kainiten gaben der Schlange im Paradies, die Adam und Eva den Weg zur Erkenntnis wies, einen viel höheren Rang als Jahwe, dem Gott dieser Welt, der ihnen diese Erkenntnis vorenthalten wollte. Sie stellten Kain über Abel, weil sie glaubten, daß in Kain eine mächtige Kraft wirksam war und daß Abel von einer niedrigeren Wesenheit empfangen und zur Welt gebracht wurde. Der Gott dieser Welt akzeptierte Kains Opfer von den ersten Früchten der Erde nicht, nahm aber das blutige Opfer Abels an, was beweist, daß der Gott dieser Welt Gefallen an Blut hat.

Sie stellten den von Noah ausgeschickten Raben (1. Mose 8,7) über die Taube, weil der Rabe nicht zu Noah zurückkehrte, Lot über Abraham, weil Lot die fruchtbare Jordanebene (1. Mose 13,11), Abraham aber Kanaan wählte, Ismael über Isaak, weil Ismael Abrahams erstgeborener Sohn war und daher den Anspruch auf das Erbe hatte, Esau über Jakob, weil Esau der älteste Sohn Isaaks war und Jakob sein Erbe durch eine List an sich brachte. Sie ehrten den Pharao, nicht Moses, weil der Pharao Jahwe nicht anerkannte (2. Mose 5,2), und ebenso Korah, Dathan und Abiram (4. Mose 16,19), nicht aber Moses und Aaron, weil letztere das Gesetz Jahwes durchsetzen und sich damit das ausschließliche Privileg der Priesterschaft sichern wollten.

Unter den Gestalten des Neuen Testaments erhoben die Kainiten Judas über Johannes, Maria Magdalena über die Jungfrau Maria, Simon Magus über Simon Petrus, und sie rühmten die Rolle des Pontius Pilatus. Dieser römische Statthalter von Judäa wusch seine Hände und fand keine

Schuld an Jesus. Im apokryphen »Petrusevangelium« wird den Juden allein die Schuld am Tod Jesu zur Last gelegt, während Pilatus gepriesen wird, weil er Jesus als Gerechten bezeichnete (Mt. 27,24). Im apostolischen Glaubensbekenntnis heißt es, daß Jesus »unter Pontius Pilatus litt«, doch bedeutet dies lediglich, daß der »leidende Heiland« mit Pilatus litt. Andernfalls wäre kaum zu begründen, warum Pilatus in diesem Zusammenhang überhaupt erwähnt wird.

Pilatus wurde mit seiner Frau Procla auch von manchen frühchristlichen Gruppen verehrt. In manchen östlichen Kirchen gilt er als Heiliger und Märtyrer. Noch heute ehrt die koptische Kirche Ägyptens und Äthiopiens seinen Namen und begeht sein Fest alljährlich am 25. Juni. Die lateinische Legende von seinem Tod berichtet, daß Pilatus verhaftet und vor den Kaiser in Rom gebracht wurde. Er trägt das saumlose Gewand Jesu. Dieses wird ihm vom Leib gerissen, und er wird ins Gefängnis geworfen, wo er entweder von eigener Hand oder durch Mörderhand zu Tode kommt.

Peraten

Die von Euphrates († 160) gegründete und von seinem Schüler Kelbes weiterentwickelte Sekte der Peraten gab ihre inneren Lehren unter strengster Geheimhaltung weiter. Einiges ist über sie bei Hippolytus in Erfahrung zu bringen.

Die Peraten glaubten, daß nichts, was körperlich erzeugt ist, der Auflösung entgehen könne und daß die Erlösung nur denjenigen möglich sei, denen es gelänge, aus der Sphäre der Schöpfung und Schicksalhaftigkeit auf die »andere Seite« *(peratos)* zu gelangen und dadurch den Tod zu überwinden.

Sie lehrten eine mystische Physiologie, die die verschiedenen Teile des Körpers miteinander, aber auch mit den Sternen und Planeten in eine Beziehung setzte. Die Wassersymbolik spielte bei ihren Riten eine hervorragende Rolle. Sie kannten eine mannweibliche Gottheit namens Thossa (von *thalassa*, »Meer«), mit fünf Dienern geheimen Namens, denen jeweils Entsprechungen im Körper zugewiesen wurden.

Ägypten war das Symbol der Sterblichkeit und Verderbnis, und nach peratischer Auffassung »sind alle Unwissenden (das heißt diejenigen, die außerhalb der Sekte stehen) Ägypter«. Der physische Leib war für sie ein Ägypten im kleinen. Mittels einer inneren Disziplin vollzogen sie in tranceartigem Zustand, in den sie während eines sexuellen Rituals gerieten, die mystische Wiederholung des Auszugs der Israeliten (der Seele) aus Ägypten (dem Leib), durch das Rote Meer (die Wasser der Verderbnis) in die Wüste (die Qual der Selbstverleugnung), um sich den Angriffen der Schlange auszusetzen (den Sünden der Begierde), bis sie schließlich den Jordan überschritten und in das Gelobte Land gelangten. Der Jordan mußte überschritten werden, wenn sein Wasser aufwärts strömte.

Barbeliten

Diese ehrten einen Uräon namens Barbelo, dem sich das Höchste Wesen geoffenbart haben soll. Irenäus sagt, daß es eine Vielzahl von Barbelo-Gnostikern gab. Ihr Zentrum war Alexandria.

Manche Gelehrte leiten ihren Namen von dem »aus vier Lichtern« (hebr. *e-arba-orim*) geformten Prinzip her, die vom höchsten Wesen ausstrahlten, nämlich Armozel, der Große, der Vater, Oroaiel, die Lichtmutter (Barbelo selbst), Davithe, der geliebte Sohn, und Eleleth, der Andere, nämlich der Anthropos oder Urmensch.

In manchen Texten besitzt die Barbelo die Attribute der Sophia. Sie ist der ursprüngliche, niemals alternde Geist, jungfräuliche Tochter des Herrn, kosmische Gemahlin, universelle Mutter, zugleich aber auch die Prunikos (*prouneikos*, »lüstern«), die Hure.

Die Barbeliten praktizierten den Borborismus. Epiphanius schreibt, daß die Macht der Barbelo auf die Archonten zerstreut ist, weshalb sie ihnen in verführerischer Schönheit erscheint und ihnen Genuß bereitet. Dann nimmt sie den von ihnen ergossenen Samen an sich und holt sich dadurch ihre zerstreute Macht zurück. Ihre Anhänger tun es ihr nach und sagen: »Wir sammeln die Macht der Prunikos aus Körpern durch deren Flüssigkeiten«, womit sie Samen und Menses meinen (Foerster 1974, S. 317).

Nag-Hammadi-Texte wie das »Apokryphon Johannis«, die »Hypostasis der Archonten« und der »Ursprung der Welt« gelten als barbelitisch.

Sethianer

Diese Sekte wurde manchmal mit den Ophiten, Barbeliten und anderen verwandten Gruppen in Verbindung gebracht. Sie festigte sich in Ägypten und Kleinasien, und in Palästina gab es den Zweig der Archontiker. Ein Armenier namens Eutactus (um 340) besuchte nach dem Bericht des Epiphanius Palästina, wo er die »vergiftete Lehre« von einem Greis namens Petrus von Capharbarica, einem Ort bei Hebron, aufgenommen haben soll, und kehrte mit »diesem Unrat« in seine Heimat zurück, »als ob es eine kostbare Fracht wäre«.

Der Name der Sekte wurde früher von der ägyptischen Gottheit Seth hergeleitet, dem Bruder und Mörder des Osiris, während die Gelehrten sie heute von Seth, dem dritten Sohn von Adam und Eva, herleiten. Nach sethianischer Auffassung verführte Satan, der Sohn Sabaoths, des Gottes der Juden, Eva, worauf sie Kain und Abel gebar. Die höchste Gottheit erregte aber die Sintflut, um den Samen Kains auszulöschen, doch schmuggelten böse Engel Ham in die Arche, um den Fortbestand des Bösen zu sichern.

Nach dem Mord an Abel kamen Adam und Eva zusammen und wurden die Eltern von Seth, der als »anderer Nachkomme« (1. Mose 4,25) für Abel galt. Seth wird deshalb als der Allogenes bezeichnet, der »einem anderen Stamme« angehört und ein Fremdling in der Welt ist. Durch seine schwesterliche Gemahlin Norea wurde Seth zum Ahnherrn des erwählten Geschlechts der Menschen.

Adam vertraute Seth auf dem Totenbett bestimmte Geheimnisse an, die Seth auf zwei Säulen geschrieben haben soll, eine aus Stein und eine aus Ziegel, damit sie die vorhergesagten Flut- und Feuerkatastrophen überdauern sollten, und er verbarg sie am Gipfel des Charaxio, des »Berges der Würdigen«, wo sie zur rechten Zeit aufgefunden werden würden. Die Inschriften, die die Sintflut überdauerten, wurden bereits gefunden, und der Rest wird nach dem noch kommenden Weltenbrand entdeckt werden.

Zu den bei Nag Hammadi gefundenen sethianischen Schriften gehören die »Drei Stelen des Seth«, »Zostrianos«, die »Zweite Lehre des großen Seth«, die »Paraphrase des Sem«, »Allogenes«, die dreigestaltige Erste Denkkraft *(trimorphe protennoia)* sowie »Melchisedech«. In letzterem Werk vollbringt der Hohepriester Melchisedech das Erlösungswerk in Gestalt des gekreuzigten und auferstandenen Jesus.

Die Sethianer glaubten an immer wiederkehrende Offenbarungen und an eine fortwährende Übertragung der »Geheimnisse Adams« durch einen Phoster oder »Erleuchter«, der von Zeit zu Zeit auftreten würde. Jede dieser irdischen Manifestationen des himmlischen Erlösers stammte und wird weiterhin aus dem Geschlecht des Seth stammen: Melchisedech, Zoroaster, Jesus (Layton 1981, S. 498).

Es wurde die Auffassung vertreten, daß der Titel des sethianischen Kodex »Zostrianos« von Zoroaster abgeleitet ist. In manchen gnostischen Texten ist Melchisedech die Kraft, die sich in der Sonne verbirgt, und er trägt dort auch den Namen Zorokothoro, was ebenfalls eine Variante von Zoroaster sein könnte.

Die Melchisedechianer werden manchmal als eigene Sekte behandelt, doch gehören sie zu den Sethianern. Ihr

Name geht auf Melchisedech zurück, den König von Salem (der alte Name Jerusalems), der im Alten Testament als Priester des allerhöchsten Gottes bezeichnet wird und im Neuen Testament »ohne Anfang der Tage und ohne Ende seines Lebens ähnlich dem Sohne Gottes« ist. Paulus sagt über Jesus, er sei »von Gott angesprochen als Hoherpriester nach der Ordnung des Melchisedech« (Hebr. 5,10).

Den Sethianern zufolge stammt Jesus aus der reinen Linie Seths und wird in manchen Texten mit Seth gleichgesetzt.

Ophiten

Diese Sekte hat ihren Namen von der Schlange, die im Griechischen *ophis* heißt und in ihrem Glauben eine hervorragende Rolle spielt. Manche Autoren bezeichnen die Ophiten als vorchristliche Sekte, weil der Schlangenkult und kultische Handlungen mit Schlangen zweifellos in sehr alte Zeiten zurückreichen.

Der widderköpfige ägyptische Gott Chnemu wurde zum Chnubis der Gnostiker, die ihn auf ihren Gemmen als löwenköpfige und bärtige Schlange auf Menschenbeinen darstellten. Ein Schlangenkult findet sich auch in den Mysterien des ägyptisch-griechischen Gottes Serapis, in Verbindung mit der phrygischen Gottheit Kybele, mit Dionysius und vielen anderen alten Gottheiten. Clemens von Alexandria beschreibt den thrakischen Sabazius-Kult, bei dem »die Gottheit über die Brust gleitet«.

Mit der Schlange verbindet sich eine überaus vielfältige Symbolik. Sie hat mit Unsterblichkeit und der Überwindung des Todes zu tun. Sie gilt auch als phallisches Symbol und daher als eine Gottheit des sexuellen Genusses. Als chthonisches Geschöpf, das im Unterirdischen wohnt, steht sie auch in einer Verbindung mit der Dunkelheit und den Reichen des Todes. Manchmal steht sie auch im Zusammenhang mit dem Ur-Ei, aus dem alle Dinge hervorgingen, und wird um ein Ei geschlungen dargestellt.

Im Gnostizismus war sie Symbol des Kosmos, dessen Herrscher der erdumschlingende Drache Satan ist. In der »Pistis Sophia« heißt es: »Die äußere Dunkelheit ist ein riesiger Drache, der seinen Schwanz im Maul hat.« Das kreisförmige Symbol der Schlange, mit dem Schwanz im Maul, wurde als *ouroboros* bezeichnet, »Schwanzfresser«. Dies war das Symbol des ägyptischen Gottes Atum, der seinen Phallus in der Hand hielt, mit seiner Faust kopulierend. Für den Gnostiker war jedoch der Ouroboros das Urwesen, das spricht: »Ich bin das Alpha und das Omega, der Erste und der Letzte, der Anfang und das Ende« (Offb. 22,13).

Wer die Sekte der Ophiten gründete, ist nicht bekannt, wenn es überhaupt einen Gründer gab. Die Sekte gliederte sich in mehrere Zweige. Ein Zweig dürfte von ALEXANDER DEM PAPHLAGONIER († 180) ausgegangen sein, der aus der Stadt Abonuticus in Kleinasien stammte. Dieser Schüler des neupythagoreischen Philosophen und Wundertäters Apollonius von Tyana hatte eine große Schlange namens Glycon gezähmt. Er bedeckte ihren Kopf mit einer menschlichen Maske, benutzte sie als Orakel und verordnete mit ihrer Hilfe Arzneien. Der römische Schriftsteller Lucian bezeichnete ihn als Scharlatan.

Viele gnostische Sekten waren stark ophitisch geprägt, insbesondere die Sethianer, die Peraten, die Justinianer und vor allem natürlich die Naassener (auch Nachaiten oder Nochaiten genannt). Die Naassener sind bei Hippolytus erwähnt, wobei der größte Teil seines Berichts einen Auszug aus dem sogenannten »Naassenischen Psalm« bildet. Das hebräische Wort für Schlange, *nachasch*, wird im griechischen als *naas* wiedergegeben, was die Ophiten mit dem ewigen Prinzip in Verbindung brachten, dem Nous oder Geist, womit sie ausdrückten, daß die Schlange im Garten Eden in Wirklichkeit der Nous in Schlangengestalt war.

Den Naassenern zufolge versuchte der Demiurg, der Gott des Alten Testaments Adam und Eva die Erkenntnis vorzuenthalten, und die Schlange überredete sie, dem Demiurgen nicht zu gehorchen und von der Frucht zu kosten. Dies war der Ursprung der Erkenntnis *(gnosis)*. Weil die Schlange die Pläne Jahwes durchkreuzte, verfluchte der »verwünschte Gott der Juden« (Grant 1966, S. 117) die Schlange.

Dieses kosmologische Schema der Sekte wurde in einer mystischen Zeichnung dargestellt, dem »ophitischen Diagramm«, von dem verschiedene Beschreibungen in den Schriften des heidnischen Platonikers Celsus, im »Apokryphon Johannis«, beim Kirchenvater Origenes und anderen überliefert sind.

Die Zeichnung zeigt die sieben von den Archonten beherrschten Kreise in einem großen, Leviathan genannten Umkreis, der Weltseele, die die ophitische Schlange darstellte. Im innersten Kreis lag Behemoth, die den Hades, den Tartaros, die Gehenna darstellte, das heißt das Reich des Bösen. In einigen Versionen trugen die Herrscher der Kreise die Namen der Erzengel, doch waren es meist die Namen der Archonten, die jeweils einen Aspekt des Demiurgen symbolisierten.

Der erste Kreis wurde von Ialdabaoth in Löwengestalt repräsentiert, der zweite von Sabaoth in Stiergestalt, der dritte von Iaoth in Skorpionsgestalt, der vierte von Eloaios in Adlergestalt, der fünfte von Thauthabaoth (der möglicherweise für *tohu* und *bohu* stand, die Leere und Formlosigkeit von 1. Mose 1,2) in Bärengestalt, der sechste von Erathaoth in Hunde- oder Affengestalt, der siebte von Thartharaoth (möglicherweise eine hebräische Form von Tartaros) in Eselsgestalt.

Eines der typischen Rituale der Ophiten bestand darin, daß man eine Schlange von der Brust zu den Schamteilen der männlichen und weiblichen Gläubigen gleiten ließ, wodurch man hysterische Affekte erzeugte. Die Betreffenden stießen schrille Schreie aus, heulten und weinten, stürzten in wilden Zuckungen zu Boden, begannen zu tanzen, machten

Prophezeiungen und gerieten in Ekstase. Man ließ auch Schlangen über Brotlaibe kriechen, damit diese »gekräftigt« und geweiht würden, woraufhin sie von den Kultteilnehmern in einem sakramentalen Mahl verzehrt wurden.

Man glaubte in der ophitischen Zeremonie, daß die Schlange eine reinigende und heilende Wirkung hätte. Die Bibel berichtet (4. Mose 21,9), daß Moses eine eherne Schlange *(nachasch)* fertigte und an eine Stange hängte, damit diejenigen, die von giftigen Schlangen gebissen wurden, durch den Anblick dieser ehernen Schlange geheilt würden. Die Naassener glaubten, daß Christus die Inkarnation der Schlange des Paradieses und der Schlange Moses' war.

Manchmal wird auch zwischen Christus dem Heiland und Jesus unterschieden. Christus verglich die Schlange mit dem Menschensohn (Joh. 3,14), während Jesus sie mit Skorpionen verglich und die Schlange als den »Feind« bezeichnet (Lk. 10,19). Aus diesem Grund schmähten einige ophitische Sekten Jesus. In seinem »Contra Celsum« berichtet Origenes, daß »sie Jesus verfluchen und Konvertiten nur dann aufnehmen, wenn sie ihn ebenfalls verfluchen«. Wenn Paulus von denjenigen spricht, die Jesus verfluchen (1. Kor. 12,3), so könnte er damit die Ophiten gemeint haben.

Justinus (um 200)

Der bekannteste der ophitischen Lehrer war Justinus, der Verfasser des »Baruchbuchs«, einer bunten Mischung griechischer, jüdischer und christlicher Mythen.

Diesem Buch zufolge gibt es drei Urmächte. Die erste, das Gute, wohnt im Reich des Lichts oberhalb der Schöpfung und weiß alle Dinge im voraus. Diese gütige Macht wird eigenartigerweise mit Priapos gleichgesetzt, dem Gott der Fortpflanzungsenergie. In dem von Justinus dargelegten Schema spielt er allerdings kaum eine Rolle; wichtiger sind dort die beiden anderen, Elohim und Eden.

Elohim ist ein Himmelsgott, ein Demiurg, jedoch ohne

Vorwissen. Er verliebt sich in Eden (die auch Israel heißt), eine Erdgöttin, die von den Lenden abwärts eine Schlange ist. Durch die kosmische Hochzeit zwischen Elohim und Eden werden vierundzwanzig Engelwesen gezeugt, die allegorisch als die Bäume des Gartens (1. Mose 2,8) bezeichnet werden; zwölf von ihnen sind Elohim, zwölf von ihnen Eden gewogen.

Von den Elohim zugetanen Engeln heißt der dritte Baruch; er ist der Baum des Lebens. Von denjenigen, die Eden zugetan sind, heißt der dritte Naas; er ist der Baum der Erkenntnis von Gut und Böse. Die Engel Elohims schaffen Adam und Eva als Siegel und ewiges Denkmal der Liebe zwischen Elohim und Eden. Die Engel Edens bringen Hungersnot, Seuchen, Schmerz, Wollust und allgemeine Trübsal. Naas verführt Eva und gießt das Gift seiner Wollust in Eva, wodurch die Hurerei in die Welt kommt; dann mißbraucht er Adam, wodurch der Analverkehr in die Welt kommt.

Elohim sendet Moses und die Propheten, damit sie die Oberhand über die zwölf Engel Edens gewinnen und den Menschen zu Hilfe kommen, doch richten sie nichts aus. Dann schickt er Herkules, einen Propheten der heidnischen Welt, doch auch er wird von Omphale (oder Babel) verführt, einer der Töchter Edens. Schließlich entsendet Elohim Baruch zu Jesus, dem Sohn von Joseph und Maria, und er allein hält die Treue. In seinem Zorn bewerkstelligt es Naas, daß Jesus gekreuzigt wird. Nach seinem Tod steigt Jesus zu dem Guten hinauf.

Für Hippolytus ist Baruch »das monströseste Buch, das mir je vor Augen gekommen ist«.

Die Borboriten

Mehrere gnostische Sekten von extrem libertinistischer Tendenz verbanden ihre sexuellen Riten mit der Praxis des Genusses ekelerregender Substanzen, weshalb sie Borboriten oder »Schmutzige« (*borboros*, »Schmutz«) genannt wurden. Ihnen wurden manchmal auch die Peraten, Barbelliten und Ophiten zugerechnet, doch gab es noch andere, von denen man wenig mehr kennt als ihre oft phantasievollen Namen, die ihnen vermutlich von ihren Gegnern gegeben wurden.

Zu den Borboriten zählten die Haimatitoi (*haima*, »Blut«), die vermutlich deshalb so genannt wurden, weil sie Menstruationsblut tranken, die Entychiten (*tyche*, »Zufall«), so genannt, weil sie mit Partnern verkehrten, die durch das Los ermittelt wurden, gleich ob dies ihre eigenen Schwestern oder andere nahe Verwandte waren, die Levitici (hebr. *levi*, »Verbundene«) wegen ihrer päderastischen Praktiken, die Phibioniten (nach einem griechischen Wort für »Feige«) so genannt, weil sie behaupteten, das sexuelle Geheimnis des von Jesus verfluchten Baums (Mt. 21,19) und der »unreifen Früchte« des Feigenbaums erkannt zu haben, der vom Sturmwind geschüttelt wird (Offb. 6,13), die Stratiotici (lat., »Soldaten«) Ägyptens, so genannt nach ihrer angeblich heroischen sexuellen Potenz, die Zachäer (heb. *zak*, »rein«), die »Vollkommenen«, die keine Sünde begehen konnten, die Antitakten (*taktos*, »festgelegt«) oder Antinomisten, die sich gegen die festgelegte oder etablierte Ordnung wandten, und die Coddianer (syr. *codda*, »Gericht«), so genannt, weil sie getrennt gespeist wurden, da niemand wegen ihres schmutzigen Lebens mit ihnen essen wollte (Lacarrière 1977, S. 92).

Die Scheußlichkeiten, die diese Sekten propagierten und begingen, waren nur wenigen bekannt. Mit gutem Grund vollzogen sie ihre (bereits dargestellten) Riten unter größter Geheimhaltung; sie hielten ihre Zusammenkünfte nachts in Höhlen, in unterirdischen Heizgewölben (Hypokausten) oder an einem anderen abgelegenen Ort ab. Epiphanius († 403), der von einer ihrer Gruppierungen umworben wurde, beschrieb ihre Praktiken in seinem »Panarion«, wo sie mit lichtscheuen Maulwürfen verglichen sind.

Priscillianus (340–386)

Priscillianus, ein spanischer Mystiker, der sich zum Christentum bekehrte und zum Bischof von Avila geweiht wurde, wandte sich später einer Form des Gnostizismus zu, die angeblich 370 n. Chr. von einem Ägypter namens Markus von Memphis nach Spanien gebracht wurde. 380 n. Chr. wurde er nach einer Untersuchung von der Synode von Saragossa exkommuniziert, dann wieder in sein Amt eingesetzt, dann erneut unter Anklage gestellt. Er wurde nach dem römischen Justizverfahren, das die Kirche übernahm, gefoltert und schließlich in Trier hingerichtet, womit er der erste Christ war, der wegen häretischer Überzeugungen von der Hand anderer Christen den Märtyrertod erlitt. Mit ihm wurden sechs seiner Anhänger hingerichtet: zwei Priester, die Mutter seiner angeblichen Geliebten, ein christlicher Dichter und zwei weitere Menschen. Die priscillianische Sekte hatte bis zum Ende des 5. Jahrhunderts viele Anhänger in Spanien, und Priscillianus selbst wurde noch lange danach als Märtyrer verehrt.

Seine Verurteilung erfolgte aufgrund einer Reihe angeblich häretischer Lehren. Man klagte ihn des Dualismus an, weil er sagte, daß der Teufel kein gefallener Engel, sondern ein Prinzip des Bösen sei. Man legte ihm Zauberei und Hexerei zur Last. Er gab zu, daß er die Lehren der Magie studiert hatte, bestritt aber, jemals eine von ihnen angewandt zu haben.

Ein weiterer Anklagepunkt war die Verbreitung theosophischer Mysterien bezüglich des Teufels, der für ihn derjenige war, der den Körper geschaffen hatte und seine Funktionen lenkte. Der Teufel war auch der Herrscher über Donner, Blitz, Trockenheit, Feuer und andere Naturerscheinungen, und außerdem waren er und seine Untergebenen die Urheber des Ausfließens von Harn und Samen.

Priscillianus orientierte sich neben der Bibel auch an häretischen Apokryphen. Er hing einer doketischen Christusauffassung an, das heißt, er leugnete die Wirklichkeit der physischen Inkarnation und des Leidens Christi am Kreuz.

Er predigte freiwillige Armut und Askese und war wegen seiner Strenge bekannt. Er lehnte den Genuß tierischer Speisen ab und trat für eine streng vegetarische Ernährung ein. Zusätzlich empfahl er lange Fastenperioden. Er verbot den Genuß von Wein, auch in der Eucharistie.

Er verwarf Ehe und Fortpflanzung und empfahl den Zölibat. Er drängte sogar Verehelichte, sich zu trennen, und riet verheirateten Paaren, denen dieser Schritt nicht möglich war, den Geschlechtsverkehr auf die »ungefährliche Zeit« des weiblichen Zyklus zu beschränken.

Er glaubte, daß Frauen Trägerinnen des Heiligen Geistes werden könnten, und förderte in seiner Sekte ihre prophetischen Fähigkeiten. Er hatte viele weibliche Anhänger. Er soll angeblich die Jungfrau Procula geschwängert und ihr dann dabei geholfen haben, sich des unerwünschten Kindes durch Abtreibung zu entledigen.

Er soll auch bei gemischten Zusammenkünften von Männern und Frauen den Vorsitz geführt haben, die nachts in den Wäldern des großen Gutes der Mutter der Procula stattfanden. Dort sprachen sie nackt vorbereitende Gebete und vollzogen dann intime sexualmagische Riten.

Priscillianus wies die meisten dieser Beschuldigungen zurück, doch schenkte man ihm keinen Glauben, weil man ihm weiterhin vorhielt, gelehrt zu haben, daß strenge Wahrhaftigkeit nur unter Mitgliedern der Sekte Pflicht sei. Die Geheimhaltung ihrer Lehre war oberstes Gebot, und sie konnten Eide und Meineide schwören, solange sie nicht die Geheimnisse verrieten. Sie konnten für sich das eine glauben und in der Öffentlichkeit das andere sagen und damit jederzeit ihre tiefsten Überzeugungen leugnen.

Mandäer

Diese Sekte, deren Lehre synkretistisch aus vielen Glaubensrichtungen zusammengesetzt ist, wurde oft mit den Sabäern, Nazoräern, Johannitern und anderen verwechselt oder gleichgesetzt. Die Mandäer kamen vermutlich aus einem Gebiet östlich des Jordan, wanderten dann in das nördliche Zweistromland und von dort wiederum in das Gebiet südlich von Bagdad, wo sie sich als die einzige noch bestehende gnostische Sekte bis heute gehalten haben.

Nach ihrem Glauben wohnt Gott, das »Große Leben«, im Reich des Lichts. Unter ihm befinden sich zahlreiche Zwischenwesen namens *uthra*, Emanationen aus dem göttlichen Ursprung, die zwischen Gott und den Menschen vermitteln. Das bedeutendste dieser Wesen ist Hibil-Ziwa oder Manda (aramäisch für »Gnosis«) oder auch Manda'd-'Hajje, »Gnosis des Lebens«, der der wichtigste Mittler und Erlöser ist. Er ist in mehreren Inkarnationen, unter anderem als Abel, Seth, Enoch und schließlich Yahya oder Johannes der Täufer, der wahre Prophet, auf der Erde erschienen.

Das oberste der bösen Wesen ist der Demiurg, der die Welt erschaffen hat. Er wird als Ptah-il, nach der ägyptischen Gottheit Ptah und dem semitischen *il* (»Gott«), und manchmal als Adonai bezeichnet. Zu den falschen Lehrern und Propheten des bösen Geistes zählen Abraham, Noah, Moses sowie auch Jesus, der ihrer Ansicht nach die Botschaft seines Meisters, Johannes des Täufers, verfälschte. Später wurde auch Mohammed zu den falschen Propheten gezählt.

Ihre heiligen Bücher wie zum Beispiel der »Ginza«, (»Schatz«; um 700 n. Chr.) enthalten eine Fülle kosmologischen und magischen Wissens. Sie verwarfen die meisten der jüdischen Schriften, und ihre eigenen Schriften sind von einem ausgesprochen antijüdischen Ton geprägt. Sie lehnten die Beschneidung und die Einhaltung des Sabbats ab. Scharf wandten sich die Mandäer auch gegen das christliche Mönchtum, dessen erzwungenen Zölibat sie als eine Form des Kindermords betrachteten. Die Ehe stand in hohem Ansehen, und Kindersegen war ihnen willkommen.

Die mandäische Taufe erfolgt durch völliges Untertauchen unter lebendiges, das heißt fließendes Wasser, das immer als »der Jordan« bezeichnet wird. Sie meiden stillstehendes Wasser ebenso wie das unruhige Meer. Diese Taufe wird häufig vollzogen.

Der gnostische Einfluß

Eine Darstellung des Gnostizismus nach den ersten nachchristlichen Jahrhunderten würde den Rahmen dieses Buchs sprengen. Hier soll lediglich eine kurze Chronologie versucht werden, die die Hauptverbreitungsgebiete, die Wirkungen auf andere Religionen und den Einfluß auf das moderne Denken aufzeigt.

Geschichtliche Tatsache ist, daß sich der neue Glaube außerordentlich schnell verbreitete. W.H.C. Frend schreibt, daß »der Gnostizismus im zweiten Jahrhundert eine weltweite Bewegung war« (1965, S. 62). Es gab gnostische Sekten in Kleinasien, Syrien, Palästina, Rom, Ägypten, Karthago, Spanien und Gallien. In letzterer Provinz wurde Lyon zu einem Zentrum der Häresie, und dies ist bis in die jüngste Zeit so geblieben.

Die Ausbreitung nach Osten erfolgte nicht weniger rasch. Jacques Lacarrière sagt: »Vom Augenblick seiner Entstehung an begann sich der gnostische Gedanke längs der großen Straßen zum Orient fortzupflanzen« (1977, S. 43). Es darf nicht übersehen werden, daß die blühenden Vorposten der christlichen Missionstätigkeit, die längs der Handelsrouten nach Arabien, Parthien, Persien, Baktrien, Indien, an den westlichen Grenzen Tibets und noch weiter im Osten in Zentralasien und China entstanden, weniger das orthodoxe Christentum als vielmehr Glaubensformen verkündeten, die die Kirche als häretisch und weitgehend gnostisch betrachtete.

Wo immer der Gnostizismus Fuß faßte, hinterließ er ein reiches Erbe, dessen voller Umfang heute erst allmählich deutlich wird. Das orthodoxe Christentum selbst empfing ebenso wie die beiden anderen großen monotheistischen Religionen, der Judaismus und der Islam, nicht anders als der Buddhismus und der Hinduismus seinen Anteil am gnostischen Vermächtnis. Vom Gnostizismus angeregt wurden mystische Schulen wie die Hermetiker, philosophische Schulen wie die Neuplatoniker und religiöse Bewegungen wie die Manichäer. Diese sollen im folgenden jeweils kurz betrachtet werden.

Judaismus und Christentum

Man hat gezeigt, daß eine Reihe nachchristlicher messianischer und apokalyptischer jüdischer Texte unter gnostischem Einfluß entstanden. Dies gilt auch für einige der mystischen Schriften der Juden. Gershom Scholem, die große Kabbala-Autorität unserer Zeit, bezeichnet bestimmte Formen der hebräischen Mystik als jüdischen Gnostizismus.

Die rabbinischen Texte enthalten klare Stellungnahmen gegen die *minim* oder Sektierer, die die religiösen Pflichten, Festtage, den Sabbat und die Beschneidung in eklatanter Weise mißachten und Theorien auf der Grundlage irgendwelchen Geheimwissens außerhalb des Pentateuchs verkünden. M. Friedländer zufolge waren die Häretiker, gegen die sich die Angriffe der Rabbiner im 1. und 2. Jahrhundert richteten, jüdische Gnostiker.

Die Rabbiner warnten: »Wer darüber spekuliert, was oben und was unten ist, was vorher war und was nachher kommen wird, und wer die Ehre des Schöpfers nicht achtet, der wäre besser nicht geboren.« Entsprechende Auffassungen, die der Bannstrahl der Rabbiner traf, waren offensichtlich gnostischer Provenienz. Schon vor der Mitte des 2. Jahrhunderts war die metaphysische Spekulation über den Anfang (hebr. *bereshit*), den göttlichen Wagen (hebr. *merkaba*) und die himmlischen Wohnungen (hebr. *hekalot*) in vollem Gang. Um dieselbe Zeit entwarf Rabbi Akiba († 127 n. Chr.) die Grundzüge einer Abhandlung, die einige Jahrhunderte später als das »Sefer Jezira« berühmt wurde. Andere Kabbalisten bauten in oft phantasievoller Weise die

Symbolik der gnostischen Dekade (Zehn) in ihrem umfassenden Schema der zehn Sefirot aus. Seither ist der gnostische Faktor immer ein Bestandteil des Kabbalismus geblieben.

Im Lauf der Jahrhunderte haben viele jüdische und halbjüdische Reformer und mystische Sekten, die die hebräische Religion von ihrem strengen Formalismus reinigen wollten, gnostisches Gedankengut übernommen. So glaubten die Magharianer Ägyptens und Mesopotamiens, die als gnostische Juden bezeichnet werden, an einen hohen Gott, der gut ist, und an einen englischen Schöpfer, der böse ist. Sie schrieben viele Teile des Alten Testaments der Inspiration dieses englischen Schöpfers, nicht Gott zu (Yamauchi 1973, S. 158). So wandten sich auch die Karaiten, die vom 8. bis zum 12. Jahrhundert in Mesopotamien stark verbreitet waren, gegen den hebräischen Phylakterismus, Talmudismus und die Benachteiligung der Frauen, und von ihnen ging ein starker Impuls für die kabbalistischen Studien aus. Für sie war Jesus neben anderen ein wahrer Prophet, der eine authentische Heilsbotschaft verkündete. Ähnliche Strömungen gab es noch viele.

Noch ausgeprägter waren die Spuren des Gnostizismus im Christentum. Es gibt kaum eine unorthodoxe, schismatische oder häretische Bewegung in der christlichen Geschichte, die sich nicht auf gnostische Ursprünge zurückführen ließe. Es gibt kaum einen Zweifel, daß die Gnosis einen zentralen Platz in der westlichen religiösen Tradition einnimmt.

Die Gnostiker waren die ersten Kommentatoren von Johannes und Paulus. Die frühe Kirche schärfte ihr kritisches Rüstzeug an der Kontroverse mit rivalisierenden Gruppen, in der Hauptsache Gnostikern. Unter gnostischer Inspiration erstellte sie ein bindendes Verzeichnis von Schrifttexten (Kanon) und eine bindende Glaubensformel (Credo). Es entstand eine kirchliche Hierarchie, die zur Interpretation der Schrift befugt war und damit die von den Gnostikern und ihren Geistesverwandten befürwortete freie Interpretation unterband.

Um ihre Lehren zu stützen, waren gnostische Lehrer oft bemüht, ihre Autorität über eine Aufeinanderfolge von Meistern von den Aposteln herzuleiten. Im 2. Jahrhundert hatte das orthodoxe Christentum die gnostische Einrichtung der apostolischen Nachfolge übernommen (Johnson 1976, S. 52). Die Gnostiker betrachteten die kirchlichen Bischöfe als leere Gefäße und »wasserlose Kanäle«, den Bischof von Rom nicht ausgenommen, der zunächst ein Würdenträger niedrigeren Ranges war und von dem erstmals im 2. Jahrhundert die Rede war, wiewohl er später als Papst für sich den höchsten Rang und Unfehlbarkeit beanspruchte.

Erst zur Abgrenzung gegenüber den Gnostikern betonte die Kirche die Einheit der Bibel und die Bedeutung des Alten Testaments, dem das neue und von Gott inspirierte Wort bereits eingeprägt war. Auch in vielen unbedeutenderen Dingen drückten die Gnostiker der Kirche ihr Siegel auf. So folgte die Kirche zum Beispiel der gnostischen Sitte, jeden Tag des Jahres einem der Archonten zu weihen, dadurch nach, daß sie jedem Tag des Jahres einen Heiligen zuwies.

Hinduismus und Buddhismus

Die christliche Missionstätigkeit in Indien ist so alt wie das Christentum selbst. Thomas und Bartholomäus, zwei Jünger Christi, brachten das Evangelium nach Indien. Ende des 2. Jahrhunderts gab es an der ganzen Westküste des Subkontinents christliche Niederlassungen (Walker, 1968, I, S. 238), die bereits einen deutlichen Einfluß auf bestimmte Aspekte des Hinduismus und des Buddhismus auszuüben begannen. Etwa um diese Zeit brachte auch Pantänus (um 189), der Clemens von Alexandria bekehrt hatte, eine gnostische Form des Christentums nach Indien.

Es soll ein einziger Hinweis genügen, um die Auswirkungen gnostischen Denkens auf den Hinduismus aufzuzeigen. Ich beziehe mich auf die »Bhagavadgita«, den berühmten hinduistischen Text, den man als eine Art Krishna-Evangelium bezeichnen könnte. Man hat diesen Text manchmal etwas großzügig auf mehrere Jahrtausende vor Christus datiert, doch steht heute fest, daß dieses Werk in den Grundzügen frühestens um 300 n. Chr. entstanden ist und bis zum 9. Jahrhundert auch wenig bekannt war. Hier tritt erstmals in hinduistischen Schriften klar ausgesprochen der Gedanke auf, daß eine Gottheit in Menschengestalt inkarniert hierniedersteigt und zum Erlöser aller Menschen wird, wobei der Glaube (sanskr. *bhakti**) ein wesentliches Element im Heilsplan ist.

Die Aussagen Krishnas über sich selbst ähneln sehr stark denjenigen, die man in den christlichen Evangelien findet: Alle Dinge sind von Mir geschaffen. Ich bin der Weg. Ich bin das Licht. Ich bin das Erste und das Letzte. Wer Mich mit Hingabe verehrt, ist in Mir, und Ich bin in ihm. – Hier finden wir auch das typisch gnostische Ereignis, daß Krishna sich offenbart und seinem Schüler Arjuna in strahlender Glorie erscheint, heller als das Licht von tausend Sonnen.

Dasselbe Motiv findet man im Mahayana-Buddhismus, wo Buddha zur Inkarnation eines transzendenten präexistenten Buddhas wird. Er wird zum Buddha des grenzenlosen Lichts, und in der Glorie einer Verklärung umgibt ihn ein blendender Glanz, während er seinen Schülern auf dem heiligen Berg seine geheimen Predigten verkündet. Wie Christus wird auch Buddha zum fleischgewordenen Dharma, der Wahrheit (Hick 1977, S. 167). Er erniedrigt sich, macht sich mit den Geringsten gemein, mit Kurtisanen und Ausgestoßenen. Seine Geburt, sein Leben und sein Tod sind doketisch, denn der Buddha hat nur einen Scheinleib.

* eigentlich »Hingabe«, »mystische Frömmigkeit« (Anm. d. Übers.).

Der historische Buddha starb fast fünf Jahrhunderte vor der Geburt Christi, doch entwickelte sich das Konzept des Mahayana-Buddhismus erst während der ersten drei Jahrhunderte nach dem vierten buddhistischen Konzil, das der Kusana-Kaiser Kanishka im Jahr 120 n. Chr. einberief, eine Zeit, in der viele gnostische Züge in den Mahayana eindrangen. Der britische Gelehrte Edward Conze hat eine große Zahl auffälliger Ähnlichkeiten zwischen dem Gnostizismus und dem Mahayana-Buddhismus aufgezeigt (siehe Bianchi 1970, S. 651 ff.).

Im Mahayana finden sich Vorstellungen, die der indischen Tradition fremd und im buddhistischen Glauben neu sind. Das Nichtwissen oder *agnosia* (sanskr. *avidya*) ist die Wurzel alles Bösen. Die Erlösung geschieht durch Gnosis (sanskr. *jnana*). Die Wörter »Gnosis« und »Jnana« leiten sich von derselben indogermanischen Wurzel her. Die Vorstellung einer »Seele« und ihrer Erlösung sind im vormahayanischen Buddhismus nicht vorhanden. Auch der Gedanke, daß die Seele »berufen« oder »erweckt« wird, und der Vergleich der Seele mit dem Gold, das nicht befleckt werden kann, stammen aus dem Gnostizismus. Es gibt eine dreifache Gliederung der Menschheit in diejenigen, die zur Erlösung bestimmt sind, diejenigen, deren Los die Verdammnis ist, und diejenigen, deren Schicksal nach beiden Seiten offen ist. Die große buddhistische Autorität Giuseppe Tucci sieht hier einen deutlichen gnostischen Einfluß, eine Meinung, in der ihm Conze zustimmt (Bianchi 1970, S. 655).

Es ist des öfteren geltend gemacht worden, daß ebenso starke Einflüsse in umgekehrter Richtung, das heißt von Ost nach West, gewirkt hätten, doch gibt es hierfür relativ wenig Anhaltspunkte. Die Gnostiker produzierten mit wahrer Wonne immer neue Auffassungen; sie zögerten dabei nicht, die Quellen ihrer Lehren zu nennen, und diese werden stets anerkannt, soweit sie bekannt sind. Conze sagt hierzu: »Es fällt in der Tat auf, daß gnostische Texte sich immer wieder auf jüdische, babylonische, iranische, ägyptische und andere Autoritäten berufen, aber nur höchst selten auf buddhistische« (Bianchi 1970, S. 665).

Islam

Auch der Islam empfing wie die anderen Weltreligionen seinen Anteil an gnostischem Gedankengut. Lange vor der Geburt Mohammeds 570 n Chr. waren bereits von Missionaren der abessinischen Kirche im Hidschas im Westen, von indischen Missionaren in Jemen im Osten und am Persischen Golf und von Missionaren aus dem byzantischen Reich im Norden an der Grenze des Irak christliche Gemeinden gegründet worden.

Das hier verkündete Christentum war jedoch nicht dasjenige der westlichen Christenheit, sondern eine der vielen schismatischen Formen, insbesondere solcher mit einem ausgeprägten nestorianischen oder gnostischen Einschlag, und diese beeinflußten den jungen islamischen Glauben. Als nun der Islam zum Beispiel in den Irak vordrang, übernahm er Elemente verschiedener gnostischer Lehren (Gibb 1975, S. 73), was eindeutig auf die dort herrschenden gnostischen Einflüsse zurückzuführen ist.

MOHAMMED war mit dem Wirken und den Lehren der Missionare gut vertraut. Während seiner Verfolgung durch seine arabischen Landsleute wurde er von den Missionaren unterstützt und ermuntert. Er äußert sich anerkennend über die christlichen Mönche, deren Einsiedeleien wie ein Licht in der Wüste leuchteten (Parrinder 1976, S. 130). Eine seiner Frauen war Christin, Maria die Koptin, die Mutter seines jung verstorbenen Sohnes Ibrahim.

Sein Wissen über Geburt, Kindheit, Leben und Lehren Jesu stammte aus apokryphen und gnostischen Quellen. Der Tod Jesu war für ihn doketisch, d. h. nur ein Scheintod. Im Koran heißt es: »Sie haben ihn nicht getötet und nicht gekreuzigt. Vielmehr erschien ihnen ein anderer ähnlich«

(4,156). Nach islamischer Tradition wurde Jesus lebend emporgehoben und thront im Himmel.

Am auffälligsten ist der gnostische Einfluß natürlich im Sufismus. Der Islam selbst lehnte das Mönchstum ab, weshalb die Sufi-Orden nicht als in der wahren islamischen Tradition stehend galten und lange Zeit von den orthodoxen Theologen verboten waren. Einer der ersten Sufi-Mystiker, Ibrahim ibn Adham († 776 oder 790) wurde von Vater Simeon, einem christlichen Einsiedler, in den Wegen zur Erlangung von Gnosis (arab. *ma'rifa*) unterwiesen. Dadurch eröffnete sich den späteren Sufi-Mystikern ein neuer Weg, der letztlich zu der ganz unislamischen Logoslehre führte, derzufolge sich der Logos in Mohammed inkarniert hat.

Bemerkenswert ist, daß die Scholastiker des christlichen Mittelalters die Muslims nicht als Anhänger einer fremden oder nichtchristlichen Religion betrachteten, sondern als Abtrünnige von einer letztlich christlichen Lehre. Sie galten als Häretiker und Abgefallene, nicht als Heiden. Indem die Muslims die Göttlichkeit Christi beständig und nachdrücklich leugneten, waren sie nicht weit von der Position vieler christlicher Theologen entfernt, die deswegen von der Kirche als Schismatiker verurteilt wurden.

Hermetiker und Neuplatoniker

Die bedeutendste der mystischen Schulen mit gnostischem Einschlag ist in einem Kompendium anonymer griechischer Schriften aus Ägypten dargestellt, dem »Corpus Hermeticum«, das in Manuskripten aus dem 14. Jahrhundert und später erhalten ist. Lange Zeit war der Ursprung dieser Texte unsicher, doch weiß man heute, daß sie »das Werk gnostisierender Platoniker sind, möglicherweise Zeitgenossen des Valentinus und der Sethianer« (Layton 1981, S. XI).

Diese Schriftensammlung ist nach Hermes Trismegistos benannt, dem »dreimal größten Hermes«, wobei Hermes der griechische Name des ägyptischen Gottes Thoth ist. Sie enthält eine Sammlung astrologischer, magischer und mystischer Texte, deren bekannteste »Poimandres« und »Asclepius« sind. Grob skizziert sprechen die hermetischen Schriften von einem unkörperlichen, gestaltlosen und unsichtbaren Gott. Der Schöpfungsakt wurde durch den leuchtenden Logos (das Wort) vermittelt, der der Sohn Gottes ist. Daneben gibt es gewisse niedrigere Gottheiten und Sphärenherrscher, die seinen Willen vollziehen. Die Seele des Menschen wurde nach dem Bildnis Gottes geschaffen, verliebte sich jedoch in den Stoff und wurde in Fleisch und Finsternis eingekerkert. Der Mensch kann sich von der Verzweiflung durch den Glauben, von der sinnlichen Begierde durch Liebe, von der Habgier durch Großzügigkeit und vor allen Dingen von der Unkenntnis durch Erkenntnis befreien.

Die letzte große Schule der heidnischen Philosophie, der NEUPLATONISMUS, entstand im 3. Jahrhundert n. Chr. in Alexandria. Es ist eine ausgeprägt eklektische Lehre, die in gewissem Umfang auf Pythagoras und Platon zurückgeht, wobei sich auch Anleihen bei Aristoteles und den Stoikern sowie religiöses und mystisches Gedankengut aus dem Judaismus und den Religionen des Nahen Ostens findet.

Auch wenn einige Neuplatoniker den Gnostikern feindlich gegenüberstanden, hatten sie doch alle gnostische Schüler, und man kann sagen, daß die ganze Bewegung vom Gnostizismus durchdrungen war. PLOTIN († 268) wandte sich entschieden gegen bestimmte gnostische Lehren und schrieb eine Abhandlung wider die Gnostiker, doch enthält sein eigenes Werk eine ganze Reihe gnostischer Gedanken, und durch ihn sind diese Überzeugungen in den Hauptstrom der westlichen religiösen Philosophie gelangt.

Die Philosophie der Neuplatoniker war eine Philosophie der göttlichen Offenbarung und Entfaltung. Die Erschaffung der Welt war eng an die gnostische Theorie der Emanationen angelehnt. Aus der Fülle der göttlichen Einheit ging der Nous oder die reine Vernunft hervor, aus dem Nous die Weltseele. Alles übrige emanierte dann aus dieser himmlischen Triade. Die menschliche Seele ist göttlichen Ursprungs, aber in ein stoffliches Gewand gehüllt und daher befleckt, grob und dunkel. Die Aufgabe des Menschen war es, die Seele von diesen groben Ablagerungen zu reinigen, damit sie zu Gott zurückkehren könne. Um die Seele von ihren vielen Unreinheiten befreien zu können, wurden Askese, Fasten und Keuschheit empfohlen. Bekannt ist der Ausspruch Plotins, daß er »darüber errötete, daß er einen Körper hatte«. Eine wichtige Rolle spielten ekstatische Erfahrungen und die übernatürliche Inspiration durch die Pflege der psychischen Fähigkeiten.

Neuplatoniker wie der Phönizier PORPHYRIUS († 304) und der Syrier IAMBLICHOS († 333) verwandelten den Neuplatonismus von einer philosophischen Theorie in ein System der Theurgie, Magie und Dämonologie. Sie rückten rituelle Prozeduren, die Verwendung von Talismanen, Siegeln, Zaubersprüchen, Anrufungen und anderem Beiwerk der zeremoniellen Magie in den Vordergrund. Sie entwikkelten Verfahren zur Herbeiführung xenophrenischer Zustände, durch die Besessenheit, Erfahrungen der Todesnähe, hypnotischer Schlaf und tiefe Trance auftraten, wie man sie auch beim heutigen spiritistischen Medium findet.

Der Thrakier PROKLOS († 485) hatte nicht nur eine Vorliebe für das Okkulte, sondern bekräftigte auch die negative Philosophie der Gnostiker, indem er sagte, daß Gott nichtseiend ist und, wenn überhaupt, nur durch negative Aussagen verstanden werden kann. Sein Schüler soll der nicht identifizierte Schriftsteller gewesen sein, der den Namen von Paulus' athenischem Konvertiten, DIONYSIUS AREOPAGITA, annahm (Apg. 17,34), der besser unter dem Namen Pseudo-Dionysius (um 500) bekannt ist. Über sein Werk gelangten viele neuplatonische und gnostische Ideen in die Kirche, unter anderem Gedanken wie der Unerkennbare Gott, die *via negativa* und die Engelhierarchie.

Manichäismus

Diese Religion ist nach ihrem Begründer benannt, dem persischen Weisen Mani von Ekbatana (215–276). Sein Vater war Mitglied der Mughtasila, »der sich Waschenden«, einer asketischen Täufersekte mit gnostischen Tendenzen, die möglicherweise in einer Verbindung mit den Mandäern stand. Mani erhielt eine hervorragende Ausbildung, interessierte sich besonders für religiöse Studien und war mit dem Gnostizismus in etwa vertraut.

Hervorstechendes Merkmal von Manis Glauben war sein Dualismus, den er von der älteren, etablierten Religion Zoroasters übernommen hatte. Daneben finden sich bei ihm die bekannten Elemente des Gnostizismus: Gott als Herrscher des Lichts, Satan als Herrscher der Finsternis; der große Kampf zwischen den beiden Prinzipien; die Erschaffung Adams; seine Einkerkerung in einen stofflichen Leib durch Satan. Abraham und Moses sollen vom Satan in die Irre geführt worden sein. Der Pentateuch, der weitgehend das Werk des Teufels war, wurde abgelehnt.

Unter den frühbiblischen Gestalten galten Adam, Seth und Noah als Propheten und Gesandte. Außerdem hat Gott, Mani zufolge, zwei weitere Propheten geschickt, Zoroaster und Buddha, damit auch andere Völker die Botschaft des Lichts empfingen. Keiner von ihnen aber konnte dem Menschen wirklich helfen, die Mächte der Finsternis zu bekämpfen. Gott schickte daher ein Wesen, das aus seiner eigenen Substanz geschaffen war, Christus, der predigte, wie der Mensch den Anspruch auf sein göttliches Erbe durchsetzen könnte. Die Juden wurden vom Satan dazu angestachelt, Christus zu töten, und er wurde schließlich, wenn auch nur scheinbar, gekreuzigt. Jesus, der tugendhafte Sohn einer Witwe, trat an seine Stelle, während der wahre Christus nach Erfüllung seiner Mission in das Himmelreich zurückkehrte.

Christi Aufgabe war zwar erfolgreich abgeschlossen, mußte aber noch bestätigt werden, weshalb Gott den letzten in der Reihe der Abgesandten schickte, Mani, die Quintessenz aller Propheten. Diejenigen, die dem von ihm vorgezeichneten Weg folgen, werden nach dem Tod befreit werden, und das Lichtteilchen in ihrem Wesen, ihre Seele, wird in die Wohnstatt des Lichts zurückkehren.

Die Manichäer legten großen Nachdruck auf Selbstbeherrschung und Askese und lehnten im allgemeinen die Ehe, sinnlichen Genuß, die Einnahme von tierischen Speisen und Wein ab. Ihre Anhänger wurden in drei Ränge gegliedert. An erster Stelle standen die Vollkommenen, die Electi (Auserwählten) oder Wahren, die die erwählte Priesterschaft bildeten. Zu ihnen gehörten zölibatäre Mönche und Nonnen, die weltabgeschieden lebten. Die zweite Gruppe waren die Credentes (Gläubigen) oder langjährigen Laienanhänger, die heiraten durften, aber ihre geschlechtlichen Beziehungen strengen Vorschriften unterwarfen. Die dritte Gruppe bildeten die Auditores (Hörenden), die ein normales Leben führten, sich aber des Tötens in jeglicher Form enthielten und die Grundsätze der manichäischen Ethik beachteten.

Während die meisten gnostischen Kulte jener Zeit nur zugelassenen Initiierten offenstanden, war der Manichäismus eine Religion für alle. Er breitete sich daher außerordentlich schnell aus. Seine Missionare zogen westwärts durch Mesopotamien, Arabien und Ägypten, trugen ihren Glauben nach Nordafrika und in das Römische Reich und gewannen viele christliche Konvertiten. Augustinus († 430) war neun Jahre lang manichäischer »Hörender«, bis er sich zum christlichen Glauben seiner Mutter Monika bekehrte.

In östlicher Richtung breitete sich der Manichäismus über Iran, Afghanistan, Indien, Chinesisch-Turkestan und Zentralasien bis nach China aus. Er faßte Fuß im westlichen Tibet und beeinflußte die einheimische Bön-Religion und den Lamaismus dieses Landes. In China hatte er vom 7. bis zum 14. Jahrhundert Bestand. Das Türkvolk der Uiguren bekehrte sich im frühen 8. Jahrhundert und machte den Manichäismus 762 zur Staatsreligion. Manichäer waren vielfach bei Muslimen beschäftigt, die ihren Arbeitseifer, ihre Integrität, ihre astronomischen, medizinischen und mathematischen Kenntnisse und ihr künstlerisches Geschick schätzten. Der manichäische Einfluß war im Christentum, Buddhismus und Islam über tausend Jahre lang wirksam.

Die Katharer

Den Sammelnamen »Katharer« (»Die Reinen«), erhielt bzw. gab sich eine Reihe häretischer christlicher Sekten, die vom 3. bis zum 11. Jahrhundert in Armenien, Syrien, Kleinasien und auf dem Balkan in Blüte standen und sich von dort nach Westeuropa ausbreiteten.

Ihre Überzeugungen waren im einzelnen von Sekte zu Sekte unterschiedlich, doch wiesen sie bestimmte Gemeinsamkeiten auf, die meist aus dem Gnostizismus stammten. Wie die Gnostiker hingen sie einer dualistischen Theologie an, und wie diese pflegten sie ein asketisches Leben. Sie glaubten an Gottvater, das Prinzip alles Guten, und an seinen Sohn, den Logos, Christus den Heiland. Die materielle Welt war eine Schöpfung Satans, und das Alte Testament war ein Bericht darüber, wie Satan Moses und die Propheten täuschte. Die Katharer waren kompromißlose Gegner der ganzen kirchlichen Hierarchie, der Liturgie und der Sakramente. Sie lehnten die Marienverehrung ab, die Ikonen und Heiligenbilder und die Darstellung des Kreuzes. In ihren Augen war die etablierte Kirche die »Synagoge Satans« und der Altar der Rachen der Hölle. Die korrupten, dem Luxus ergebenen, habgierigen und unmoralischen Päpste und ihr Klerus waren Lakaien des Teufels. Aus ähnlichen Gründen lehnten sie den Pomp und das Gepränge des Adels und des ganzen Staatswesens mit seinen Magistraten und Ämtern ab, weil sie eine Stütze der Kirche waren.

Die kirchlichen Behörden wiederum warfen den Katharern vor, eine Travestie der christlichen Messe zu feiern, und verdächtigten sie des Teufelskults, der Hexerei, des Inzests und der Homosexualität. Unorthodoxe Sekten jeglichen Bekenntnisses, die später Verfolgungen ausgesetzt waren, wurden oft der Einfachheit halber angeklagt, Katharer zu sein.

Das zentrale katharische Ritual war das *consolamentum* (»Tröstung«), die Geisttaufe der Erwachsenen, die nur einmal gespendet wurde. Sie war in der Regel denjenigen vorbehalten, die die Ebene der »Vollkommenen« erlangt hatten, konnte aber jedem Katharer gespendet werden, der willens war, unwiderruflich dem Fleisch zu entsagen und sein Leben Gott zu weihen. Das Ritual, dem ein Fasten vorausging, wurde durch Handauflegen und Auflegen des Johannesevangeliums auf den Kopf vollzogen.

Wer nach der »Tröstung« sündigte, wurde aus der katharischen Gemeinschaft ausgestoßen. Die Vorschriften waren so streng, daß viele Katharer das Ritual erst kurz vor dem Tod vollziehen ließen, um möglichst keine Sünde mehr zu begehen. Weil die Katharer davon überzeugt waren, daß der Tod durch Krankheit oder Alter nur bewies, daß der Satan noch Macht über den Körper hatte, beschleunigten sie ihr Ende durch die sogenannte *endura*, einen rituellen Selbstmord. Am besten war es, sich durch das Consolamentum zu reinigen und dann die Endura auf sich zu nehmen, denn dann war die Erlösung gewiß. Zu den Endura-Methoden gehörten das freiwillige Verhungern oder die Einnahme von Gift, oder man ließ sich von einem oder mehreren der »Vollkommenen« mit einem Kissen ersticken oder erwürgen.

Die Geschichtsschreibung zählt fast dreißig Katharersekten, von denen hier nur einige wenig erwähnt werden. Sie hingen meist einem Pietismus an, bettelten und zogen umher, doch unterschieden sich ihre Praktiken. In gewissen fudamentalen Überzeugungen stimmten sie jedoch überein:

daß die materielle Welt von einem Gott des Bösen geschaffen wurde und daß die Fortpflanzung dem Wirken Satans zugute kommt.

Die PAULIKIANER Phrygiens und Thrakiens verwarfen die kirchlichen Sakramente und waren strenge Ikonoklasten. Mit ihnen verbunden waren die Populani, Publicani und die Patarener, die sich nach Norditalien ausbreiteten. Die letztgenannte Sekte entstand im Balkan, wo ihr Glaube zeitweilig die Staatsreligion Bosniens war.

Die MESSALIANER (»Betende«) in Syrien und Mesopotamien sind nach dem aramäischen Wort für »Gebet« benannt worden. Nach ihrer Lehre war es notwendig, unaufhörlich das Vaterunser zu sprechen, da man dadurch zum Enthusiasten (Gottdurchtränkten) wurde und den Teufel aus dem Körper vertrieb. Die Messalianer Kleinasiens und Makedoniens wurden nach dem griechischen Wort für »Gebet« Euchiten genannt. Weil sie außer beten wenig taten, hatten sie den Ruf der Trägheit. Die Choreuten verbanden ihre rhythmischen Gebete mit bestimmten mystischen Tänzen. Diese wurden zur Begleitung ländlicher Musikinstrumente ausgeführt, die nach der entfesselten phrygischen Art gespielt wurden und die in heidnischer Zeit die orgiastischen Mysterien der Göttin Kybele begleiteten. Sie stampften auf den Boden, sprangen in die Luft und prahlten, daß sie auf den Dämonen herumtrampelten. Der Tanz endete mit einer bacchanalischen Orgie (Lacarrière 1977, S. 111).

Die ATHINGANI (»Nicht-Berührenden«) in Phrygien und Bulgarien achteten streng darauf, sich nicht zu beschmutzen, legten den Nachdruck auf rituelle Reinheit und blieben strikt für sich. An manchen Orten hatten sie einen schlechten Ruf, und man hielt sie allgemein für Zauberer und Adepten der okkulten Künste. Ihr Name, der zu »Tsigane« entstellt wurde, wurde auf die wandernden Zigeunerstämme übertragen, die erstmals Mitte des 9. Jahrhunderts im byzantinischen Reich erschienen (Runciman 1960, s. 183).

Die Bogomilen (slawisch, »von Gott Geliebte«) der Balkanhalbinsel predigten die Sündigkeit der Fortpflanzung, und ein extremer Zweig empfahl die Homosexualität als Alternative zur Ehe. Aus diesem Grund ging ihr Name als Synonym für den Analverkehr in den vulgären Wortschatz mehrerer europäischer Sprachen ein (zum Beispiel englisch »bugger«).

Diese katharischen und quasi-katharischen Sekten breiteten sich über Bulgarien und die Balkanhalbinsel nach Rußland aus, wo sie mehrere russische Häresien beeinflußten, von denen im folgenden noch die Rede sein wird; im Westen gelangten sie nach Italien und Südfrankreich, wo sie die Albigenser beeinflußten. Als Waldenser, Hussiten, Wycliffiten und Lollarden kehrten die Katharer mit erheblichen Abwandlungen ihrer theologischen Lehre wieder in den Schoß der christlichen Gemeinde zurück, wenn auch als Protestanten.

Die Albigenser, die in Westeuropa am besten bekannte katharische Sekte, sind nach der Stadt Albi nordwestlich von Toulouse benannt, in der sie ihren Hauptsitz hatten. Arbeitsam, fleißig und geschickte Handwerker, hatten sie außerordentlichen Erfolg und zogen bald die neidische Aufmerksamkeit der Kirche auf sich. Nachdem Bekehrungsversuche scheiterten, wurden sie grausam verfolgt. Ihr blühendes Land wurde verwüstet, ihre prächtigen Städte zerstört und sie selbst fast völlig ausgerottet.

Bei einem Angriff auf die ungeschützte Stadt Beziers im Jahr 1209 wurde der päpstliche Gesandte, der Abt von Cîteaux, gefragt, ob man die Anhänger der wahren Kirche schonen sollte und wie man sie von den Häretikern unterscheiden könne. Er gab hierauf zur Antwort: »Tötet sie alle, Gott wird die Seinigen schon herausfinden!« Der Fall der befestigten Stadt Montségur (der Berg Tabor der Katharer) in den Pyrenäen 1244 markierte das Ende der Albigenser. Als die Festung eingenommen wurde, wurden etwa zweihundert Menschen, überwiegend Frauen, gefangengenommen. Weil sie sich weigerten, ihrem Glauben abzuschwören, wurden sie in eine Palisadenumfriedung getrieben und lebendig verbrannt.

Man hat die Katharer die ersten Vorläufer der Reformation genannt, weil sie durch ihr Beispiel den Anstoß zu vielen Veränderungen gaben, die die Kirche übernehmen mußte. Das Beispiel strengen Zölibats, das die Vollkommenen gaben, bewirkte letztlich die Einführung des Zölibats für die römisch-katholischen Priester. Das Sakrament der Letzten Ölung wurde nach dem katharischen Ritus des Consolamentum übernommen. Die ständige Polemik der katharischen Lehrer gegen die Grausamkeit, Habgier und den Jähzorn des »jüdischen Stammesgottes« veranlaßte die katholische Kirche zum Verbot der Verbreitung des Alten Testamentes unter Laien. Die Gelehrten betrachten den katharischen Einfluß auf die katholische Kirche als ganz erheblich. J. A. MacCulloch bezeichnet die Katharer als die »einstmals gefährlichen Rivalen des westlichen Katholizismus in Südfrankreich und anderen Teilen Europas«.

Zugleich gab es viele Elemente im Katharertum, die mißbräuchlich interpretiert werden konnten, und in den Jahrhunderten ihrer Verfolgung war es üblich, jeden, der im Gegensatz zur Kirche stand, als Sympathisanten der Katharer zu bezeichnen, denn dieser Begriff deckte eine Vielzahl von Häresien ab. Den Templern, den Hexen, Diabolikern, Luziferanern, Satanisten und ähnlichen Geheimbünden wurde sämtlich neben anderen Verbrechen vorgeworfen, »verfluchten Sekten« wie den Gnostikern, Manichäern und Katharern anzugehören.

Troubadours

Gewissermaßen als »literarischen Flügel« der Katharerbewegung könnte man die Goliarden und Troubadours bezeichnen. Erstere waren die mittellosen Vettern der vornehmeren Troubadours. Meist waren es arme umherziehende

Scholaren, oft Geistliche in kleineren Orden, hinter deren Preisliedern auf Wein, Spiel und Mädchen sich eine Form populären antiklerikalen Christentums und ein gutes Teil albigensischer Häresie verbarg.

Die Troubadours dagegen gingen aus den vornehmeren Rittertraditionen des 12. und 13. Jahrunderts hervor. Sie traten vor allem in den katharisch beherrschten Gebieten der Provence auf und breiteten sich in ganz Frankreich und schließlich nach Italien, Spanien, England, Deutschland und Nordeuropa aus. In ihren Anschauungen fanden sich geistige ebenso wie fleischliche Elemente sowie Einflüsse, die von heidnischen Philosophen, den Gnostikern und auch unmittelbar von den Katharern herstammten.

Die sogenannte Höfische Minne der Troubadours war eine Form sexueller Moral, die eine seltsame Mischung von gnostischem Enkratismus oder erotischer Entsagung, von Coitus reservatus und gleichzeitig freier Liebe war, die Homoerotik und Ehebruch duldete. In seinen Versen an die Jungfrau Maria flehte der Troubadour diese mitunter an, neben dem Ehemann zu liegen, den der Dichter zum Hahnrei machen wollte, damit dessen Frau ihn nachts besuchen konnte.

Diese Höfische Minne war stark und einseitig auf die Frau orientiert, und die sogenannten Minnehöfe, die über Fragen des gesellschaftlichen und sexuellen Verhaltens befanden, setzten sich hauptsächlich aus Frauen zusammen, wiewohl die Troubadours selbst Männer waren. Auch hier wiederum verhüllten ihre Gedichte, Lieder und Balladen oft hinter Doppel- und Mehrdeutigkeiten religiöse Aussagen, deren Orthodoxie nicht über jeden Zweifel erhaben war.

Daß die Bewegung ein zutiefst spirituelles Bewußtsein hatte und ausgesprochen asketische Ideale vertrat, wird durch die Tatsache untermauert, daß viele tief religiös empfindende Menschen sich zu ihnen hingezogen fühlten. Franz von Assisi († 1226) wurde der größte der Troubadours genannt. Er tauschte die reichen Gewänder seiner vergnügungssüchtigen Zeit mit den Lumpen eines Bettlers, widmete sein Leben der Dame »Armut« und der Unterjochung des Bruders »Esel«, des Körpers. Er liebte die provenzalische Dichtung der französischen Troubadours und bediente sich des Provenzalischen, das er für einen vornehmeren Dialekt hielt als sein eigenes Umbrisch. Er gilt als »echter Troubadour« in dem Sinn, daß die Troubadours von der albigensischen Häresie inspiriert waren. Die Kirche betrachtete ihn zu Lebzeiten stets mit Argwohn, und sein Nachfolger Elias wurde schließlich exkommuniziert, weil er angeblich die Kirchenspaltung betrieb.

Auch der Dichter Dante Alighieri († 1321) galt als nicht unbedingt kirchentreu. In der Tat war er ein kräftig sprudelnder Quell der Häresie, der sowohl den Templern (Rougemont 1940, S. 120) als auch den Albigensern (Bayley 1909, S. 61) Sympathien entgegenbrachte. Er beherrschte das Provenzalische so gut, daß er auch in dieser Sprache schrieb; er studierte eifrig die Schriften der Troubadours und wurde selbst als »später Troubadour« bezeichnet.

Die Eleutherianer

Unter dem Begriff »Eleutherianer«, der auf das griechische Wort für »frei« zurückgeht, werden manchmal eine Reihe von Sekten und Kulten zusammengefaßt, die seit dem Mittelalter in Europa auftraten und vorwiegend die Lehren und Praktiken des libertinistischen Zweigs der gnostischen Religion weiterführten.

Sie waren in dem Sinn dualistisch, daß sie die Herrschaft Satans in dieser Welt außerordentlich stark in den Vordergrund stellten. Der Böse steckte hinter allem Haß, hinter allen Empfindungen der Schuld und Sündhaftigkeit, aller Zwietracht und Gewalt. Aus seinem Joch konnte man nur durch die Macht des Heiligen Geistes befreit werden. Die biblische Bestätigung für ihre Überzeugungen bezogen sie aus Versen wie »für die Freiheit hat Christus uns befreit; steht also fest, und laßt Euch nicht wieder unter das Joch einer Knechtschaft bringen« (Gal. 5,1) und »wo aber der Geist des Herrn, da ist Freiheit« (2. Kor. 3,17).

Die Eleutherianer trugen je nach Ort und Zeit unterschiedliche Namen. So waren sie BRÜDER UND SCHWESTERN DES FREIEN GEISTES, weil sie frei von den Plagen Satans und frei in der Freiheit des Heiligen Geistes zu sein glaubten. Sie betrachteten sich als HOMINES INTELLIGENTIAE, das heißt Männer und Frauen der Erkenntnis (Gnosis), denen geistiges Verständnis gegeben war. Man nannte sie auch VOLLKOMMENE, weil sie gemäß dem Gebot Christi: »Seid also vollkommen« (Mt. 5,48) glaubten, daß der Zustand der Vollkommenheit von allen Gläubigen erlangt werden könne. Weil sie den gesegneten Zustand Adams und Evas vor dem Sündenfall nachzuahmen versuchten, hießen sie ADAMITEN. Weil sie alle Gesetze religiöser Organisationen und der gesellschaftlichen Ordnung ablehnten, bezeichnete man sie als ANTINOMISTEN.

Die weltliche Gelehrsamkeit lehnten die Eleutherianer im allgemeinen ab, doch studierten sie eifrig die Bibel, die ihrer Auffassung gemäß jeder nach seiner eigenen Weise interpretieren durfte. In den äußeren Dingen waren sie Kommunisten und sagten, daß man bis auf wenige persönliche Dinge alles miteinander teilen müsse. Die Menschen sollten den Gedanken des *meum et tuum* (»mein und dein«) aufgeben, denn dies war ein Relikt des mosaischen Gesetzes. Ihr wirtschaftliches Credo lautete: »Laßt uns nur *eine* Geldbörse haben.« Sie waren überzeugte Anhänger des einfachen Lebens und verachteten Reichtum. Von Zeit zu Zeit ließen sie all ihre Habe in Flammen aufgehen, um dem Beispiel derjenigen zu folgen, die »mit Freude den Raub ihrer Güter ertragen« (Hebr. 10,34).

In ihrem Kult hingen sie einer ekstatischen Pfingstströmung an, befürworteten xenophrenische Zustände, sprachen in Zungen und bekannten öffentlich ihre Sünden. Sie behaupteten, durch die Inspiration des Heiligen Geistes Visionen und göttliche Offenbarungen zu empfangen. Die göttliche Macht manifestierte sich nach ihrer Überzeugung insbesondere im Schweigen und im Gebet.

Viele waren Adventisten, das heißt sie glaubten, daß das Tausendjährige Reich nahe war oder schon angebrochen sei. Das Neue Jerusalem mußte auf der Erde errichtet werden, und Christus sollte auf dem Berg Tabor wiedererscheinen, dem Berg der Verklärung, der allerdings überall liegen konnte. Der sogenannte taboritische Zweig der Eleutherianer trat vor allem in Böhmen auf.

Ihre Auffassungen über Sünde und Sündhaftigkeit wurzelten in den gnostischen Vorstellungen bezüglich der Vollkommenen und der Verdammten. Der Mensch ist ihrer Auffassung nach entweder sündenlos oder sündig. Diejenigen, die Vollkommenheit erlangen, befinden sich im Zustand der Gnade und können nicht sündigen, weil sie dazu unfähig sind. Sie haben den Satan überwunden und sind jenseits von Gut und Böse. Die Sündigen müssen begreifen, daß ohne Sünde keine Erlösung möglich ist. Sündigen ist ein Mittel zur Erlösung. Gott möchte, daß der Heilige Geist im Herzen des Menschen wirkt, und er verlangt danach, dem reuigen Sünder zu vergeben. Den Selbstgerechten taucht er in den Kot (Hiob 9,31). Nur durch Sündigen und anschließende echte Reue wird man vollkommen. Danach kann man ohne Sünde und Reue den Bedürfnissen des Fleisches nachgeben. Als neugeborener, vom Heiligen Geist geheiligter Christ ist man dem Gesetz nicht mehr unterworfen und kann nicht mehr sündigen.

Die Ehe wurde in der Regel als unvollkommener Zustand verworfen. Man hielt die im Ehevertrag gebundenen Parteien für Gefangene der Konvention. Die eheliche Liebe kann nicht zu der Ekstase und Wonne führen, die derjenige sucht, der nach den höchsten geistigen Sphären strebt. Es ist eine selbstsüchtige Bindung, die das Paar zudem auf das eintönige Almosen beschränkt, das das Gesetz zugesteht. Männer und Frauen sind dazu geschaffen, um sich einander hinzugeben. Der Ehebruch besaß Symbolgehalt als Bekräftigung der Emanzipation. Verheiratete Männer sollten ihre Frauen allen zur Verfügung stellen.

Weil Adam und Eva im Garten Eden nackt waren, machten viele Eleutherianer die Nacktheit bei ihren Versammlungen zur Pflicht. Bei einigen Sekten sprach der Prediger nackt vor einer nackten Gemeinde. Solche Anlässe endeten meist mit einem Fest und einer anschließenden Orgie. Schrankenloser Geschlechtsverkehr galt als Ausdruck spiritueller Freiheit, die den Menschen zu den »Wonnen des Paradieses« erhob. Unzucht besaß eine mystische Qualität, durch die sie zum Sakrament werden konnte. Wenn man sie im rechten Geiste betrieb, konnte sie zu einem Gebet vor dem Antlitz Gottes werden.

Der Liebesvollzug zwischen den »Vollkommenen« war eine geheiligte Liebe, und Heiligung schließt Sünde aus. Die Eleutherianer glaubten wie die Gnostiker, daß jegliche Form sexueller Betätigung erlaubt sein müsse. Verwandtschaftliche Beziehungen oder das Geschlecht des Partners durften kein Hindernis sein. Ein Mann konnte sich mit seiner Mutter, Schwester oder Tochter verbinden. Und wenn ein Mann wünschte, mit beiderlei Geschlecht anal zu verkehren, sollte ihm auch dies erlaubt sein.

Bei der normalen heterosexuellen Verbindung wurde Coitus reservatus oder Verkehr ohne Orgasmus empfohlen. Mit dieser Form reiner Vorfreude wollte man die sublime Erotik Adams und Evas vor dem Sündenfall nachvollziehen. Einen solchen vergeistigten Verkehr bezeichnete man als *acclivitas*, den Aufstieg zu Gott durch die sexuelle Vereinigung (Fränger 1952, S. 21), und es besteht hier ein Zusammenhang mit dem gnostischen Ritual des aufwärtsströmenden Jordan.

Einer der ersten Vertreter des eleutherianischen Glaubensbekenntnisses war AMALRICH VON BÈNE († 1209), für den es die Aufgabe der Freien im Geiste war, das Zeitalter der Liebe für all diejenigen einzuleiten, in denen wie bei ihnen selbst die Inkarnation des Heiligen Geistes bereits stattgefunden hatte und die frei waren. Seine Sekte war antiklerikal, praktizierte freie Liebe, Sexualmystik, Inzest und Coitus reservatus. Amalrich wurde als Häretiker verurteilt und zum öffentlichen Widerruf gezwungen.

Anfang des 13. Jahrhunderts entstand in Frankreich, Holland und Deutschland der Bettelorden der BEGARDEN mit einem weiblichen Zweig, den BEGINEN, die ausgeprägt katharische Tendenzen aufwiesen. Sie traten für Nacktheit und enkratische Liebe ein, das heißt Sexualität »ohne die Beschmutzung des abschließenden erniedrigenden Höhepunkts«. Sie wurden als Häretiker verurteilt, und eine Reihe von ihnen mußte den Scheiterhaufen besteigen. Im 14. Jahrhundert hörte man nichts mehr von den Begarden, während die Beginen nach einer inneren Erneuerung als geachtete pietistische Gruppe überlebten.

Etwa um 1380 bekam eine valentinianische« Sekte, die Gesellschaft der Armen, besser bekannt unter dem Namen

Turlupins, in Flandern, Frankreich und Savoyen Zulauf. Sie lebten ebenfalls in Nudistenlagern im Wald und praktizierten Promiskuität. Einige der Anhänger wurden gefangengenommen und in Paris samt ihren Schriften auf dem Scheiterhaufen verbrannt.

Eine andere adamitische Gruppe waren die Picarden, deren Name entweder auf die Picardie in Frankreich oder auf die Begarden zurückgeht. Ihr Führer gab sich den Titel Picard der Prophet († 1415) und nahm sich als Sexualpartnerin eine Frau, die er als Mutter Gottes bezeichnete. Sie predigten gemeinsam Nacktheit und sexuelle Freizügigkeit in Erwartung der Wiederkunft und der Errichtung des Neuen Jerusalem.

Martin Houska († 1421) verbreitete den Freien Geist in Böhmen, den möglicherweise Picarden aus dem Westen gebracht hatten. Sein Ziel war eine tausendjährige Gesellschaft, und er sprach von der Wiederkunft Christi als einem Hochzeitsfest der Auserwählten. Christus würde nach seiner triumphalen Wiederkehr vom Himmel auf dem Berg Tabor, der jetzt in Böhmen liegen sollte, für seine Braut, die Kirche, ein großes Festmahl des Lammes als Hochzeitsfeier bereiten. Auch Houska wurde vor Gericht gestellt und zum Tod auf dem Scheiterhaufen verurteilt.

Ende des 15. Jahrhunderts entstand in den Niederlanden eine weitere blühende eleutherianische Sekte. Der Maler Hieronymus Bosch († 1516) gehörte ihr an, und sein berühmtes Triptychon »Der Garten der Lüste«, das sich jetzt in Madrid im Prado befindet, gilt als Darstellung der von dieser Sekte gepredigten adamitischen Vision sexueller Emanzipation.

Etwa ab 1520 traten in Deutschland die Wiedertäufer auf. Sie bildeten die »extreme Linke« der protestantischen Partei und traten wie die Eleutherianer für freie Liebe, Polygamie und Nacktheit ein. Sie ließen sich grausame Exzesse gegenüber denjenigen, die anderer Auffassung waren, zuschulden kommen. Dies hatte zur Folge, daß ihre Anführer ein ebenso gnadenloses Strafgericht traf, als die Zentren ihrer Herrschaft, deren bekanntestes Münster war, erobert wurden.

Die ALUMBRADO-Sekte, so genannt nach dem spanischen Wort für »erleuchtet«, trat erstmals im 15. Jahrhundert in Spanien auf und erreichte ihre größte Verbreitung im darauffolgenden Jahrhundert. Ihre Anhänger waren quietistisch, verzichteten auf Heiligendarstellungen, lehnten Privateigentum und Privilegien durch Geburt und Titel ab und zogen in den Anfangsjahren viele orthodoxe Theologen an. Ein extremistischer Zweig der Alumbrados in Toledo praktizierte unter der Führung einer »sibyllinischen Frau« namens Francisca Hernandez eine Form von Sexualmystik. Einer ihrer Schüler erklärte bei seinem Verhör, daß er nach dem Verkehr mit ihr »mehr Weisheit gewann, als wenn er zwanzig Jahre in Paris studiert hätte. Denn nicht Paris, sondern nur das Paradies konnte solche Weisheit lehren« (Fräger 1952, S. 20). Viele spätere Sekten haben ihre Wurzeln bei den Alumbrados.

Der Amsterdamer HEINRICH NICLAES († 1581) führte ein esoterisches Liebesritual ein, das er in seinem mystischen Liebestempel zelebrierte. Nach seiner Aussage hatte Moses nur den Vorhof des Tempels betreten, Christus den inneren Tempel, während er, Niclaes, in das Allerheiligste vorgedrungen war. Vor Verfolgungen floh Niclaes nach England, wo er eine als FAMILISTEN bezeichnete Gesellschaft gründete, die bis zum darauffolgenden Jahrhundert Bestand hatte. Sie wurden in populären Flugblättern häufig angegriffen.

1645 erhielt eine fanatische antinomistische und kommunistische Sekte den Spitznamen RANTERS (»Wetterer«), die vorübergehend viele Anhänger fand und im Commonwealth unterdrückt wurde. Sie bekamen diesen Namen deshalb, weil sie blasphemisch und maßlos gegen die etablierte Moral und Religion zu Felde zogen. Sie glaubten, daß die Gebote des Alten Testaments durch die Kreuzigung ausgelöscht worden waren und daß Männer und Frauen seither das Recht besaßen, sich in jeglicher Weise und mit wem sie wollten sexuell zu betätigen.

Eines ihrer Mitglieder, JACOB BAUTHUMLEY (oder Bottomley), schrieb ein pantheistisches Buch mit dem Titel »Die hellen und dunklen Seiten Gottes« (1650), wofür ihm die Zunge verbrannt wurde. Er erklärte, daß alles in Gott existiert, daß die Sünde die dunkle Seite Gottes und göttlich ist. Der Sünder sündigt in Gott. Die Sünde kann ihn daher nicht von Gott trennen.

In Bauthumleys Abhandlung spiegelt sich die Auffassung vieler eleutherianischer Gruppen. Die Sünde, insbesondere die geschlechtliche Sünde, ist nur in der menschlichen Verfassung auf dieser Erde von Bedeutung. Wenn man sie als eine der vielen Gesichter Gottes betrachtet, kann sie nicht als »unmoralisch« gelten. Diese Lehre wurde von vielen Gruppen im Lauf der Jahre immer wieder neu verkündet, wie es ein Beispiel verdeutlicht.

1781 wurde ruchbar, daß die Nonnen des Dominikanerkonvents der hl. Katharina im italienischen Prato unter Leitung der Priorin Schwester Spighi katharische Lehren predigten. Sie verkündeten, daß die menschliche Seele, die der höchsten Essenz teilhaftig ist, unsterblich und göttlich und daher sündenlos und frei ist. Die Liebe des Mannes zu einer Frau stellt das edelste Beispiel des göttlichen Gesetzes dar, und der Geschlechtsakt dessen vollkommenste Erfüllung. Deshalb erfüllt auch jeder, Mann oder Frau, der seinen Geist zu Gott erhebt und die körperliche Lust mit einer Person desselben Geschlechts oder.allein genießt, das göttliche Gesetz.

Auf die Frage der schockierten Kommissionmitglieder, die mit der Untersuchung der Angelegenheit beauftragt waren, woher sie ihre Lehren hätten, antworteten sie: »Aus dem tiefen und aufrichtigen Streben unserer natürlichen Neigungen und derjenigen um uns.«

Die Modernen

Die bisher dargestellte verkürzte Chronologie der Eleutherianer soll durch eine ebenfalls sehr knappe Übersicht über die bedeutendsten Kulte in Frankreich, Rußland und den Vereinigten Staaten, die gnostische Einflüsse zeigen, abgeschlossen werden. Diese Kulte vertreten sowohl das puritanische wie auch das libertinistische Extrem der gnostischen Bewegung.

Frankreich

Frankreich scheint eine ausgeprägte Vorliebe für die düsteren Seiten der gnostischen und katharischen Lehre gehabt zu haben. Seit dem frühen Mittelalter kamen immer wieder die abstoßenden Aktivitäten entsprechender Geheimgesellschaften ans Tageslicht, wobei im 17. Jahrhundert ein Gipfelpunkt der schaurigen Skandale erreicht wurde. Die Anführer waren fast immer abgefallene Priester, die nicht nur Adamismus, freie Liebe und sexuelle Anomalitäten praktizierten, sondern auch der Hexerei, der Hostienschändung und des Feierns schwarzer Messen schuldig befunden wurden.

Zu den berüchtigtsten gehörten die beiden Gruppen, die mit den Namen von Louis Gaufridi († 1611) und Urbain Grandier († 1634) verbunden waren, denen man Verführung, Götzendienst, Hexerei und Zauberei vorwarf. Sie wurden verurteilt, gefoltert und auf dem Scheiterhaufen verbrannt (Huxley 1952).

Ein ähnlich berüchtigter Fall ist mit dem Namen Pierre David verbunden, ebenfalls Priester und Superintendent des Franziskanerkonvents von Louviers in der Normandie. Er machte den Konvent zum Hauptsitz eines diabolistischen Kreises, dessen Aktivitäten 1642 aufgedeckt wurden.

Mit seinen Helfern Pater Thomas Boullé, Schwester Madelaine Bavent (Summers 1933) und anderen Priestern und Nonnen feierte er nackt die Schwarze Messe, »wobei er in geronnenes Menstruationsblut eingetauchte Hostien benutzte«; das Ganze endete in einem Ritual perversen Verkehrs.

Der schauerlichste dieser Fälle dürfte wohl derjenige der Catherine Deshayes (Madame Montvoisin) gewesen sein, einer Giftmischerin, Engelmacherin und Diabolistin, zu deren Klienten viele prominente Persönlichkeiten des französischen Hofes gehörten. Unter dem Dutzend abgefallener Priester in ihren Diensten befand sich auch der Abbé Etienne Guibourg († 1683), der das Formelbuch perverser religiöser Verrichtungen vervollkommnete, die zu den makabersten ihrer Art gehören: Fötusmesse, Plazentamesse, Samenmesse und Kotmesse. Der Prozeß (1679–82) gegen die Hauptschuldigen gehört zu den berühmtesten Fällen von Schwarzer Magie und Satanskult in der Geschichte (siehe Robbins 1959; Mossiker 1970).

Nach einer Unterbrechung von fast zweihundert Jahren machten die unheimlichen Sekten mit dem französischen Visionär und Okkultisten Pierre-Michel Eugène Vintras († 1875) wieder von sich reden, dem Urheber der Vintrasmessen, insbesondere des »Ruhmesopfers des Melchisedech« und dem »Opfer Mariens«. Auch diese Feiern wurden nackt und angeblich mit randvoll mit Blut gefüllten Kelchen und in Menstruationsblut getauchten Hostien vollzogen, und sie endeten wie üblich mit Geschlechtsverkehr in den vorgeschriebenen Formen.

Der Abbé Joseph-Antoine Boullan († 1893), einer der Anhänger von Vintras, gründete seinen eigenen okkulten Kreis in Lyon, in dem Sexualmagie betrieben wurde, wobei angeblich Verkehr mit »himmlisch gemachten Organen« sowie mit Incubi und Succubi vollzogen wurde. Es gab die üblichen Gotteslästerungen, und wie üblich wurden geweihte Hostien mit menschlichem Kot und Urin vermischt. Boullan erscheint als Doktor Johannes in dem berühmten Roman »La-Bas« (1891) des französischen Schriftstellers Joris Karl Huysmans. Ein anderer zeitgenössischer Schwarzmagier, der belgische Abbé LOUIS VAN HAECKE († 1912), ein abgefallener Priester und Teufelsanbeter, war das Vorbild für den finsteren Canon Docre im selben Roman.

Eine von Boullans Anhängerinnen war die polnische Mystikerin FELIKSA MARIA KOZLOWSKA († 1921), die Begründerin der Sekte der Mariaviten, die der Jungfrau Maria gewidmet war. Nach ihrem Tod wurde ihr Werk von dem römisch-katholischen Priester JOHN KOWALSKI († 1940) fortgeführt, der Erosmystik, polygame »mystische Ehen« und Sexrituale mit jungen, unreifen Mädchen propagierte.

Vintras-Kreise gab es noch nach dem Zweiten Weltkrieg in Lyon, wo sie vermutlich noch heute aktiv sind, und man nimmt an, daß auch in London heute noch eine Vintras-Gruppe tätig ist (Griffiths 1966, S. 145).

Rußland

In der zweiten Hälfte des 17. Jahrhunderts ereignete sich in der russisch-orthodoxen Kirche ein Schisma, das zur Gründung einer neuen Sekte führte, der Raskolniki (russ. *raskol*, »Spaltung«). Dies hatte zur Folge, daß sich viele Gruppen mit abweichenden Auffassungen zur Abspaltung ermuntert fühlten und religiöse Vorstellungen öffentlich verkündeten, die bislang unterdrückt waren.

Anfang des 18. Jahrhunderts gab es in ganz Rußland eine große Fülle solcher Sekten und Splittergruppen. Dmitrij, der Metropolit von Rostow, verzeichnete 1720 in einem Buch zu diesem Thema über zweihundert solcher Gruppen (Hare 1901, S. 296). Die meisten von ihnen können als slawische Version der hier bereits betrachteten eleutherianischen Gruppen gelten; einige wenige gehen auf die Bogomilen zurück, die im 14. Jahrhundert in Südrußland entstanden.

Alle diese Sekten arbeiteten unter der ständigen Bedrohung der Verfolgung, und wann immer ihre extremeren Aktivitäten ruchbar wurden, traf sie ein hartes Strafgericht; ihr Eigentum wurde eingezogen, sie wurden nach Sibirien verbannt, ausgepeitscht, gefoltert und manchmal auch enthauptet. In der Regel lebten sie einfach und gingen Auseinandersetzungen mit der Kirche oder dem Staat aus dem Weg. Wie viele ähnliche Sekten betrachteten sie die Ehe oft als fluchbeladene Bindung.

Zu den russischen Schismatikern gehörten die CHLYSTEN, eine Flagellantensekte, die sich mit Peitschen und Ketten schlugen. Desweiteren gab es die STRANNIKI oder »Wanderer«, Leute, die plötzlich und wie aus heiterem Himmel ihre Ausweispapiere verbrannten, Haus und Hof verließen und an ferne Orte zogen, ohne zurückzukehren oder jemals ihrer Familie zu schreiben. Der sibirische Hypnoseheiler GRIGORIJ RASPUTIN († 1916) war zeitweilig Mitglied beider Sekten.

Weiterhin gab es die GRESCHNIKI oder PEKKATISTEN, die an die erlösende Kraft der Sünde glaubten. Sie gaben sich daher ohne Zögern der Sünde des Fleisches hin und bekannten diese freudig in der Öffentlichkeit. Die BESGLOVESNIKI oder »Stimmlosen« wahrten lange Perioden des Schweigens, sprachen monatelang und manchmal jahrelang mit niemandem.

Die MORELSCHTSCHIKI oder »Töter« hielten es für eine Tugend, sich selbst das Leben zu nehmen, wozu sie entweder Selbstmord begingen oder sich töten ließen. Der Anführer einer Gruppe, Igor Koweleff, führte unter Anweisung einer Prophetin der Sekte ein Massenbegräbnis durch und begrub fünfundzwanzig Freiwillige, zu denen auch seine Mutter, seine Frau und seine Tochter zählten, im Hinterhof eines Hauses bei lebendigem Leib.

Hunderte von Männern und Frauen, die dieser oder einer ähnlichen Sekte angehörten, schnitten sich die Kehlen durch, stießen sich Dolche ins Herz, erhängten sich oder hungerten sich zu Tode. Die Sekte der KRASNYE KRESTINNYE oder »Feuertäufer« verabschiedeten sich aus dieser Welt, indem sie sich mit Verwandten und Freunden in einem Haus versammelten und dieses über ihrem Kopf anzündeten. Bei einem dieser Massenselbstmorde verbrannten sich über 2700 Männer, Frauen und Kinder im Paleostrovski-Kloster.

Die DUCHOBORZEN, »Geistkämpfer«, die man fälschlich als die Quäker Rußlands bezeichnet hat, waren stark in der Provinz vertreten, in der Helene Petrowna Blavatsky († 1891), die Begründerin der »Theosophischen Gesellschaft«, geboren wurde. Die Duchoborzen gaben ihrem Protest gegen kirchliche oder staatliche Eingriffe in ihre Lebensweise dadurch Ausdruck, daß sie sich nackt, auch im tiefsten Winter, auf lange, oft tödliche Protestmärsche begaben. Ihre beständige Verfolgung erregte die Sympathie Tolstois, der angeblich seinen Roman »Auferstehung« geschrieben haben soll, um Mittel für ihren Auszug aus Rußland zu beschaffen. Zu Beginn des 20. Jahrhunderts wanderten viele von ihnen nach Kanada aus.

Die SKOPZEN oder »Kastraten« unterzogen sich freiwillig einer Operation, bei der Männern Hoden oder Penis oder beides chirurgisch entfernt wurden, Frauen die Brustwarzen, Brüste oder Eierstöcke. Die Skopzen hatten Hunderttausende von Anhängern, von denen die meisten allerdings nicht kastriert waren, sondern mit dem Ideal der Skopzen sympathisierten. Dicse Anhänger lebten zölibatär oder, falls sie verheiratet waren, in strenger Entsagung.

Es gab noch viele andere extreme Sekten, die durch Hunger, Geißelung und andere Bußübungen ekstatische Trance zu erlangen versuchten. Bei ihren *radenya* oder »fröhlichen Versammlungen« entledigten sie sich ihrer Kleider, tanzten, sangen, schrien, stampften mit den Füßen und wirbelten umher, als ob sie vom Heiligen Geist besessen wären.

Vereinigte Staaten

Gegen Ende des 18. Jahrhunderts tauchten in Nordamerika »Freiheitssekten« auf, deren Zahl bis zur Mitte des 19. Jahrhunderts unübersehbar angewachsen war. In den meisten Fällen lebten die Mitglieder weltabgeschieden und pflegten ein einfaches Gemeinschaftsleben.

Sie gaben sich viele seltsame Namen: Altruistische Gemeinde, Alphadelphia Phalanx, One Mentians (»Eines Geistes«), Universologen, Große Pantarchie, Abecedarier (nach einer deutschen Sekte aus dem 16. Jahrhundert, für die jegliches Lernen, auch des Abc, überflüssig war), Philoprogenitive Familisten, Nothingarians (mit den Prämissen: keine Kirche, keine Regierung, keine Ehe, kein Geld), Mount Taborians. Der amerikanische Dichter R. W. Emerson schrieb 1840 an Thomas Carlyle: »Wir sind hier ein bißchen verrückt. Kein belesener Mann, der nicht die Pläne für eine neue Gemeinschaft in seiner Westentasche hätte.«

In der Mitte des 19. Jahrhunderts entstand die Kußsekte der Lucina Umphreville († 1855), die ihre Ideen unter den Frauen ihrer Gemeinde im Staat New York verbreitete (Dixon 1868). Männer sollten mit ihnen den sogenannten seraphischen Kuß tauschen, und ihnen sollte jegliche Möglichkeit zu engem körperlichen Kontakt gewährt werden, mit Ausnahme des tatsächlichen Verkehrs, der ein »fleischliches Werk« war und vermieden werden mußte. Die weiblichen Mitglieder der Sekte beschrieben den »elektrischen Kitzel«, die »Wogen der Herrlichkeit« und »Stürme der Verzückung«, die sie bei der Umarmung zu geistigen Wonnen hinrissen. Einige dieser Sekten praktizierten auch Adamismus und freien Sex. Ihre Vertreter verurteilten die Züchtigkeit als Merkmal der Heuchelei und Verderbtheit, weil man niemanden, bei dem der Anblick einer nackten Person des anderen Geschlechts Empfindungen der Lust, des Unbehagens, der Scham erregte, rein nennen könnte.

Diese eigentümliche Philosophie erreichte ihren Gipfelpunkt mit den »Perfektionisten«, die JOHN HUMPHREY NOYES († 1886) in Oneida Creek im Staat New York begründete. Er führte ein System der »komplexen Ehe« ein, bei dem verheiratete Mitglieder ihr »Eigentum« an ihren Frauen und Männern aufgeben mußten und jeder nach Lust und Laune sich mit jedem vereinigen konnte. Er betonte die Vorteile des Coitus reservatus, durch den man die Empfängnis verhindern, die Selbstbeherrschung des Mannes fördern, die männliche Energie bewahren, die Bedürfnisse der Frau befriedigen und zugleich ein wunderbares geistiges Erlebnis haben konnte.

Die kulturelle Strömung

Der Gnostizismus war, wie wir gesehen haben, die Quelle vieler häretischer Bewegungen und vieler ungewöhnlicher religiöser und sektiererischer Praktiken.

Die modernen Geheimgesellschaften haben, nicht anders als die mittelalterlichen Zünfte, ihre »Mysterien«, die Rudimente eindeutig gnostischer Lehren sind. Der niederländische Gelehrte Gilles Quispel hat gnostische Religionsformen bei den Rosenkreuzern und den Freimaurern festgestellt (Yamauchi 1973, S. 17). Einem anderen Autor, Kenneth Rexroth zufolge »war die Alchemie durch und durch gnostisch« (Mead 1960, S. XX).

In der Geschichte der Magie und des Okkultismus findet sich eine Überfülle von Namen, die einem eindeutig gnostischen Denken anhingen. In unserer Zeit dürfte das wohl bekannteste Beispiel hierfür die Laufbahn des englischen Magiers ALEISTER CROWLEY sein (Symonds 1951). Unter seiner Ägide entstand eine Reihe okkulter Organisationen, zu deren Mitgliedern Männer und Frauen gehörten, die sich in der Literatur, auf der Bühne und in den bildenden Künsten einen Namen gemacht hatten.

Kehren wir jedoch zur Hauptströmung der europäischen

kulturellen Tradition zurück. Die Namen der Scholastiker und anderer Gelehrter, deren Werke im Mittelalter als häretisch verurteilt wurden, würden ein Verzeichnis der hervorragendsten Gestalten des mittelalterlichen Denkens füllen. Später findet man starke gnostische Elemente in den Werken von Mystikern wie Jakob Böhme, der selbst der Häresie angeklagt wurde, und George Fox, der wegen seiner Lehren verfolgt und eingekerkert wurde, und bei Dichtern wie John Milton, dessen Sonett mit den Anfangszeilen »Räche, o Herr, Deine hingemetzelten Heiligen« anläßlich des Massakers an den Katharern (Vaudois) im Jahr 1655 entstand. Sein »Paradise Lost« ist beinahe eine Apotheose Satans. Blake zufolge war Milton ein wahrer Dichter der Partei des Teufels, ohne dies zu wissen.

William Blake seinerseits gab Auffassungen lebendigen und begeisterten Ausdruck, die man nicht anders als gnostisch bezeichnen kann. Er sprach offen von einer Bibeldeutung in ihrem »höllischen oder diabolischen Sinne«. Andere bekannte Dichter wie Gérard de Nerval, Rainer Maria Rilke und William Butler Yeats sowie einige führende Komponisten wurden in einem ähnlichen Zusammenhang genannt. Quispel nannte Mozart »einen späten Gnostiker«.

Unter den Romanschriftstellern sind Novalis, Honoré de Balzac, Fjodor Dostojewski, Victor Hugo, Herman Melville, Leo Tolstoi und Franz Kafka zu nennen. Thomas Mann bezeichnete die Gnosis als »die wahrhaftigste Erkenntnis des Menschen seiner selbst«.

Viele soziale, politische und sogar psychologische Trends wie Puritanismus, Marxismus, Kommunismus, Nihilismus, Nazismus und die Psychoanalyse wurden in einen Zusammenhang mit den Gnostikern gebracht (Layton 1980, S. 38). Wissenschaftler wie Wolfgang Pauli und bestimmte moderne naturwissenschaftliche Theorien wurden ebenfalls in den Dunstkreis der Gnosis gerückt.

Unter den Philosophen sind Blaise Pascal, Georg Wilhelm Friedrich Hegel, Sören Kierkegaard und Friedrich

Nietzsche zu nennen. Unter Anspielung auf das ewige gnostische Rätsel fragte Kierkegaard nach dem Sinn »dieses Dings, das man Welt nennt«, und stellte die Frage, warum er geschaffen und damit gezwungen wurde, des Daseins teilhaftig zu sein. Der Existentialismus, zu dessen Gründungsvätern er gehört, enthält eine Fülle gnostischen Gedankenguts, wie es von mehr als nur einer Autorität dargelegt worden ist.

C. G. Jung, dessen intuitiver Geist über ein weites Feld schweifte und vielen der verschlungenen kulturellen Nebenwege des europäischen Denkens nachspürte, hat wohl den ganzen Umfang der gnostischen Leistung bezüglich all der Probleme, die ihn so lange beschäftigten, am besten zusammengefaßt, als er schrieb: »Mein ganzes Leben habe ich daran gearbeitet und studiert, um diese Dinge zu entdekken, und diese Menschen wußten es schon« (Layton 1980, S. 23).

Das gnostische Paradoxon

Die gnostische Doktrin bezüglich der Sünde oder des geistigen Bösen ist der Eckstein ihrer Theologie.

Der Begriff der Sünde wird heute oft als anstößiger Anachronismus belächelt. Er wird als Begriff aus der Mottenkiste der Geschichte abgetan, als Produkt des schlüpfrigen puritanischen Denkens, der Schuld und falsche Zerknirschung erzeugt. Aufgeklärte Personen glauben lieber an das grundlegende Gute im Menschen, seiner zahllosen und fortwährenden Niederträchtigkeiten zum Trotz.

Die Sünde ist aber keine puritanische Erfindung. Sie gehört zu den Grundbegriffen einer jeden großen Religion. Wahrnehmungsfähige Menschen wissen von ihrer beständigen Gegenwart im menschlichen Herzen. Die Bekenntnisse derjenigen, die wir Heilige nennen, zeigen, daß sie sich selbst nicht als heilig betrachteten, und dies aus gutem Grund. In unserer eigenen Zeit wurde, wenn wir denn auch dies noch als Beweis brauchen, die Verworfenheit und Gewalttätigkeit, die in unseren Seelen schlummert, von der Psychoanalyse an das helle Tageslicht gehoben und von den Nationalsozialisten eindrücklich demonstriert.

Der Mensch ist sündig. Dies war eine der Lehren, an denen die Gnostiker unbeirrbar festhielten. Sie führten die Lehre von der Erbsünde auf ihre Urform zurück. Nach dieser Auffassung ist selbst das neugeborene Kind mit ihr behaftet. Als Jesus über die Kinder sagte: »Ihrer ist das Himmelreich« (Mt. 19,14), bezog er sich den Gnostikern zufolge auf ihren androgynen Zustand, nicht auf ihre Unschuld.

Der Makel der Sünde ist nicht durch ein Handeln bedingt. Er hängt an der schlichten Tatsache des Menschseins selbst. Der Mensch braucht keine Sünden zu begehen. Er ist von Natur aus sündig. Er ist nicht einfach schwach, sondern von

Grund auf verderbt, im satanischen Sinn böse, denn er ist Satans Geschöpf.

Hieraus folgt die Überzeugung, daß die Sünde des Menschen nicht durch einen Menschen ungeschehen gemacht werden kann. Durch die guten Werke des Menschen werden keine Sünden gesühnt. Der Mensch kann von sich aus keine guten Werke verrichten, denn, wie die Bibel unzweideutig sagt, »alle unsere Tugenden sind wie ein besudeltes Kleid« (Jes. 64,5).

Es nützt unserem eigenen Wohlergehen, dem Cäsar »gute Werke« zu verrichten. Moralisches Verhalten ist eine gesellschaftliche Zweckmäßigkeit, notwendig, damit das menschliche Leben nicht »einsam, arm, häßlich, gemein und kurz« ist.

Die moralischen Qualitäten, die eine stabile Gesellschaft garantieren, wurden einschließlich der humanitären und ethischen Züge, die wir fast wie religiöse Grundsätze hochhalten, von den Alten als dasjenige erkannt, was sie sind, und von ihnen als bloße »politische Tugenden« angesehen. Gott, sagt der Gnostiker Marcion, kümmert sich nicht um sie.

Der Mensch mag im Lebenskampf je nach den Sternen über ihm, der Situation um ihn und den Hormonen in ihm entweder in gutem oder in schlechtem Licht erscheinen. Dies sind, wie die Valentinianer zu sagen pflegten, Spielmarken, die letztlich der Fürst der Finsternis austeilt.

Im Gesetz Cäsars gibt es keine spirituellen Elemente. In Cäsars Reich kann die »Sünde« per Dekret geschaffen oder abgeschafft werden. Die Gnostiker sahen mit kristallener Klarheit, wie leicht das Gesetz Cäsars für die Zwecke Satans eingespannt werden konnte.

Im Gnostizismus stellen die Hauptpersonen im kosmischen Drama Christus und Luzifer dar. Letztlich aber waren die Gnostiker keine Dualisten, denn sie glaubten, daß Gottvater das höchste Wesen ist, daß er die Welt, in der der dualistische Kampf ausgetragen wird, im äußersten Maß transzendiert.

Die materielle Welt ist die Domäne Satans, und wir wären möglicherweise für alle Zeiten an ihn gekettet, wenn es keine göttliche Gnade gäbe. Augustinus spricht von der glücklichen Schuld (lat. *felix culpa*) im Zusammenhang mit dem Sündenfall unserer Stammeltern, denn durch diese Schuld konnte die Menschheit zu gegebener Zeit Christus erkennen.

Die Menschheit selbst ist für sich allein hilflos und der Hoffnungslosigkeit preisgegeben. Die einzige Hoffnung liegt in Christus. Das zweite und letzte große christliche Gebot, dasjenige der Nächstenliebe, bezieht sich auf Cäsars Reich. Es wird erst dann spirituell relevant, wenn das erste, die Gottesliebe, ausgeübt wird.

Den transzendenten Gott kann man aber nur durch eine Erkenntnis *(gnosis)* Christi lieben. Wenn man zu dieser Einsicht gelangt ist, bekommt das eigene Leben eine neue geistige Dimension, und dann beginnen die wahren Tugenden aus einer göttlichen Quelle zu strömen.

Trotz ihrer doketischen Anschauungen erkannten die meisten Gnostiker die tiefere Bedeutung vom Kreuzestod Christi. Wir dürfen wohl einen gnostischen Urheber hinter der berühmten, Tertullian zugeschriebenen Bemerkung bezüglich der Auferstehung vermuten: »Sie ist gewiß, weil sie unmöglich ist.«

Die Gnostiker hatten erkannt, daß für den Verstand die Fleischwerdung eine Phantasie, die Kreuzigung ein Ärgernis und die Auferstehung eine Absurdität war (siehe 1. Kor. 1,23).

All dies liegt außerhalb des Fassungsvermögens des gesunden Menschenverstandes. Wer aber die Absurditäten des christlichen Glaubens umgehen und Jesus bloß in die lange Reihe der anderen Propheten einreihen möchte, die Ethik und Moral predigten, wird keinen Grund angeben können, warum er gerade Jesus und keinem anderen anhängt.

Die gnostische Wahrheit ist heterodox und bietet alternative Werte. Sie ist eine Allegorie, weil sie eine andere Sprache spricht. Sie ist ein Paradoxon, das heißt etwas, das der vorgefaßten Meinung widerspricht. Sie ist nicht logisch, nicht rational, nicht einmal denkbar.

Der Existentialismus, als Paraphrase des Gnostizismus, bekräftigte, daß das Christentum die Entscheidung für die absurde Alternative beinhaltet.

Literatur

Adorno, Theodor W.: Minima Moralia. Reflexionen aus dem beschädigten Leben, Frankfurt a. M. 1964.
Allegro, John: The Sacred Mushroom and the Cross, London 1973.
ders.: The Dead Sea Scrolls and the Christian Myth, London 1979.
Baigent, M., R. Leigh u. H. Lincoln: The Holy Blood and the Holy Grail, London 1982.
Bauer, Ferdinand Christian: Die christliche Gnosis oder die christliche Religionsphilosophie in ihrer geschichtlichen Entwicklung, Tübingen 1835.
Bianchi, Ugo (Hrsg.): The Origins of Gnosticism. Colloquium of Messina, April 1966. Texts and Discussions, Leiden 1970.
Blackman, Edwin Cyrill: Marcion and his Influence, London 1948.
Böhling, Alexander (Hrsg.): Die Gnosis. Band III: Der Manichäismus, Zürich/München 1980.
Bousset, Wilhelm: The Antichrist Legend, London 1896.
Brown, Peter: Die letzten Heiden. Eine kleine Geschichte der Spätantike, Berlin 1986.
Bruce, F. F.: Jesus and Christian Origins Outside the New Testament, London 1976.
Bruns, J. Edgar: The Forbidden Gospel, New York/London 1976.
Bultmann, Rudolf: Jesus, Berlin 1926.
ders.: Jesus Christ and Mythology, London 1960.
ders.: Das Christentum im Rahmen der antiken Religionen, Zürich 1949.
ders.: Primitive Christianity in Its Contemporary Setting, New York 1956.
ders.: Theologie des Neuen Testaments, Tübingen 1961.
ders.: Theology of the New Testament, 2 Bde. London 1952.
Campbell, Joseph: The Masks of God. Primitive Mythology, New York/London 1968.
ders.: The Masks of God. Creative Mythology, New York/London 1960.
ders. (Hrsg.): The Mysteries, London 1955.
Chadwick, H.: Early Christian Thought and the Classical Tradition, Oxford 1966.
ders.: Priscillan of Avila. The Occult and Charismatic in the Early Church, Oxford 1976.
ders. (Hrsg.): Origen. Contra Celsum, Cambridge 1953.
Corbin, Henry: Die smaragdene Vision. Der Licht-Mensch im persischen Sufismus (hrsg. v. Annemarie Schimmel), München 1989.

Couliano, Ioan P.: Les gnoses dualistes d'occident. Histoire et mythes, Paris 1990.
De Vesme, Caesar: Peoples of Antiquity. Band II, London 1931.
Dixon, William Hepworth: Spiritual Wives. 2 Bde., London 1868.
Dodds, Eric Robertson: Heiden und Christen in einem Zeitalter der Angst. Aspekte religiöser Erfahrung von Mark Aurel bis Konstantin, Frankfurt a. M. 1987.
Faber-Kaiser, A.: Jesus Died in Kashmir, London 1977.
Foerster, Werner (Hrsg.): Die Gnosis. Band I: Zeugnisse der Kirchenväter, 2. Aufl. Zürich/München 1979.
ders. (Hrsg.): Die Gnosis. Band II: Koptische und mandäische Quellen, Zürich/Stuttgart 1971.
ders. (Hrsg.): Gnosis, A Selection of Gnostic Texts, Oxford 1974.
Folliot, Catherine: Jesus Before He Was God, London 1978.
Fränger, Wilhelm: Hieronymus Bosch. Das tausendjährige Reich, Amsterdam 1969.
ders.: The Millennium of Hieronymus Bosch, London 1952.
Frend, W. H. C.: The Early Church, London 1965.
Gibb, H. A. R.: Islam. A Historical Survey, 2. Aufl. London 1975.
Grant, Robert McQueen: Gnosticism. An Anthology. A Sourcebook of Herethical Writings from the Early Christian Period, London 1961.
ders.: The Earliest Lives of Jesus, London 1964.
ders.: Gnosticism and Early Christianity, 2. Aufl. Columbia 1966.
ders.: Early Christianity and Society, London 1978.
Grant, Robert McQueen u. David Noel Freedman (Hrsg.): The Secret Sayings of Jesus, London/New York 1960.
Graves, Robert u. Joshua Podro: The Nazarene Gospel Restored, London 1953.
Griffiths, Richard: The Reactionary Revolution. The Catholic Revival in French Literature 1871–1914, London 1966.
Harnack, Adolf von: Geschichte der altchristlichen Literatur bis Eusebius, 2 Bde., 2. Aufl. Leipzig 1958.
ders.: Marcion. Das Evangelium vom fremden Gott. Eine Monographie zur Geschichte der Grundlegung der katholischen Kirche, Darmstadt 1985.
ders.: Das Wesen des Christentums, München/Hamburg 1964.
ders.: The Sayings of Jesus, New York 1908.
Hausdorff, David M.: A Book of Jewish Curiosities, New York 1955.
Hick, John (Hrsg.): The Myth of God Incarnate, London 1977.
Huxley, Aldous: The Devils of Loundun, London 1952.
James, M. R. (Hrsg.): The Apocryphical New Testament, Oxford 1924.

Johnson, Paul: A History of Christianity, London 1976.
Jonas, Hans: Gnosis und spätantiker Geist, 3. Aufl. Göttingen 1964.
ders.: The Gnostic Religion, Neuausgabe Boston 1963.
Joyce, Donovan: The Jesus Scroll, London 1973.
Jung, Carl Gustav: Aion. Beiträge zur Symbolik des Selbst, Olten/Freiburg i. Br. 1992.
Koslowski, Peter: Die Prüfungen der Neuzeit. Über Postmodernität, Philosophie der Geschichte, Metaphysik, Gnosis, Wien 1989.
ders. (Hrsg.): Gnosis und Mystik in der Geschichte der Philosophie, Zürich/München 1988.
Lacarrière, Jacques: The God-Possessed, London 1963.
ders.: Gnostiques, Paris 1973.
ders.: Gnostics, London 1977.
Layton, Bentley (Hrsg.): The Gnostic Treatise on Resurrection from Nag Hammadi, Missoula 1979.
ders. (Hrsg.): The Rediscovery of Gnosticism. Band I: The School of Valentinus, Leiden 1980.
ders. (Hrsg.): The Rediscovery of Gnosticism. Band II: Sethian Gnosticism, Leiden 1981.
Leisegang, Hans: Die Gnosis, 5. Aufl. Stuttgart 1985.
MacCulloch, J. A.: The Harrowing of Hell, Edinburgh 1930.
ders.: Medieval Faith and Faible, London 1932.
MacGregor, Geddas: Gnosis. A Renaissance in Christian Thought, Wheaton/Madras/London 1979.
Mead, G. R. S.: Simon Magus, An Essay, London 1892.
ders.: The Mysteries of Mithra, London 1907.
ders.: The Chaldaean Oracles, 2 Bde., London 1908.
ders.: Pistis Sophia, London 1921.
ders.: The Gnostic John the Baptizer, Selections from the Mandrean John-Book, London 1924.
ders.: Fragmente eines verschollenen Glaubens. Das Geheimwissen der Gnostiker, Interlaken 1990.
ders.: Fragments of a Faith Forgotten, Neuausgabe New York 1960.
ders.: Thrice-Greatest Hermes, 3 Bde., Neuausgabe London 1964.
Mossiker, Frances: The Affair of the Poisons, London 1970.
Nasr, Seyyed Hossein: Die Erkenntnis und das Heilige, München 1990.
Nock, Arthur Darby: Early Gentile Christianity and Its Hellenistic Background, New York 1964.
Peterson, Eric: Frühkirche, Judentum und Gnosis. Studien und Untersuchungen, Darmstadt 1982.
Pagels, Elaine: The Johannine Gospel in Gnostic Exegesis, Nashville 1973.

ders.: The Gnostic Paul, Gnostic Exegesis of the Pauline Letters, Philadelphia 1975.
ders.: Versuchung und Erkenntnis. Die Gnostischen Evangelien, Frankfurt a. M. 1987.
ders.: The Gnostic Gospels, New York 1979.
Parrinder, Geoffrey: Mysticism in the World's Religions, London 1976.
Quispel, Gilles: Gnosis als Weltreligion, Zürich 1951.
ders.: Gnostic Studies, Istanbul 1974.
Richards, Hubert J.: The First Christmas. What Really Happened?, London 1977.
Robbins, R. H.: Encyclopedia of Witchkraft and Demonology, London 1959.
Robertson, J. M.: Christianity and Mythology, London 1910.
ders.: Pagan Christs, London 1911.
ders.: Jesus and Judas, London 1927.
Roguement, Denis de: Passion and Society, London 1940.
Rudolph, Kurt: Die Gnosis. Wesen und Geschichte einer spätantiken Religion, 2. Aufl. Göttingen 1980.
ders.: (Hrsg.): Gnosis and Gnostizismus (= Wege der Forschung Band CCLXII), Darmstadt 1975.
Rutherford, John: The Troubadours. Band I, London 1961.
Schmitt, Eugen Heinrich: Die Gnosis. Grundlagen der Weltanschauung einer edleren Kultur, 2 Bde., Jena 1907.
Scholem, Gershom: Jewish Gnosticism, Merkaba Mysticism and Talmudic Tradition, New York 1960.
Schonfield, Hugh J.: After the Cross, New York/London 1981.
Schultz, Wolfgang: Dokumente der Gnosis, Reprint (mit Aufsätzen von Georges Bataille und Henri-Charles Puech), München 1986.
Sloterdijk, Peter u. Thomas H. Macho (Hrsg.): Weltrevolution der Seele. Ein Lese- und Arbeitsbuch der Gnosis von der Spätantike bis zur Gegenwart, 2 Bde., München 1991.
Smith, Anthony: The Body, London 1968.
Smith, Morton: Clement of Alexandria and a Secret Gospel of Mark, Harvard/Cambridge 1973.
ders.: The Secret Gospel. The Discovery and Interpretation of the Secret Gospel According to Mark, New York/London 1974.
Sperling H. u. M. Simon (Hrsg.): The Zohar, Band II, London/New York 1934.
Stewart, Desmond: The Foreigner. A Search for the First Century Jesus, London 1981.
Summers, Montague (Hrsg.): Confessions of Madeleine Bavent, London 1933.

Taubes, Jacob (Hrsg.): Gnosis und Politik, München/Paderborn/Wien/Zürich 1984.
Tröger, Karl-Wolfgang (Hrsg.): Gnosis und Neues Testament. Studien zur Religionswissenschaft und Theologie, Gütersloh 1973.
Tyler, Parker: Underground Film, London 1971.
Voegelin, Eric: Wissenschaft, Politik und Gnosis, München 1959.
Walker, Benjamin: Hindu World. An Encyclopedia of Hinduism, 2 Bde., London/New York 1968.
ders.: Sex and the Supernatural, London 1970.
ders.: Encyclopedia of Esoteric Man, London/New York 1977.
Warner, Maria: Alone of All Her Sex. The Myth and Cult of the Virgin Mary, London 1976.
Weightman, John: The Concept of the Avantgarde, London 1973.
Wilson, Robert McLachlan: The Gnostic Problem, London 1958.
ders.: Gnosis and the New Testament, Philadelphia/Oxford 1968.
ders. (Hrsg.): The Gospel of Philip, London 1962.
ders. (Hrsg.): Nag Hammadi and Gnosis, Leiden 1978.
Yamauchi, Edwin Masao: Gnostic Ethics and Mandaean Origins, Harvard/Oxford 1971.
ders.: Pre-Christian Gnosticism, Grand Rapids/London 1973.

Register

Bibelindex

Weitere Titel zur Gnosis und Mystik im Eugen Diederichs Verlag

DIEDERICHS GELBE REIHE

DG 67 Heinrich Zimmer: Abenteuer und Fahrten der Seele
DG 68 Wolfram Eberhard: Lexikon chinesischer Symbole
DG 71 Christian Rätsch: Indianische Heilkräuter
DG 73 Hans Wolfgang Schumann: Der historische Buddha
DG 74 Heinrich Seuse u. Johannes Tauler: Mystische Schriften
DG 76 Mahatma Gandhi: Wegweiser zur Gesundheit
DG 77 Abraham von Worms: Das Buch der wahren Praktik in der göttl. Magie
DG 78 Robert Aitken: Zen als Lebenspraxis
DG 79 Robert Aitken: Ethik des Zen
DG 82 Annemarie Schimmel: Muhammad Iqbal
DG 83 James N. Powell: Das Tao der Symbole
DG 84 Namkhai Norbu: Der Zyklus von Tag und Nacht
DG 85 M. Hiriyanna: Vom Wesen der indischen Philosophie
DG 86 Ikkyu Sôjun: Im Garten der schönen Shin
DG 87 Chantal Zheng: Mythen des alten China
DG 88 Rocque Lobo: Traum und Karma im Ayurveda
DG 89 Uwe Topper: Sufis und Heilige im Maghreb
DG 90 Taisen Deshimaru: Die Lehren des Meister Dogen
DG 91 Weisheit der Völker
DG 92 Volker Zotz: Der Buddha im Reinen Land
DG 93 L. S. Dagyab: Buddhistische Glückssymbole im tibetischen Kulturraum
DG 94 Mo Ti: Von der Liebe des Himmels zu den Menschen
DG 96 Benjamin Walker: Gnosis
DG 97 Seyyed Hossein Nasr: Ideal und Wirklichkeit des Islam
DG 98 Das Weisheitsbuch des Zen
DG 99 Hans Wolfgang Schumann: Buddhismus
DG 100 Peter Sloterdijk u. Martin Buber: Mystische Zeugnisse
DG 101 Omar Ali-Shah: Sufismus für den Alltag
DG 102 Annemarie Schimmel: Von Ali bis Zahra
DG 103 Rients R. Ritskes: Zen für Manager
DG 104 Barbara C. Sproul: Schöpfungsmythen der östlichen Welt
DG 105 Barbara C. Sproul: Schöpfungsmythen der westlichen Welt
DG 106 Geshe Thubten Ngawang: Vom Wandel des Geistes
DG 107 Sri Chinmoy: Veden, Upanishaden, Bhagavadgita
DG 108 Friedrich Weinreb: Kabbala im Traumleben des Menschen
DG 109 Dominique Viseux: Das Leben nach dem Tod
DG 110 René Grousset: Die Reise nach Westen
DG 111 Dennis Genpo Merzel: Durchbruch zum Herzen des Zen
DG 112 Åke Hultkrantz: Schamanische Heilkunst und rituelles Drama
DG 113 I.P. Couliano: Jenseits dieser Welt
DG 114 Hans Wolfgang Schumann: Mahayana-Buddhismus
DG 115 Christian Rätsch: Heilkräuter der Antike
DG 116 Gerhard Wehr: Spirituelle Meister des Westens

Der Sohar

Das heilige Buch der Kabbala
Übertragen und herausgegeben von Ernst Müller
Diederichs Gelbe Reihe Band 35, 320 Seiten mit
12 Abbildungen und Frontispiz, Paperback

Wer sich mit jüdischer Mystik vertraut machen will, der findet in diesem »Buch des Glanzes« (Sefer ha-Sohar) ihre Grundlagen. Der Ende des 13. Jahrhunderts in aramäischer Sprache abgefaßte Sohar ist – neben der Bibel und dem Talmud – ein kanonischer Text. Die vorliegende Ausgabe bietet eine Auswahl der verschiedenen Elemente der kabbalistischen Lehre und ihrer Anwendung auf Leben und Auffassung des Judentums.

Seyyed Hossein Nasr

Ideal und Wirklichkeit des Islam

Bearbeitet von Jost G. Blum
Aus dem Englischen von Clemens Wilhelm
Diederichs Gelbe Reihe Band 97, 240 Seiten, Paperback

Eine herausragende, auf der Tradition beruhende Innensicht des Islam von einem der führenden Gelehrten und Lehrer der islamischen Kultur. In sechs Kapiteln zum Islam, zum Koran, zum Propheten, zur Scharia, zur Tariqa sowie zur Sunna und Schia reagiert Nasr besonnen auf die westliche Kritik am Islam und stellt ihn vergleichend und ausgleichend neben das Christentum. Ein intellektuell scharfes, pointiertes, aber versöhnliches Buch, das für jeden am Islam Interessierten ein Hauptorientierungspunkt sein wird.

Eugen Diederichs Verlag